Sliwka

Pädagogik der Jugendphase

Anne Sliwka

Pädagogik der Jugendphase

Wie Jugendliche engagiert lernen

BELTZ

Dr. *Anne Sliwka* ist Professorin für Bildungswissenschaft mit dem Schwerpunkt Schulpädagogik an der Universität Heidelberg. Ihr Forschungsschwerpunkt ist Schul- und Schulsystementwicklung in internationaler Perspektive.

FSC
www.fsc.org
MIX
Papier aus verantwortungsvollen Quellen
FSC® C089473

Dieses Buch ist erhältlich als:
ISBN 978-3-407-25755-0 Print
ISBN 978-3-407-29481-4 E-Book (PDF)
ISBN 978-3-407-29549-1 E-Book (EPUB)

1. Auflage 2018

Lektorat: Miriam Frank
Layout/Reihenkonzept: glas ag, Seeheim-Jugenheim
Abbildungen Innenteil: Manja Hellpap, Berlin
Umschlaggestaltung: Michael Matl
Umschlagabbildung: © Stocksy/Suprijono Suharjoto

Herstellung: Michael Matl
Satz: paginamedia, Hemsbach
Druck und Bindung: Beltz Grafische Betriebe, Bad Langensalza
Printed in Germany

Weitere Informationen zu unseren Autoren und Titeln finden Sie unter: www.beltz.de

Inhalt

Ich danke meinen studentischen Mitarbeiterinnen Nathalie Schollmaier und Theresa Hirtreiter-Hochbach für die engagierte Unterstützung bei der Manuskripterstellung.

Meiner studentischen Mitarbeiterin Janina Beigel danke ich für die hilfreiche Recherche und Zuarbeit zum Kapitel über Deep Learning und ihre tatkräftige Unterstützung bei den Interviews.

Einleitung: Schule und Jugend – ein schwieriges Verhältnis?

Wirksame Lernprozesse und Lernumgebungen für Jugendliche

Lernen im Jugendalter ist ein emotional aufregender Prozess. Er schwankt in kurzen Intervallen zwischen Interesse und Langeweile, Freude und Sorge, Begeisterung und Qual, Anerkennung und Demütigung sowie Erfolg und Versagen. Jugendliche sind komplexe Wesen, die ihre Erfahrungen intensiv empfinden. Lernen in der Schule erleben sie als konstruktiv oder destruktiv (Cohen 1988, S. 89).

Jeder, der in Schulen mit Jugendlichen zu tun hat, weiß, dass die pädagogische Arbeit mit ihnen auch emotionale Herausforderungen für Lehrkräfte birgt: Mal fordern sie einen heraus durch provokatives Verhalten oder eine fast schon bewusst zur Schau gestellten Langeweile, dann wieder sind sie voll bei der Sache, wach, neugierig und hochengagiert.

Lehrkräfte reagieren ganz unterschiedlich auf dieses Auf und Ab: Während manche Lehrer/innen in der Rolle aufgehen, diese so interessante Entwicklungsphase im menschlichen Leben professionell zu begleiten, versuchen andere, Jugendlichen aus dem Weg zu gehen, und wenn sie es nicht können, dann doch zumindest ihre Distanz zu dieser Gruppe an Lernenden immer wieder deutlich zu zeigen.

Wissenschaftlich scheint es geboten, das komplexe Verhältnis von Jugendlichen und Schulen systematisch unter die Lupe zu nehmen: So zeigen viele Studien weltweit einen signifikanten Einbruch der intrinsischen Lernmotivation und eine zunehmende Entfremdung zwischen Schüler/innen und Schulen beginnend mit dem zehnten Lebensjahr (Balfanz 2009; Rumble/Aspland 2009; Willms/Friesen/Milton 2009; Wang/Holcombe 2010; Wormeli 2011; Steinberg 2014). In längsschnittlichen Studien konnte übereinstimmend gezeigt werden, dass »das durchschnittliche Ausmaß an negativen Emotionen im Laufe der Schulzeit eher ansteigt, während Intensität und Häufigkeit des Erlebens positiver Emotionen eher abnimmt« (Frenzel/Stephens 2011, S. 53).

Nach einer Phase großer Neugier, breiter Interessen und einem starken Zutrauen in die eigene Person im Grundschulalter erleben Jugendliche die ersten Jahre an weiterführenden Schulen häufig als eine Zeit wiederholter Misserfolgserlebnisse sowie des ständigen sozialen Vergleichs mit Mitschülerinnen und Mitschülern einhergehend mit Einbrüchen in Selbstkonzept und Kontrollüberzeugungen.

Während der Verlust der intrinsischen Lernmotivation lange Jahre als unausweichlicher »Kollateralschaden« der Pubertät angesehen wurde, zeigen jetzt ermutigende Erfolge in der Schulentwicklung, dass die Jugendphase trotz der komplexen Veränderungen in Körper, Psyche und Emotionen nicht als Problemphase gesehen werden muss. Ermutigende Beispiele aus dem In- und Ausland deuten vielmehr an, dass die mangelnde Passung zwischen der Lebensphase Jugend mit ihren besonderen Bedürfnissen einerseits und der Organisation und Pädagogik von Schulen andererseits das eigentliche Problem darstellt. Zum Glück wissen wir heute, dass wir Schulen zu motivierenden und engagierenden Orten des Lernens und des Lebens für Jugendliche umbauen können, wenn wir auf die Entwicklungsherausforderungen dieser Lebensspanne durch eine spezielle Pädagogik der Jugendjahre reagieren.

Bisher fallen die mittleren Jahre der Schulzeit, die Klassenstufen fünf bis zehn, oft durch das Raster der öffentlichen Aufmerksamkeit. Bildungspolitik und Bildungsforschung haben sich in den vergangenen Jahren stärker auf die prägenden Jahre der frühen Bildung sowie den Übergang zwischen Schule und Beruf fokussiert.

Wir wissen heute viel über die hirnphysiologischen Veränderungen im Jugendalter, doch wenig davon hat die Praxis unserer Schulen weitreichend verändert. Eine systematische pädagogische Bewegung zugunsten der Gestaltung von schulischen Bildungsprozessen in der Adoleszenz ist im deutschsprachigen Raum bisher nicht erkennbar. Aufgrund der frühen Selektion der Schüler in unterschiedliche Typen von weiterführenden Schulen haben sich in unserer Kultur schulartbezogene Interessengruppen gebildet. So sind die Lehrerverbände nach Schularten ausdifferenziert. Selbst Fortbildungsangebote und Studiengänge sind häufig eher auf Schulformen bezogen als auf die spezifischen pädagogischen Anforderungen in den unterschiedlichen Lebensphasen, die ein Mensch auf dem Weg vom Kind zum Erwachsenen durchläuft.

Eine soziale Bewegung für die »Middle Years«

In der englischsprachigen Welt ist das anders: Weil in Kanada, den USA, Neuseeland und Australien die Schule von der Grundidee her eine »Schule für alle« ist, richtet sich der Blick dort auf die spezifischen Bedürfnisse von Kindern und Jugendlichen in den Lebensphasen frühe Kindheit, Kindheit, Jugend und junges Erwachsenenalter.

So hat sich in Nordamerika und in Australien und Neuseeland eine Bewegung aus Bildungspraktikerinnen und -praktikern und Bildungswissenschaftlerinnen und -wissenschaftlern dafür stark gemacht, den »mittleren Jahren« in der Schülerbiographie deutlich mehr Aufmerksamkeit zuzuwenden und zu klären, was unser heutiger Wissensstand über die Bedürfnisse von jungen Menschen in der Transformation vom Kind zum Erwachsenen für die Gestaltung von Lernprozessen in der Schule bedeutet.

Schon in den 30er Jahren des 20. Jahrhunderts hatte sich in den USA eine Bewegung geformt, die eine eigene Konzeption für die Schule der »middle years« forderte (AMLE 2011; NMSA 1982, 1995, 2003, 2006). Zwischen dem »geschützten Raum« der Grundschule und dem universitätsähnlichen Kurssystem der Oberstufe müsse es eine Pädagogik geben, die sowohl dem Bedürfnis Jugendlicher nach Struktur als auch ihrem Drang zur Erkundung der Lebenswelt und zur Entdeckung der eigenen Identität gerecht werde (George 2009; George/Alexander 2003; Lounsbury 1992). Gerade weil es für die Adoleszenz in der Schule kein Konzept gebe, seien Jugendliche gefangen zwischen der Behütungskultur und dem Gebot der Anschaulichkeit der Grundschulpädagogik einerseits und der hohen Fachlichkeit und Eigenverantwortung der Oberstufe andererseits.

Diese Diagnose, so meine These, gilt bis heute für unser Schulsystem, das – bis auf den Innovationsmut einiger Leuchtturmschulen – wenig eigenständige Schulentwicklung und Forschung zu wirksamen und gelingenden Lernprozessen von Zehn- bis Sechzehnjährigen hervorgebracht hat.[1]

Ein Meilenstein in der historischen Entwicklung einer eigenen Schulpädagogik für die Jugendphase war 1963 die in einer Rede geäußerte Forderung des amerikanischen Erziehungswissenschaftlers William Alexander nach »einer veränderten Organisation von Schule zwischen der Grundschule und der Oberstufe« (»High School«) (Meyer 2011, S. 17). Er postulierte:

> Die intellektuelle Entwicklung eines jungen Menschen bedeutet deutlich mehr als nur das Anwachsen von Wissen nach akademischen Lehrplänen. Unser Ziel muss sein, in den Jugendlichen die Liebe zum Lernen, eine Haltung geistiger Neugier, die Leidenschaft für Wahrheit und Schönheit und einen fragenden Blick auf die Welt zu kultivieren. Das Erlernen richtiger Antworten reicht nicht aus […] über die richtigen Antworten hinausgehend müssen wir den Jugendlichen ermöglichen die richtigen Fragen zu stellen und ihre eigenen Antworten zu suchen durch kreatives Denken, Argumentieren und Verstehen (zitiert nach AMLE 2010b, S. 12, Übersetzung durch die Autorin).

1966 schrieb Alexander im selben Geist sein einflussreiches Buch »The Middle School«. Um ihren Bedürfnissen in der Schule Rechnung zu tragen, sollten Jugendliche Gelegenheit zum Lernen in Schülerteams und in Projekten nach flexibleren Stundenplänen erhalten. Lehrkräfte, die Jugendliche unterrichten, sollten sich zu »Experten« für die Lebensphase Jugend entwickeln und in interdisziplinären Teams zusammenarbeiten. Beratungsangebote und schulpsychologische Begleitung müssten für Jugendliche, die Orientierung oder Hilfe suchen, direkt an den Schulen zur Verfügung stehen.

Als Reaktion auf diese Bewegung entstanden in den USA seit den späten 60er Jahren eigene »middle schools« und Verbände, die diese neue Sichtweise professionell vertraten und Fortbildungen organisierten (AMLE). Viele Elemente einer Pädagogik für Jugendliche wurden in diesen neuartigen »middle schools« entwickelt und erprobt: interdisziplinäre Projekte, Wahlpflichtkurse, die Jugendlichen viele Möglichkeiten eröffneten eigene Interessen zu erkunden, innovative extra-curriculare Aktivitäten

---

1 Solche nach Innovationen strebenden Schulen werden mit dem »deutschen Schulpreis« ausgezeichnet. Dieser Wettbewerb, der 2006 von der Robert Bosch Stiftung und der Heidehof Stiftung ins Leben gerufen wurde, würdigt seither besondere pädagogische Leistungen. Durch die mediale Begleitung sollen diese Vorbild- und Orientierungsfunktion für andere Schulen erlangen können (www.schulpreis.bosch-stiftung.de/content/language1/html/index.asp).

und erste Programme, in denen Erwachsene Jugendlichen als Mentoren zur Seite standen. Seit den 1990er Jahren (Kasak 2004) entstanden in den USA und Kanada eine Vielzahl bundesstaatlicher und nationaler Initiativen für eine »entwicklungsresponsive« Pädagogik der Jugendjahre (z. B. Manitoba Education 2010).

Sieben Entwicklungsbedürfnisse Jugendlicher
(nach Wormeli 2006, Übersetzung durch die Autorin)
- Kompetenzerleben
- Gelegenheit zur Selbstdefinition
- Kreative Ausdrucksmöglichkeiten
- Sportliche Aktivität und Bewegung
- Positive Sozialbeziehungen zu Lehrkräften und Mitschülern
- Entwicklungsangemessene Strukturen und Grenzen
- Gelegenheiten zur aktiven Teilhabe und Mitgestaltung von Schule und Lebenswelt

Engagiert lernen: Was heißt das?

Wenn Studien weltweit zeigen, dass das Interesse für schulisches Lernen und die Motivation zum Schulbesuch bei Jugendlichen zwischen 11 und 14 Jahren auf dramatische Weise einbricht, dann gilt es zu fragen: Wie müssten sich Schulen verändern, damit Jugendliche engagiert und motiviert lernen?

Eine Wissenschaftlerin, die sich dieser Frage systematisch widmet, ist die Kanadierin Sharon Friesen. Als Reaktion auf die Vielzahl an Studien mit problematischen Ergebnissen zum Wohlbefinden und zur Lernmotivation Jugendlicher in der Schule, stellte sie mit ihrem Team die provokative These auf, dass eine grundlegende Veränderung der Bildungserfahrung für Jugendliche möglich sei, wenn Schulen sich weiterentwickelten. Gemeinsam mit der Canadian Education Association, einem einflussreichen Bildungsverband, startete sie im Jahr 2007 die Forschungsinitiative »What did you do in school today?«. Jugendliche können engagiert lernen, wenn sich das grundlegende Design von Lernprozessen verändert, die tradierten Glaubenssätze über Sinn und Zweck von Schulen den Herausforderungen des 21. Jahrhunderts angepasst werden und das Wissen über die besonderen Entwicklungsbedürfnisse der Lebensphase Jugend gezielt für die pädagogische Schulentwicklung genutzt werden (Yee 2015; Willms/Friesen/Milton 2009, S. 1).

Die großangelegte Studie »What did you do in school today?« verfolgt zwei Ziele: Zum einen möchte sie klären, wie Lehr-Lernprozesse aussehen, die Jugendliche zu Leistungen motivieren. Zum anderen tritt sie in den Dialog mit der Schulpraxis über neue Ideen zur Gestaltung von Lernprozessen, die zugleich motivierend und wirksam sind.

Interessant auch für die Schulentwicklung in Europa ist der konzeptionelle Rahmen der Studie. Das »Engagement« der Schülerinnen und Schüler im Lernprozess spielt dabei eine Schlüsselrolle. Es besteht kein Zweifel daran, dass der Grad an »Engagement« beim Lernen das Wohlbefinden und die Lebensqualität von Jugendlichen innerhalb und außerhalb der Schule maßgeblich beeinflusst. Die kanadischen Wissenschaftler (Willms/Friesen/Milton 2009) unterscheiden drei Facetten von Engagement in schulischen Lernprozessen:

- Soziales Engagement: sich der Schule zugehörig fühlen und an ihrem Leben partizipieren können (z. B. durch die Pflege von Sozialbeziehungen zu Mitschülerinnen und Mitschülern und Erwachsenen an der Schule)
- Akademisches Engagement: die Erfüllung der formalen Anforderungen des Schullebens (z. B. Teilnahme am Unterricht, pünktliches Erscheinen, Mitarbeit am Unterricht, Erledigen von Hausaufgaben, Vorbereitung von Klassenarbeiten)
- Intellektuelles Engagement: ein authentisches emotionales und kognitives Interesse an den Aufgaben und den Themen, die in der Schule bearbeitet werden und als interessant und bedeutungsvoll erlebt werden. (Willms/Friesen/Milton 2009, S. 7).

Über 63 000 kanadische Jugendliche wurden dazu befragt, wie sie schulisches Lernen wahrnehmen (Willms/Friesen/Milton 2009, S. 17). Untersucht wurde der Grad an Anstrengungsbereitschaft, Interesse, intrinsischer Motivation, subjektiv empfundener Selbstbestimmung sowie die Einschätzung der Unterrichtsqualität durch die Jugendlichen (Dunleavy et al. 2012).

Die Ergebnisse sprechen eine deutliche Sprache: Hohe Werte wurden für den Bereich des »sozialen Engagement« gemessen. 67 Prozent der befragten Jugendlichen beschrieben eine soziale Eingebundenheit in der Schule, vor allem in Form von Freundschaften zu gleichaltrigen Jugendlichen. Schulische Lernprozesse spielten dafür allerdings keine besondere Rolle. 69 Prozent der Jugendlichen hielten sich nach eigenem Bekunden an die Regeln der Schule und zeigten »akademisches Engagement«. Sie erschienen pünktlich zum Unterricht, zeigten keine unentschuldigtes Fehlen und erledigten ihre Hausaufgaben.

Überrascht hat die Forscher das Ergebnis zum »intellektuellen Engagement«, das sich deutlich von den beiden anderen gemessenen Werten unterschied: Nur 37 Prozent der befragten Jugendlichen in Kanada sagten aus, dass sie die Fragen und Themen der Schule wirklich interessieren und dass sie sich in ihrem schulischen Lernen als kognitiv aktiv und engagiert wahrnehmen (Willms/Friesen/Milton 2009). Die befragten Jugendlichen beklagten, dass sie wenig Gelegenheit haben, eigene Fragen an den Lernstoff zu richten und die Relevanz des Gelernten mit der Realität heutiger Lebenswelten in Verbindung zu bringen.

Sowohl das »akademische« als auch das »intellektuelle Engagement« ging zwischen der sechsten Klasse und der 12. Klasse deutlich zurück, lediglich das »soziale Engagement« (in der Peer Group) blieb als Motivationsfaktor über die Jugendjahre hinweg stabil. Diese Entwicklung war sowohl bei männlichen als auch bei weiblichen Jugendlichen erkennbar. Im Schnitt lagen die befragten Jungen im »intellektuellen Engagement« zwischen fünf und neun Prozent unterhalb der Mädchen im gleichen Alter. Männliche Jugendliche identifizieren sich also noch weniger als weibliche Jugendliche mit den intellektuellen Herausforderungen der Schule.

Einzig das sogenannte »Lernklima« wirkte sich positiv auf die Werte aus. Schulen mit einem messbar guten »Lernklima«, also einer effektiven Nutzung der Lernzeit, herausfordernden und authentischen Aufgabenstellungen, einer adaptiven Unterrichtskultur und positiven Schüler-Lehrer-Beziehungen hatten bessere Werte im »intellektuellen Engagement« als solche mit einem schlechteren Lernklima. Als besonders wichtig für ihre Lernmotivation bezeichneten die Jugendlichen herausfordernde und authentische Aufgabenstellungen. An Schulen, deren Aufgabenkultur dies widerspiegelte, fühlten sich sogar Schüler/innen mit niedrigen fachlichen Selbstwirksamkeitsüberzeugungen zum Lernen motiviert. Zur Überraschung der Forscherinnen und Forscher spielten der sozio-ökonomische Status und der familiäre Hintergrund der Schüler/innen keine große Rolle: Für ein echtes intellektuelles Engagement in der Schule zählt vor allem die Qualität des Unterrichts:

- Erscheinen die Fragen relevant und bedeutungsvoll?
- Werden die Aufgaben als spannend und herausfordernd wahrgenommen?
- Strahlen die Lehrkräfte authentisches Interesse an dem aus, was sie unterrichten?
- Unterstützen sie die Schülerinnen und Schüler beim Lernen und sind offen für Fragen?
- Ist der Unterricht adaptiv und ermöglicht es den Jugendlichen in ihrer »Zone der nächsten Entwicklung« (Cole et al. 1978) zu arbeiten und dabei ihre eigene Kompetenz zu erleben?

Die Befragungsstudie »What did you do in school today?« hat in Kanada einen Prozess ausgelöst, der dazu führt, dass Unterricht sich gezielt an den Lernbedürfnissen von Jugendlichen ausrichtet. Der sogenannte »Teaching Effectiveness Framework« (Jardine/Clifford/Friesen 2008) geht davon aus, dass Lehrkräfte anders mit dem Bildungsplan arbeiten müssen, damit alle Schüler sich intellektuell engagiert erleben können. Im Gegensatz zur »Einbahnstraße« des Lehrens, die Lehrkräfte mehr als ein Jahrhundert lang in der Schule der Industriegesellschaft als effektiv empfanden, geht es heute darum, Lernen und Lehren als reziproken Prozess zu verstehen, in dem Lehrkräfte und Schüler/innen gleichermaßen aktiv sind. Lernen ist dabei ein ko-konstruktiver Prozess, das Klassenzimmer ein Ort nicht nur des Wissenserwerbes, sondern viel mehr der konstruktiven und kreativen Weiterverarbeitung von Wissen in Projekten, die sowohl anspruchsvolle fachliche als auch überfachliche Kompetenzen erfordern. Diese neue Sicht auf das Lernen im Jugendalter hat der »Teaching Effectiveness Framework« in fünf Prinzipien zusammengefasst:

1. Wirksamer Unterricht ist das Ergebnis eines bewussten Designs von Lernprozessen, die Schüler/innen intellektuell herausfordern.
2. Die Aufgaben, die Schüler/innen im Unterricht und zuhause bearbeiten, müssen es wert sein bearbeitet zu werden. Sie sind bedeutungsvoll und verknüpft mit der Lebenswelt und den Interessen der Schüler/innen.
3. Leistungsrückmeldung an die Schüler/innen dient der Weiterentwicklung ihres Lernens und liefert ihnen wichtige Informationen für die Steuerung ihrer Lernprozesse.

4. Lehrkräfte gestalten soziale Prozesse in der Klasse so, dass das gemeinsame Lernen im Mittelpunkt sozialer Aktivitäten steht.
5. Lehrkräfte entwickeln ihre Arbeit stetig ko-konstruktiv mit ihren Kollegen/innen weiter (Friesen 2009, S. 4)

Das primäre Ziel dieser Pädagogik ist es, das Interesse am schulischen Lernen bei Schülerinnen und Schülern der Klassenstufen sechs bis zehn aufrechtzuerhalten. In diesen Jahren ist die Gefahr am größten, dass die Schule ihre Schüler/innen als gerne, aktiv und engagiert Lernende verliert. Das lässt sich nur verhindern, wenn die Verbindung zwischen dem einzelnen Jugendlichen und seinem schulischen Lernprozess so aufrechthalten werden kann, dass Interesse, Engagement und Eigenverantwortung die Oberhand gegenüber einem subjektiven Gefühl der Fremdbestimmung, der Bedeutungslosigkeit und der Langeweile haben.

Als »sensible Phase« in der Entwicklung von Interesse und Motivation stellt das Jugendalter eine besonders geeignete Zeit dar, um Schüler/innen fürs Lernen zu begeistern. Das bedingt jedoch, dass diese »echte Aufgaben« bearbeiten, die sie als herausfordernd erleben und die es ihnen ermöglichen, nicht nur mit Mitschülern und Lehrkräften, sondern auch mit außerschulischen Experten so zusammenzuarbeiten, dass sie die unterschiedlichen Methoden der Fächer in Projekten anwenden. Leistungsrückmeldung erfolgt auf der Basis von Qualitätskriterien, die die Lernenden im Dialog mit ihren Lehrern/innen selbst entwickeln und an denen sie sich kritisch messen. Feedback durch Lehrkräfte beeinflusst dabei die fortlaufende Selbsteinschätzung der Schüler/innen, die ihre Lernstrategien entsprechend anpassen. Drei unterschiedliche Beziehungszusammenhänge wirken dabei als ein Motor des Lernens:

- Die Beziehung zwischen Schüler/innen und ihrem Arbeitsprozess funktioniert dann, wenn sie verstehen, warum die Arbeit für ihre persönliche Entwicklung und die Weiterentwicklung der Lebenswelt von Bedeutung ist.
- Eine positive Lernbeziehung zwischen Lehrkräften und Schüler/innen ist dann gegeben, wenn es gelingt, die Denk- und Lernprozesse der Lernenden sichtbar zu machen, um deren Kompetenzentwicklung zu fördern.
- Die Beziehungen der Schüler/innen untereinander werden lernwirksam, wenn sie sich als Team erleben, das gemeinsam daran arbeitet, Kompetenzen zu entwickeln und Probleme zu lösen (Friesen 2009; Yee 2015).

Die »Middle Years«-Bewegung in den USA und Kanada hat für eine jugendgerechte Weiterentwicklung von Schulen wichtige Impulse gesetzt, die es verdienen, auch in Europa aufgegriffen zu werden:

> »In den mittleren Jahren der Schulzeit werden die Voraussetzungen geschaffen, die letztlich über den Erfolg in der Oberstufe und beim Schulabschluss entscheiden. Schüler verdienen in diesen wichtigen Jahren eine Bildung, die es ihnen ermöglicht, [...] mit Optimismus in die Zukunft zu blicken und sich den Herausforderungen einer schnell verändernden Welt gewachsen zu fühlen« (AMLE 2010b, S. 11–13, Übersetzung durch die Autorin).

Ähnlich interessante Impulse für eine jugendgerechte Schulentwicklung kommen aus Australien und Neuseeland. Auch aus diesem Kulturraum liegen vielversprechende Längsschnittstudien vor. So resümiert Haigh: »Studien zeigen, dass die Bemühungen um eine jugendgerechte Gestaltung von Schulen wirken: Der Einbruch der Lernmotivation in Klasse 7, das bekannte Klassenstufe-7-Loch, blieb aus.« (Haigh 2004, S. 2). Diesen Erfolgen geht in Australien und Neuseeland eine langjährige intensive Entwicklung von pädagogischen Konzepten für die Jugendphase voraus. Beide Länder haben in den vergangenen 20 Jahren bedeutende Reformanstrengungen unternommen, um Schulen jugendgerecht weiterzuentwickeln. Forschungsstudien zu den besonderen Bedürfnissen von Jugendlichen als Schülern spielten dabei eine Schlüsselrolle. Für Australien lassen sich die Veränderungen so beschreiben:

- Restrukturierung von Schulen mit dem Ziel, Jugendliche in ihrem Lernen bestmöglich zu unterstützen: veränderte Zeitstrukturen der Schule, veränderte Ressourcen-Nutzung, passgenaue Lehreraus- und -fortbildung.
- Kultureller Wandel in Schulen mit dem Ziel, die besonderen Entwicklungsbedürfnisse von Jugendlichen zu reflektieren: Lehrerteams, Schüler/innen als Experten für die Lernprozesse von Jugendlichen und als aktive Partner der Schul- und Unterrichtsentwicklung.
- Eine veränderte Pädagogik im Hinblick auf Bildungsplan, Aufgabenkultur und Leistungsbewertung: ein Curriculum, das nicht auf Stoffvermittlung, sondern auf Tiefe setzt: fachliche und fächerübergreifende Projekte, authentische Prüfungs- und Rückmeldeformate, eine responsive Pädagogik (Rumble/Aspland 2009, S. 6).

Der Auslöser für die Veränderungen in Australiens Schulen waren Studien, die belegten, dass Jugendliche im Alter zwischen 11 und 16 Jahren die Hochphase ihrer sozialen, emotionalen, intellektuellen und körperlichen Entwicklung durchliefen, ohne dass Schulen explizite pädagogische Konzepte für den Umgang mit dieser rasanten Entwicklung vorweisen konnten (NSW DET 2006). Die mangelnde Passung zwischen Jugendlichen und traditionellen Schulen war so offensichtlich, dass sie als Erklärungsansatz dafür herangezogen wurde, dass so viele Jugendliche spätestens in Klasse sieben kaum noch intrinsische Motivation für schulisches Lernen zeigten. »Echte Empathie für die unterschiedlichen Wege, wie Jugendliche lernen und denken, sei notwendig, um sie für das schulische Lernen zurückzugewinnen« (NSW DET 2004, S. 14).

Im Grunde erwarten Lehrkräfte nicht zu viel von Jugendlichen in der Schule, sondern zu wenig, so das Fazit der australischen Expertinnen und Experten. Die Passivität, das lange Sitzen, Zuhören und Mitschreiben im Unterricht passe nicht zum Bedürfnis von Jugendlichen, aktiv zu sein und gemeinsam mit anderen aus ihrer Peer Group Projekte eigenständig umzusetzen. Das Schulleben von Jugendlichen müsse hingegen so aktiv, herausfordernd und spannend sein, dass für das Grübeln über sich selbst und das Schimpfen über schlechten Unterricht schlicht keine Zeit bleibe. Weder eine Verlängerung der umsorgten und spielerischen Pädagogik der Grundschule noch das typisch herausfordernde Kurssystem der Oberstufe und der Universität seien für Jugendliche das Richtige, schreiben die Autoren des Berichts »Shaping Middle Schooling in Australia« (Barrat 1998, S. 2; Bishop 2008). Jugendliche in der Mittelstufe brauchen Lehrer/innen, die in ihren Fächern echte Experten sind und Begeisterung für das eigene Fach und seine vielfältigen Herausforderungen und Lebensbezüge authentisch vorleben können.

Auch für Deutschland sind diese Forschungsergebnisse von großer Bedeutung: Fachfremder Unterricht ist daher *keine Option* für die Mittelstufe. Nur motivierte Lehrkräfte mit authentischer Expertise in ihren Unterrichtsfächern können bei Jugendlichen in dieser kritischen Phase der Identitätsfindung einen Grundstein für fachliche Interessen legen, die dann weit über die Schule hinaus Berufsfindung und Lebenssinn beeinflussen.

Doch Fachwissen und Begeisterung alleine reichen nicht aus. In ihrem Buch »In Search of the Middle School Teacher« schreiben Rumble und Aspland (2009, S. 3): »Der Lehrer in der Mittelstufe ist Spezialist für das Jugendalter«. Als solcher sei er innovativ und kreativ im Design eines ganzheitlichen Lernens, das sich um komplexe Themen dreht, die mit der Lebenswelt und den Fragen von Jugendlichen in Beziehung gesetzt werden. Als Experten für das Lernen in der Mittelstufe entwickelten diese Lehrkräfte positive Sozialbeziehungen zu Heranwachsenden, sie stärkten deren Unabhängigkeit und unterstützten sie in der Entwicklung einer eigenen Identität (Rumble/Aspland 2009, S. 3).

Das Interesse der Wissenschaft und der Schulentwicklung für die »Middle Years« hat sich in Australien und Neuseeland auch auf die Lehreraus- und -fortbildung ausgewirkt. Spezielle Fortbildungsangebote sorgen mittlerweile dafür, dass Lehrkräfte, die Jugendliche unterrichten, nicht nur Experten für ihr Unterrichtsfach, sondern auch Fachleute für das Lernen im Jugendalter sind. Die Ergebnisse dieser Entwicklung lassen aufhorchen: Während viele Länder der Welt sich mit dem Einbrechen der intrinsischen Schulmotivation in Klasse sieben abfinden, zeigen Längsschnittdaten aus Australien und Neuseeland (O'Sullivan 2005; Yee 2015), dass sich eine gezielte Schulentwicklung für die Jugendphase wirklich lohnt: Das höhere Engagement der Schüler/innen beim Lernen wirkte sich erkennbar auf ihre Leistungen aus. Zudem nahm die Berufszufriedenheit der Lehrkräfte, die mit Jugendlichen arbeiten, deutlich zu.

Wie ticken Jugendliche?

»Jugendliche sind nicht einfach komplexere Grundschüler und auch keine unreifen Studenten. Jugendliche in den mittleren Jahren ihrer Schulzeit sind einzigartig.

Intellektuell fehlen ihnen noch viele der Werkzeuge, mit denen sie das Leben und seine Herausforderungen verstehen können. Entscheidungen zu treffen, Impulse zu kontrollieren, moralisch oder abstrakt über Dinge zu reflektieren, eine soziale Situation ›zu lesen‹, die Konsequenzen von Worten oder Handlungen zu verstehen, komplexe Prozesse zu planen – das alles können sie bestenfalls sprunghaft.

Zugleich sind sie auf radikale Weise unabhängig, und wünschen sich doch paradoxerweise tiefe soziale und emotionale Bindungen. Sie springen hin und her zwischen konkretem und abstraktem Denken. Manchmal reden sie wie Erwachsene, dann wieder wie kleine Kinder. Sie beanspruchen Kompetenz, Selbstdefinition, Kreativität, Aktivität und Lebendigkeit beim Lernen, emotionale Kontrolle und Macht über ihr eigenes Leben, körperliche Bewegung, positive Sozialbeziehungen zu Erwachsenen und anderen Jugendlichen, klare Strukturen und auch Grenzen und echte Partizipation in Schule und Gesellschaft. Am allermeisten sehnen sie sich danach dazuzugehören« (Wormeli 2012, Paragraph 9–14; Übersetzung durch die Autorin).

In welcher Welt wachsen Jugendliche heute auf?

Wie unterscheidet sich die Welt, in der wir heute leben, von der des 20. Jahrhunderts und der des 19. Jahrhunderts? In unseren Schulen finden wir noch immer Praktiken und Traditionen vor, die vor mehr als 100 Jahren als Reaktion auf die Herausforderungen der damaligen Zeit entstanden sind.

Erinnern wir uns: Die breite Einführung von Volksbildung entstand in vielen Ländern nach dem Übergang von der primär agrarischen zur industriellen Gesellschaft. Viele Menschen sollten sich in kurzer Zeit möglichst effektiv diejenigen Kulturtechniken aneignen, die die sich industrialisierende Gesellschaft benötigte: einfache Mathematik, Lesen und Schreiben, ein Grundwissen der natur- und gesellschaftlichen Fächer. Vor allem aber auch die Disziplin, die notwendig war, um punktgenau zum Schichtwechsel am Arbeitsplatz zu erscheinen und dort vor allem manuelle, in wenigen Fällen auch kognitive Routinetätigkeiten auszuüben.

Um diese gesellschaftlichen Bedarfe zu decken, entstand das Schulmodell der Industriegesellschaft: Eine Lehrkraft unterrichtete eine Klasse im 45-Minuten-Takt in einem Fach. Die Aufgabe der Lehrkraft war es, einerseits Kulturtechniken anzuleiten, die die Schüler/innen dann übten und wiederholten, und andererseits Wissen zu vermitteln.

Die Lehrkraft hatte das »Wissensmonopol« schon deswegen, weil der Zugriff auf Wissen, das zumeist in Form von teuren und schwer erhältlichen Büchern gespeichert war, den allermeisten Schüler/innen gar nicht offenstand. Dieses Wissen wurde portioniert und kommuniziert, musste dann gelernt werden und wurde anschließend in Klausuren abgefragt. Unabhängig vom Ergebnis der Klausur, das mit Ziffernnoten von 1 bis 6 bewertet wurde, wandte sich die Lehrkraft dann der nächsten Unterrichtsthematik zu. Eine auf den einzelnen Schüler zugeschnittene Diagnostik und Förderung war nicht vorgesehen: Wer einmal den Anschluss verloren hatte, war häufig abgehängt. Wer in mehreren Fächern »mangelhafte« oder »ungenügende« Leistungen erbrachte, musste eine ganze Klassenstufe wiederholen oder hat – vor allem im Kontext unseres mehrgliedrigen Schulsystems – die Schulart verlassen, um eine Stufe tiefer auf einer Realschule bzw. Hauptschule sein Glück erneut zu versuchen.

Vieles von diesem Bild klingt sehr vertraut, entspricht es doch in Teilen bis heute der Realität einiger unserer Schulen. Zugleich klingt es anachronistisch, denn im 21. Jahrhundert entspricht das vermeintlich effiziente und durchgetaktete Schulmodell der Industriegesellschaft nicht mehr dem, was wir über die Welt, in der wir heute leben, und über die innere Logik des menschlichen Lernens wissen. Die Lebenswelt hat sich verändert, die empirische Bildungsforschung in Pädagogik, Psychologie und Kognitionswissenschaft ist explodiert und hat sich global vernetzt. Beides führt dazu, dass wir uns mitten in einem Paradigmenwechsel befinden, der die Schule der Industriegesellschaft in die Schule des Informationszeitalters transformieren wird.

Unter drei Begriffen lässt sich subsummieren, was neu ist im 21. Jahrhundert und den Transformationsprozess mit antreibt: Selbstregulation, Information und Innovation.

Selbstregulation

In den hochentwickelten Gesellschaften unserer Zeit verfügen wir als Individuen über ein noch nie dagewesenes Maß an individueller Freiheit, die sich auf alle Lebensbereiche erstreckt: Wir haben Wahlmöglichkeiten beim Kaufen und Konsumieren von Produkten und Dienstleistungen, können in vielen Fällen unseren Wohnort und unseren Lebenspartner frei wählen und auch die Form, in der wir zusammenleben. Viele Menschen sind frei sich für oder gegen eigene Kinder zu entscheiden.

In der Demokratie sind wir dem Recht nach auch frei in der Wahl politischer Präferenzen, im religiösen Bekenntnis und in der Berufswahl. Lern- und Wissensressourcen in vielen Sprachen stehen uns per Mausklick zur Verfügung und noch nie waren so viele Menschen in der Lage zu reisen und sich zu vernetzen. Natürlich haben diese Freiheiten Grenzen: Nicht jeder ist aufgrund seiner sozialen und kulturellen Herkunft gleichermaßen frei, und Freiheit wird im 21. Jahrhundert auch an Grenzen stoßen, nicht zuletzt durch das Gebot der ökologischen Nachhaltigkeit. Dennoch: Noch in keiner Generation vorher hatten sowohl Männer als auch Frauen so viele Freiheiten und Möglichkeiten und waren durch die »Multioptionsgesellschaft« (Beck et al. 1995) zugleich in so hohem Maße gezwungen, mit Freiheit umgehen und Entscheidungen treffen zu müssen. Freiheit ist ambivalent: Der Preis, den wir für sie zahlen müssen, ist die Selbstregulation.

Selbstregulation bedeutet, dass wir unsere Handlungsoptionen bewusst wahrnehmen, Präferenzen vor dem Hintergrund unserer persönlichen Vorlieben und ethischen Überzeugungen abwägen und Entscheidungen treffen. Viele dieser Entscheidungen sind mit längerfristigen oder gar langfristigen Zielen verknüpft:

- »Ich möchte Abitur machen«,
- »Ich will eine Zeit lang im Ausland leben«,
- »Ich will versuchen eine gute und lange Ehe zu führen«.

In der Multioptionsgesellschaft ein Ziel zu erreichen, das nicht unmittelbar vor den eigenen Augen liegt, erfordert vom einzelnen Menschen eine ganze Reihe metakognitiver Kompetenzen: Er muss sein Ziel in den Blick nehmen, den Weg dorthin planen und in kleinere, machbare Zwischenschritte aufteilen. Er sollte sich immer wieder bewusst beobachten: Bin ich noch auf dem Weg zu meinem Ziel? Was muss ich jetzt tun, wie sollte ich mein Verhalten ändern und anpassen, um mein Ziel zu erreichen?

Für die Selbstregulation benötigt ein Mensch sogenannte metakognitive Kompetenzen: Er ist in der Lage, sich selbst beim Handeln und Lernen zu beobachten, sich quasi aus der »Vogelperspektive« zuzuschauen, um dann strategisch zu entscheiden »Ja, das passt, ich bin auf dem Weg, der mich an das Ziel führt, das ich mir gesetzt habe« oder umzusteuern »Nein, meine Schritte passen nicht zu dem Ziel, ich muss mein Verhalten oder meine Richtung verändern«. In der Psychologie nennt man diesen Prozess »self monitoring«, also Selbstbeobachtung.

Die Fähigkeit zu Selbstbeobachtung und zur strategischen Nutzung der Informationen, die wir dabei gewinnen, hat eine zentrale Bedeutung für die Selbststeuerung menschlicher Lernprozesse. Die psychologische Forschung zur Metakognition und zur Selbstregulation ist noch relativ jung, hat aber in den letzten Jahrzehnten erheblich an Umfang und Bedeutung gewonnen (Vohs/Baumeister 2010).

Die Implikationen der Forschung zur Selbstregulation kommen erst langsam in der Schulpraxis an: Eine Schule, die als wirksame Lernumgebung Lernen fördern möchte und Menschen stark machen möchte für Verantwortungsübernahme in ihren eigenen Lernprozessen, muss nicht nur kognitive, sondern auch metakognitive Kompetenzen fördern und entwickeln. Formatives Feedback unterstützt die Selbstregulation. Es sind vor allem diese Kompetenzen, die uns helfen, in der Unübersichtlichkeit der Multioptionsgesellschaft des 21. Jahrhunderts sicher zu navigieren.

Information

Der größte Unterschied zwischen dem Leben im 20. und dem im 21. Jahrhundert liegt im Zugang zu Information. Die »digitale Revolution« hat mit der Ankunft des Internets auf mobilen Geräten die Möglichkeit auf Wissen zuzugreifen in nur wenigen Jahren radikal geöffnet und demokratisiert. Heute ist es nicht mehr ungewöhnlich, dass schon Kinder, selbst in kleinen Dörfern auf dem Land, über Smartphones und Tablet Computer in Sekundenschnelle über Suchmaschinen Zugriff auf die immensen Informationsressourcen dieser Welt haben.

Die Rolle eines Lehrers/einer Lehrerin hat sich damit zwangsläufig gewandelt: Noch vor 50 Jahren war der Volksschullehrer in der Regel ein »Monopolist des Wissens«, also einer, der Zugang zu Büchern und damit Bildung hatte, und das Wissen aus diesen dann in der Schule an die Kinder und Jugendlichen weitergab. An der Grundfunktion des Lehrens hat sich nicht viel geändert: Noch immer kommt es darauf an, in den Köpfen von Kindern und Jugendlichen die Herausbildung kognitiver Strukturen zu unterstützen. Das bedeutet vor allem zentrale Konzepte eines Fachs in ihrer Relation zueinander so zu vermitteln, dass Schüler/innen diese in ihrer Bedeutung verstehen und ihr Detailwissen an diese Strukturen andocken können (Schneider/Stern 2010).

Während das zentrale konzeptuelle Verstehen noch immer am besten über klare, lehrerzentrierte Instruktion erfolgt, muss die Vermittlung sämtlichen Detailwissens heute nicht mehr über die Lehrkraft erfolgen, wenn der Wissenszugriff auf so schnelle und unkomplizierte Weise möglich ist. Im Gegenteil: Schülerinnen und Schüler erleben sich als passiv und unmotiviert, wenn sie selbst keine aktive Aufgabe im Prozess ihres Wissensaufbaus erhalten.

»Kognitive Aktivierung« ist ein Schlüssel zu gelingendem Lernen: Statt passive Wissensempfänger zu sein, sollen Jugendliche Informationen selbst aktiv kognitiv verarbeiten. In gut gestellten Aufgaben können die Lernenden ihrer Neugier folgen: Eigene Fragen definieren, Informationen suchen, bewerten und kreativ weiterverarbeiten. Individuelles Vorwissen und Vorerfahrung können so in die Arbeit mit den neuen Informationen einfließen.

Lehr-Lernformate wie das forschende Lernen und das projektorientierte Lernen bieten einen methodischen Rahmen für die Verarbeitung von Informationen und gewinnen daher international sehr stark an Bedeutung (Barron/Darling-Hammond 2010).

An einer Schule im kanadischen Montréal konnte ich Schüler/innen einer achten Klasse dabei beobachten, wie sie versuchten eine differenzierte Antwort auf die Frage zu finden, ob der Nahostkonflikt ein religiöser, ein ökologischer, ein ökonomischer oder ein politischer Konflikt sei. Nach einer fachlich fundierten und klar strukturierten Einführung durch den Lehrer, suchten sie zunächst hochmotiviert unterschiedliche Quellen zur Bearbeitung der Frage, bewerteten diese dann anhand von Qualitätskriterien, werteten die Informationen aus, diskutierten und deliberierten und erstellten dann in kleinen Teams komplexe Dossiers, die sie mit passenden Präsentationen vor jüngeren Schülern aus einer siebten Klasse an einem Projekttag vorstellten. Am Ende der Unterrichtseinheit, in der sie geographische, religionswissenschaftliche, ökologische, ökonomische und politische Informationen abgewogen und verarbeitet hatten, waren sie zu Experten geworden, die komplexe Zusammenhänge überzeugend darstellen konnten.

Die Schule des 21. Jahrhunderts entwickelt sich zu einem Ort, an dem Schüler/innen Informationen durch analytische und kreative Arbeitsprozesse zu Wissen verarbeiten. Das entspricht der Veränderung von Berufsprofilen: Während manuelle und kognitive Routinetätigkeiten immer stärker automatisiert werden, gewinnen kognitiv-analytische Tätigkeiten, viele davon interaktiv, sehr stark an Bedeutung, wie die Analyse von Arbeitsmarktdaten durch die Ökonomen Frank Levy und Richard Murnane (2005) eindrucksvoll zeigt.

Innovation

Mit dem Wandel von der Industrie- zur Wissensgesellschaft hat das kreative Arbeiten an neuen Problemlösungen rasant an Bedeutung gewonnen. Wissen steht heute dezentral zur Verfügung und dient der Entwicklung neuer Produkte und Ideen. Im Zuge dieses Wandels verändern sich Berufsprofile deutlich.

Einfache Berufe mit Routinetätigkeiten, wie zum Beispiel die der Fabrikarbeiter am Fließband, wurden als erstes durch Roboter ersetzt. Inzwischen gehen auch Arbeitsplätze für kognitive Routinetätigkeiten stark zurück (Levy/Murnane 2005). Wo früher in einer Firma zehn Buchhalter notwendig waren, reicht heute oft eine gut ausgebildete Fachkraft, die mit Hilfe eines PCs und der entsprechenden Software die Arbeiten alleine bewältigen kann.

Der Bedarf an hochqualifizierten Fachkräften steigt deutlich an: Vor allem Personen, die in der Lage sind, analytisch und in interaktiven, oft sogar internationalen Teams komplexe kognitive Probleme zu lösen, sind in Industrie und Forschung nachgefragt und verdienen hohe Gehälter.

Diese Berufe sind voraussetzungsvoll und erfordern ein mehrjähriges spezialisiertes Hochschulstudium mindestens bis zum Master-Abschluss mit einem hohen Niveau in Fremdsprachen, Naturwissenschaften und Mathematik. Doch nicht nur an hochspezialisierte Experten, sondern auch an Facharbeiter und Berufe in der Dienstleistungsökonomie werden heute andere Anforderungen gerichtet. Wir erleben ein »upskilling« und »upgrading« von Berufsprofilen.

Upskilling
Höhere Anforderungen der Berufsinhalte, kognitive berufliche Anforderungen

Upgrading
Höhere Voraussetzungen an formale Qualifikationen, Zugangsvoraussetzungen (Protsch 2011)

Neben den klassischen Kompetenzen in Sprache und Mathematik erwarten sowohl Arbeitgeber als auch Universitäten heute von Schulabsolventen komplexe Fähigkeiten, die sie in die Lage versetzen, im Team mit Anderen kreative Problemlösungen zu realisieren, dabei effektiv Informationen zu nutzen und zu kommunizieren.

An vielen Orten der Welt machen sich Schulen auf den Weg, um Raum zu schaffen für die Entwicklung von »21st Century Skills« bei ihren Schüler/innen. Was das für das Lernen von Jugendlichen bedeutet und warum genau in dieser Veränderung ein großes Potential steckt, Jugendliche für anspruchsvolle Lernprozesse zu motivieren, analysiere ich im folgenden Kapitel.

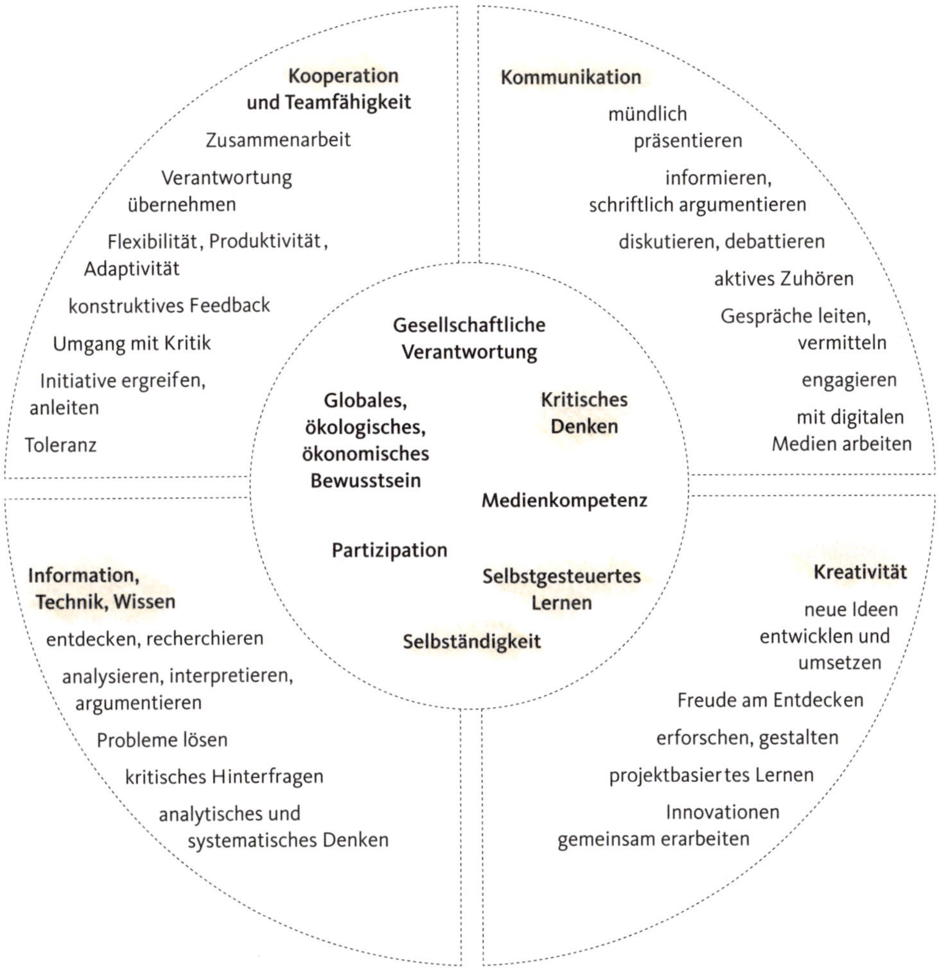

Abb. 1: Kompetenzen für das 21. Jahrhundert

Jugend als Übergangsphase: Was wir heute wissen

Die Jugend beschreibt die Lebensphase am Übergang von der Kindheit zum Erwachsenenalter und beginnt mit dem Einsetzen der Pubertät. Mit Ausnahme der ersten Lebensjahre ist keine Lebensphase im menschlichen Leben von einer stärkeren Entwicklungs- und Veränderungsdynamik geprägt als das Jugendalter. Doch während Kleinkinder im Alter von null bis drei Jahren ihre eigene Entwicklung nicht bewusst wahrnehmen, setzen sich Jugendliche mit den Veränderungen, die sie durchlaufen, dem Umbauprozess ihres Körpers, ihrer Psyche und ihrem Leben durchaus aktiv auseinander (Yee 2015). Es ist sogar so, dass ihre teilweise dramatische Selbstwahrnehmung einen starken Einfluss auf Jugendliche in ihrer Rolle als Lernende hat.

Während in der Vergangenheit häufig die äußeren Veränderungen des Körpers im Zusammenhang mit der Jugendphase thematisiert wurden, wissen wir heute, dass auf dem Weg vom Kind zum Erwachsenen vor allem das Gehirn umgebaut wird. Das verändert neben den biologischen vor allem ihre kognitiven, psychologischen und sozialen Charakteristika (Lerner 2005, S. 3). Dieser Umbauprozess ist von einer hohen Komplexität geprägt: So verläuft das körperliche Heranwachsen nicht in derselben Taktung wie die kognitive Entwicklung oder die emotionale Reifung.

Dass ein Jugendlicher anspruchsvolle Denkprozesse in einem Schulfach wie Mathematik ausführen kann, bedeutet nicht automatisch, dass er in der Lage ist, diese kognitiven Fähigkeiten auch auf persönliche Entscheidungsprozesse anzuwenden (Lerner 2005; Lerner/Steinberg 2004; Scales 1996/Scales/Taccagna 2001). Die kognitiven und emotionalen Übergangsprozesse vom Kind zum Erwachsenen laufen weder synchron noch linear ab. Das macht sie für Lehrkräfte und Eltern so wenig vorhersehbar.

Die Veränderungen zwischen dem zehnten und dem 18. Lebensjahr eines Menschen betreffen fünf Aspekte (Centre for Collaborative Education 2003; Manitoba Education 2010; Yee 2015):

- *kognitiv:* Jugendliche sind zunehmend in der Lage zu abstrakten, kritischen, komplexen und vorausschauenden Denkprozessen, wenn sie angemessen intellektuell gefordert werden.
- *sozial:* Während Jugendliche auf unterschiedlichen Ebenen ihre eigene Identität hinterfragen und suchen, haben sie gleichzeitig ein stark ausgeprägtes Bedürfnis dazuzugehören und von ihren Peers akzeptiert zu werden.
- *körperlich:* Die körperliche Reifung Jugendlicher verläuft in unterschiedlichen Geschwindigkeiten und sprunghaft. Dabei zeigen die Heranwachsenden teilweise unbeholfene und unkoordinierte Bewegungen.
- *emotional und psychisch:* Jugendliche nehmen die Veränderungen ihres Körpers und ihrer Psyche wahr und fühlen sich durch hormonell bedingte kurzfristige Stimmungsveränderungen verletzlich und angreifbar.

- *politisch-moralisch:* Der Wahrnehmungshorizont von Jugendlichen wird breiter und komplexer. Als Idealisten wollen Jugendliche Einfluss auf ethische und politische Prozesse nehmen.

Die fünf Entwicklungsstränge hängen zwar eng miteinander zusammen, doch deren unterschiedliche Entwicklungen laufen asynchron und nicht selten sprunghaft ab. Die mehrdimensionalen und diskontinuierlichen Entwicklungen machen die Jugend zu einer Phase der »Ungleichzeitigkeit des Gleichzeitigen«. So wundern sich Eltern, dass derselbe Sohn, der vernünftig und zielorientiert im Schwimmclub auf ein Rettungsschwimmerabzeichen hinarbeitet, sich bei einer Party durch eigenes riskantes Verhalten in eine Gefährdungssituation begibt. Junge Lehrkräfte sind erstaunt darüber, dass in einer siebten Klasse Schülerinnen und Schüler zusammenkommen, die teilweise noch wie Kinder, teilweise schon wie junge Erwachsene wirken. Aus wissenschaftlicher Sicht wissen wir heute, dass all das »normal« ist. Daher brauchen Lehrkräfte, die Jugendliche in ihren Lern- und Entwicklungsprozessen begleiten und unterstützen möchten, ein professionelles Verständnis der Lebensphase Jugend in all ihren Chancen und Herausforderungen.

Die Entwicklung des jugendlichen Gehirns

Lange Zeit wurden die körperlichen Veränderungen vom Kind zum Erwachsenen vor allem mit der Entwicklung der inneren und äußeren Geschlechtsmerkmale in Verbindung gebracht. Erst der Aufstieg der Hirnforschung hat uns die Erkenntnis gebracht, dass vor allem das menschliche Gehirn im Laufe der Adoleszenz einen bedeutenden Umbauprozess durchläuft. Der amerikanische Jugendforscher Laurence Steinberg spricht von einer »bemerkenswerten Phase der Umorganisation und der Plastizität des Gehirns« (Steinberg 2014, S. 60). Die neuen Erkenntnisse der Hirnforschung, vor allem bezüglich der wachsenden Kompetenz zur Selbstregulation haben weitreichende Konsequenzen für die Frage, wie wir Jugendliche erziehen und bilden.

Erst im Alter von knapp über zwanzig Jahren kann das menschliche Gehirn als »erwachsen« gelten (National Institute of Mental Health 2011). Die inneren Strukturen des Gehirns werden bis dahin – deutlich stärker als beim erwachsenen Gehirn – durch Lerngelegenheiten und Erfahrungen geformt. Durch die hohe Plastizität des Gehirns beeinflusst die Lebenswelt, in der sich ein Jugendlicher bewegt, unmittelbar seine persönliche Entwicklung. Das müssen Eltern und Lehrkräfte wissen, wenn sie Jugendliche angemessen unterstützen möchten.

Die wichtigsten Veränderungen finden nicht im Bereich der Kognition, sondern im Bereich der Metakognition statt. Durch die Reifung des Frontalkortex, der Steuerungszentrale des Gehirns, erlangen Jugendliche auf dem Weg vom Kind zum Erwachsenen sukzessive die Fähigkeit zur situationsangemessenen Handlungssteuerung und zur Regulation ihrer emotionalen Prozesse. Erfahrungen im Umgang mit Freiheit einerseits und Verantwortung andererseits unterstützen diesen Reifungsprozess. Eltern und Lehrer/innen können Jugendliche dabei unterstützen, wenn sie graduell Freiheitsräume schaffen, in denen die Heranwachsenden Eigenverantwortung übernehmen und Selbstregulation erproben können.

Dabei verändern sich verschiedene Gehirnregionen in unterschiedlicher Geschwindigkeit, was einen Teil der Komplexität der Entwicklungsphase Jugend erklärt. Diejenigen Kortexregionen, die für die Steuerung von Grundfunktionen wie die Informationsverarbeitung und die motorische Koordination verantwortlich sind, entwickeln sich früher als diejenigen für komplexere Funktionen wie Impulskontrolle, Emotionsregulation, die Fähigkeit zur vorausschauenden Planung und zum vernunftorientierten, abwägenden Denken (Friedman 2014; National Institute of Mental Health 2011).

Vier strukturelle Umbauprozesse sind dabei von besonderer Bedeutung (Steinberg 2012). Die sogenannte Myelinisierung, darunter versteht man den Prozess, bei dem die Axone der Nervenzellen von einer Schicht aus Gliazellen ummantelt werden (Myelinscheide). Effekt dessen ist es, dass die Signalweiterleitung deutlich effizienter wird, denn die Myelinscheide hat eine vergleichbare Wirkung wie die Plastikummantelung eines Kabels. Durch die elektrische Isolationswirkung wird die Erregungsweiterleitung deutlich beschleunigt. An sich findet die Myelinisierung im Laufe der Entwicklung kontinuierlich statt, besonders verstärkt allerdings im Jugendalter. Diese Entwicklung ist eine entscheidende und unabdingbare Voraussetzung für anspruchsvolle kognitive Prozesse.

Die graue Substanz im Gehirn, die diejenigen Nervenzellen mit ihren zugehörigen Synapsen beheimatet, in denen Erinnerungs- und Denkprozesse verarbeitet werden, erreicht im Jugendalter ihr höchstes Ausmaß. Dabei ist die Reduktion bestehender Synapsenverknüpfungen, das sogenannte »pruning«, ein ganz normaler Teil der Reifung, der zu einer effizienteren Organisation des Gehirns beiträgt. Durch diese physischen Veränderungen verbessert sich die Fähigkeit zur Nutzung kognitiver Prozesse und zum rationalen, logischen Denken.

Für die Emotionsregulation ist ein dritter wichtiger Prozess verantwortlich: Die Verbindung zwischen dem limbischen System und dem Frontalkortex wird im Jugendalter immer stärker. Erst dadurch bilden sich im Laufe der Jugendjahre diejenigen Regelkreise, die Selbstregulation von Emotionen und damit Impulskontrolle ermöglichen. Die heute möglichen bildgebenden Verfahren zur Untersuchung von Gehirnaktivitäten zeigen, dass Jugendliche auf Fotos mit Motiven, die starke Emotionen zeigen oder auslösen, stärker reagieren als Kinder und als Erwachsene (Grose-Fifer et al. 2013). Das erklärt auch, warum Jugendliche Risikoverhalten und eine eingeschränkte Urteilskompetenz vor allem dann zeigen, wenn eine Situation emotional aufgeladen ist (ibid.).

Die Anzahl und die Verteilung von Dopamin-Rezeptoren im Gehirn steigen während der Pubertät signifikant an. Der Neurotransmitter Dopamin hängt eng mit dem Erleben von Freude und von Schmerz zusammen. Der amerikanische Jugendforscher Steinberg geht davon aus, dass die Tendenz Jugendlicher, Stimulation in extremen Erfahrungen zu suchen, neurophysiologisch erklärt werden kann (Steinberg 2012). Durch die starken hormonellen Veränderungen im Körper ist die Fähigkeit des jugendlichen Gehirns, auf innere und äußere Stressoren ruhig und bedacht zu reagieren, deutlich eingeschränkt. So ist das Gehirn von Jugendlichen besonders anfällig für den Einfluss von Alkohol, Drogen und reagiert anders auf solche Umweltgifte im menschlichen Körper, als das bei Erwachsenen der Fall ist (National Institute of Mental Health 2011; Friedman 2014). Auch ein Mangel an Schlaf hat zu keiner anderen Zeit im menschlichen Leben einen so starken Einfluss auf die seelische und körperliche Gesundheit (National Institute of Mental Health 2011).

Obwohl viele Studien einen Einbruch der Lernmotivation im Jugendalter nachweisen, ist die Adoleszenz aus Sicht der Hirnforschung eine der lernintensivsten Phasen des menschlichen Lebens. Bezüglich der Kapazität für Lernen ist das Gehirn in dieser Zeit auf dem Gipfel seiner Aufnahmefähigkeit. Bildgebende Verfahren zeigen, dass Jugendliche in der Lösung von Problemen und Herausforderungen andere Gehirnregionen aktivieren als Erwachsene (Friedman 2014; National Institute of Mental Health 2011).

Während die meisten Erwachsenen in der Lage sind, bei der Lösung von Problemen Emotionen zurückzustellen und vernunftorientiert zu agieren, sind die Hirnregionen, in denen Emotionen entstehen, bei Jugendlichen praktisch in einem dauerhaften Erregungszustand. So fasst die American Psychological Association (2002, S. 11) zusammen, dass es vor dem Hintergrund der Reifung des jugendlichen Gehirns völlig normal sei, dass »Jugendliche streiten, nur um des Streits willen, vorschnelle Urteile treffen, sich selbstzentriert verhalten, den Meinungen von Erwachsenen grundsätzlich widersprechen und Dinge überdramatisieren«.

Erwachsene, die mit Jugendlichen arbeiten, können die notwendige Empathie für dieses schwierige Verhalten am besten dann aufbringen, wenn sie verstehen, in welch tiefgreifendem Umbauprozess sich nicht nur der Körper, sondern vor allem das Gehirn eines jungen Menschen zwischen zehn und 18 Jahren befindet. Dies gelingt am besten, wenn wir die Gestaltung von Lernprozessen und Lernumgebungen für Jugendliche nicht an den Defiziten der Lebensphase Jugend, sondern an ihren besonderen Stärken ausrichten.

Wissenschaftliche Erkenntnisse, die das Lernen im 21. Jahrhundert nachhaltig verändern, sind wie bereits erwähnt die Entdeckung von Metakognition und Selbstregulation. Unter Metakognition verstehen wir die menschliche Fähigkeit, über das eigene Lernen strategisch nachzudenken (Flavell/Wellman 1977). Wer seine Metakognition aktiviert, ist in der Lage, eigene Denkabläufe und Lernprozesse zu planen, zu steuern und zu kontrollieren, um diese zu optimieren (Kaiser 2003, S. 100). Heute wissen wir, dass die Fähigkeit zur Metakognition eine entscheidende Rolle für Lernerfolg spielt. Erst im Laufe des Jugendalters und damit vergleichsweise spät in der Gehirnentwicklung entwickelt der Frontalkortex seine volle Leistungsfähigkeit: Als der Teil des Gehirns, der komplexe Planungs- und Handlungsprozesse steuert, ist er für die Metakognition verantwortlich.

Durch Gelegenheitsstrukturen, die herausfordernde Lernprozesse ermöglichen, können Jugendliche Erfahrungen machen, die ihr Gehirn in positiver Weise verändern. Denn wenn das jugendliche Gehirn in anspruchsvollen Settings stimuliert wird, dann wird seine hohe Plastizität so genutzt, dass sich metakognitive Kompetenzen entwickeln (Steinberg 2014). Das passiert allerdings nicht in einem Unterricht, in dem Jugendliche vor allem passive Zuhörer sind. Durch eine ausgewogene Balance von Instruktion und Eigenaktivität der Jugendlichen in kognitiv aktivierenden Lernprojekten und interessanten Aufgaben verknüpft mit der Vermittlung von Wissen über Metakognition können Lehrkräfte Heranwachsenden das Handwerkszeug mit auf den Weg geben, das sie für komplexes Problemlösen im 21. Jahrhundert brauchen.

Steinberg (2014, S. 45) beschreibt die Selbstregulation als »die zentrale Entwicklungsherausforderung der Jugendphase«. Sie beschreibt die Fähigkeit, sich Ziele zu setzen, sich in der Umsetzung der Ziele selbst zu beobachten, Feedback einzuholen, sich einzuschätzen und das eigene Lernen und Handeln aktiv und bewusst zu steuern. Wer zur Selbstregulation in der Lage ist, kann ein gewisses Maß an Kontrolle über sein Denken und Fühlen ausüben. Weil die Fähigkeit zur Selbstregulation der wichtigste Einflussfaktor auf Leistung in Schule und Beruf, mentale Gesundheit und das Gelingen von Sozialbeziehungen ist, sollte die Entwicklung dieser Kompetenz sowohl von Eltern als auch von Lehrkräften bewusst gefördert werden (Steinberg 2014, S. 45).

Jugendliche mit einem hohen Maß an Selbstregulation zeigten unabhängig von ihrem sozio-ökonomischen und kulturellen Hintergrund bessere Schulleistungen und positivere Beziehungen zu Mitschülern und Lehrkräften (Steinberg 2014). Gerade weil das Jugendalter durch die Hirnplastizität das kritische Zeitfenster ist, in dem sich die Fähigkeit zu anspruchsvollen Planungsprozessen entwickelt, können Eltern und Lehrkräfte Jugendliche in ihrer Entwicklung unterstützen, wenn sie:

- Jugendliche in Entscheidungsprozesse einbinden und sie verschiedene Handlungsalternativen abwägen lassen;
- mit Jugendlichen über die Rolle von Emotionen in der Jugendphase sprechen;
- Jugendliche dabei unterstützen, sich anspruchsvolle Ziele zu setzen und diese in machbare Schritte herunterzubrechen.

Metakognitiv kompetent zu werden bedeutet, dass Jugendliche sich ihrer eigenen Lernprozesse bewusst werden und ihre Stärken und Schwächen beim Lernen verstehen. Schüler/innen, die ihre Lern- und Denkstrategien benennen können, sind besser in der Lage diese auf neuartige Aufgaben und komplexe Problemlösungen anzuwenden (Bransford/Brown/Cocking 2000, S. 67). Damit sich aus oberflächlich erworbenem Fachwissen Expertise entwickelt, ist das ein wichtiger Schritt. Metakognitive Kompetenz entwickelt sich bei Jugendlichen unterschiedlich schnell und in unterschiedlicher Ausprägung. Durch die bewusste Förderung des Lernen Lernens in der Schule lässt sich der Erwerb wirksamer Lernstrategien beschleunigen und auch Schüler/innen zugänglich machen, die diesbezüglich in der Familie nur wenige Entwicklungsimpulse erhalten haben (Steinberg 2014).

Die körperliche Entwicklung von Jugendlichen

Viel sichtbarer für Außenstehende, aber eben auch für die Jugendlichen selbst, sind die Veränderungen ihres Körpers während der Jugendjahre. Körperlich verändern sich Jugendliche zwar fortlaufend, aber doch in unregelmäßigen Entwicklungsschüben (McNeely/Blanchard 2009; Strahan/L'Esperance/Van Hoose 2009). Bestimmte, sichtbare Teile des Körpers wie Hände, Füße, Ohren und Nase wachsen schneller als andere Körperteile. Das kann den Gleichgewichtssinn und die Koordination auf eine für die Jugendlichen unangenehme Art beeinflussen. Erst im späten Jugendalter ist diese Entwicklung fein- und grobmotorischer Fertigkeiten so weit abgeschlossen, dass Jugendliche wieder das Gefühl haben, ihren Körper vollständig kontrollieren zu können (McNeely/Blanchard 2009; Strahan/L'Esperance/Van Hoose 2009). Besonders rasant verläuft das Wachstum der Knochen im Körper. Bislang voneinander getrennte Knochen am Steißbein im unteren Abschnitt der Wirbelsäule wachsen zusammen, sodass der Ischiasnerv näher an das Knochengerüst rückt. Für Lehrkräfte und Eltern ist wichtig zu verstehen, dass Jugendliche in dieser Entwicklungsphase des Körpers nicht lange still sitzen können, ohne dabei Schmerzen oder zumindest ein unangenehmes Körpergefühl zu erleben (McNeely/Blanchard 2009; Strahan/L'Esperance/Van Hoose 2009). Auch das Längenwachstum des Körpers findet nicht kontinuierlich, sondern in teilweise sehr kurzfristigen Wachstumsschüben statt, die mit »Wachstumsschmerzen« einhergehen können (McNeely/Blanchard 2009; Strahan et al., 2009).

Mädchen kommen früher in die Pubertät als Jungen, im Mittelwert setzt die Menstruation im Alter von 12,5 Jahren ein (Rosenfield et al. 2000), während der erste Samenerguss bei Jungen in der Regel erst mit über 14 Jahren stattfindet. Doch für beide Geschlechter setzt die Pubertät heute früher ein als noch für die Generation der Eltern und Großeltern. Neben den vielen anderen körperlichen Veränderungen in Körperbehaarung, Stimmlage, Körpergeruch und den äußeren Geschlechtsorganen verändert sich auch die Zusammensetzung des Körpers. Jungen verlieren Fett zugunsten von Muskelmasse, während Mädchen mehr Körperfett im Verhältnis zur Muskelmasse entwickeln.

All diese körperlichen Veränderungen werden hormonell gesteuert. Die Hirnanhangdrüse setzt dabei Hormone frei und steuert die Hormonproduktion der anderen Drüsen im Körper. Durch den Umbau der hormonerzeugenden Drüsen können plötzlich verhältnismäßig große Mengen Adrenalins freigesetzt werden. Was Lehrkräften und Eltern als unangemessen impulsives Verhalten erscheint, sind oft einfach körperliche und psychische Reaktionen auf eine für den Jugendlichen nicht kontrollierbare Adrenalinausschüttung (McNeely/Blanchard 2009; Strahan et al., 2009). Hormonelle Schwankungen tragen dazu bei, dass Jugendliche sich phasenweise gehemmt fühlen und sich ihrer Stärken nicht mehr bewusst sind. Es ist oft diese hormonell bedingte Unsicherheit, die zu problematischen Alltagsentscheidungen bezüglich Nahrungsaufnahme und anderen Alltagsfragen führt. Gerade die Sorge bezüglich der Attraktivität des sich in der Pubertät rasant verändernden eigenen Körpers führt dazu, dass Essstörungen und andere sogenannte körperdysmorphe Störungen, also der übermäßigen Beschäftigung mit dem eigenen Aussehen, in der Adoleszenz deutlich häufiger diagnostiziert werden als in anderen Phasen des menschlichen Lebens (McNeely/Blanchard 2009; Strahan et al. 2009).

Schlafverhalten und Schlafbedürfnisse von Jugendlichen

Der menschliche Schlaf hat eine besondere Funktion für Körper und Gehirn. Für Jugendliche ist ausreichend Schlaf noch wichtiger als für Menschen in anderen Lebensphasen. Schlafen Heranwachsende weniger als etwa 8,5 bis 9,5 Stunden pro Nacht, steigt das Risiko für ein geschwächtes Immunsystem, Typ-2-Diabetes und Übergewicht einerseits und für Depressionen, Angststörungen und Risikoverhalten andererseits (Boergers et al. 2014; Brody 2014). Schlafmangel verstärkt bei Jugendlichen Launigkeit und schränkt die Fähigkeit zum rationalen, vorausschauenden Handeln ein. Die amerikanische Kindermedizinerin Judith Owens (zit. in Brody 2014) weist auf den Zusammenhang zwischen chronischem Schlafmangel und der Wahrscheinlichkeit eines Suizidversuchs hin.

Hinreichend zu schlafen ist eine bedeutende Voraussetzung für gelingende Lernprozesse von Jugendlichen. Im Schlaf konsolidiert sich das Gelernte in Form von Veränderungsprozessen im Gehirn. Sowohl die REM-Phase (»rapid eye movement«) als auch die SWS-Phase (»slow-wave sleep«) sind unbedingt erforderlich, damit neu erlerntes Wissen und Fertigkeiten sich in das Gedächtnis einprägen (Stickgold/Walker, 2005). Bestimmte biochemische Prozesse ermöglichen in der SWS-Phase, dass Informationen vom Hippocampus (zuständig für das Gedächtnis) zum Kortex übertragen werden. Dort verstärken sich die Verbindungen zwischen den Nervenzellen so, dass das am Tag Gelernte sich durch eine Veränderung der Gehirnstrukturen längerfristig einprägt. In der REM-Phase verfestigen sich diese Veränderungen (Stickgold/Walker 2005). Laut nordamerikanischen Studien (Stickgold/Walker 2005; Boergers et al. 2014) erreichen bis zu 80 Prozent der Teenager nicht die für Jugendliche empfohlene nächtliche Schlafdauer von 8,5 bis 9,5 Stunden. Für das Lernen im Jugendalter ist das eine hochproblematische Diagnose: Das Gehirn der Jugendlichen hat möglicherweise zu wenig Zeit, um das am Tag Gelernte so zu verarbeiten, dass es längerfristig im Gedächtnis gespeichert wird.

Doch das Problem ist nicht einfach zu lösen: Die sich in der Pubertät verändernden circadianen Rhythmen führen dazu, dass Jugendliche zu den Zeiten am Abend, die ihre Eltern als sinnvolle Zu-Bett-Gehzeit ansehen, oft noch gar nicht schlafen können. Die beiden prominenten Schlafforscher Carskadon (1999) und Dement (2000) konnten in Laborexperimenten zeigen, dass – entgegen der Erwartung von Eltern – Jugendliche aufgrund ihrer besonderen chronobiologischen Bedürfnisse zwar im Laufe des Abends müder werden, dann jedoch ab einem bestimmten Punkt, den die Wissenschaftler den »sweet spot« nennen, wieder wacher werden und so de facto erst sehr spät wirklich einschlafen (Carskadon 1999; Dement 2000).

Aufgrund der frühen Zeiten des Schulbeginns zwischen 7:30 Uhr und 8 Uhr kommen Jugendliche kaum auf die empfohlene Stundenzahl beim Schlafen. Noch immer ist der morgendliche Unterrichtsbeginn sehr stark von den tradierten Bedürfnissen der Landwirtschaft geprägt, wo Jugendliche noch im letzten Jahrhundert in vielen Fällen morgens früh vor der Schule im Stall und auf dem Hof helfen mussten.

Die Experten gehen aktuell davon aus, dass die durch Schlafprobleme verursachten Lernprobleme Jugendlicher eher noch weiter zunehmen werden. Neben dem »Termindruck«, den heute bereits Jugendliche in Schule und Freizeit die Woche über erleben, beeinflusst auch die abendliche Nutzung von Smartphones, Tablet Computern und anderen elektronischen Geräten ihr Schlafverhalten. Melatonin, das Hormon, das im Körper den Prozess des Einschlafens steuert, wird hergestellt, wenn es dunkel wird. Das von den Geräten ausgestrahlte Licht soll nach aktuellen Forschungserkenntnissen zur Unterdrückung der Melatoninproduktion im Körper beitragen und so das Einschlafen zusätzlich erschweren (Brody 2014).

In diesem Zusammenhang empfehlen Jugendmediziner mit wachsendem Nachdruck die Forschungserkenntnisse der Chronobiologie ernst zu nehmen und den frühen Schulstart, häufig schon vor acht Uhr am Morgen, nach hinten zu verschieben, zumal nur noch wenige Jugendliche auf Bauernhöfen aufwachsen und die Ganztagsschule nun auch in Deutschland immer mehr zur Regel wird (Dement 2000; Spork 2014).

Eine Längsschnittstudie mit 9000 Jugendlichen im US-Bundesstaat Minnesota zeigte bereits für eine Verschiebung des Unterrichtsbeginns um 30 Minuten eine signifikante Steigerung der Schülerleistungen in Klassenarbeiten (Wahlstrom et al. 2014). »Wache Schüler« sind eher in der Lage ihren Lernprozess kognitiv aktiv zu erleben, bringen sich stärker in den Unterricht ein und empfinden mehr Freude am Lernen. Dies entlastet sie auch bei der Dauer, die sie für Hausaufgaben und Vorbereitung von Tests und Klassenarbeiten benötigen, was wiederum mehr Zeit für Schlaf ermöglicht. So kann der Teufelskreis chronischen Schlafmangels durchbrochen werden. In meinen Interviews mit Jugendlichen der Klassen 7 und 8 wurde das Thema immer wieder von den Jugendlichen selbst angesprochen: »An manchen Tagen ist es stockdunkel, wenn wir morgens in die Schule kommen. Die meisten von uns stehen gegen 6 Uhr auf und fahren dann mit der Bahn oder dem Bus hierher. Der Tag fängt einfach irre früh an. Ich würde lieber etwas länger schlafen und dafür später nach Hause kommen.« Hier decken sich offenbar die empirisch fundierte Sicht der Wissenschaft und die Selbstwahrnehmung vieler Jugendlicher. Das sollte Grund genug sein, Schulen jetzt in dieser Hinsicht zu verändern.

Jungen und Mädchen in der Schule

Das distanzierte Verhältnis von Mädchen und Jungen in der Schule, das sich als vermeintlicher Antagonismus in der Kindergartenzeit entwickelt und während der Grundschulzeit verfestigt (Rohrmann 2015), löst sich im Jugendalter graduell auf. Hormonell wie sozialisationsbedingt existieren Unterschiede zwischen Mädchen und Jungen, die im Jugendalter zum Tragen kommen. Spezifische Entwicklungsherausforderungen stellen sich dabei für Mädchen genauso wie für Jungen.

Geschlechtsbezogene Unterschiede spielen in der Identitätsfindung als junger Mann oder junge Frau eine bedeutsame Rolle (Siegler/De Loache/Eisenberg 2011) und sollten daher nicht negiert werden. Sowohl Jungen als auch Mädchen werden bereits in der Kindheit mit geschlechtsstereotypen Rollenerwartungen konfrontiert. Dieser Prozess verläuft sowohl aktiv (»Jungen weinen doch nicht«) als auch passiv in Form von medialen Bilder von Männlichkeit oder Weiblichkeit (Rohrmann 2015; Seiffge-Krenke 2015). Im frühen Jugendalter verläuft die Abgrenzung zwischen Mädchen und Jungen bewusst und spielerisch, wie es sich beispielsweise in typischen Spielen von »Jungen versus Mädchen«, die zwischen Zehn- und Zwölfjährigen auf Schulhöfen weit verbreitet sind, zeigt.

Neben den bereits genannten Umweltfaktoren spielen auch genetische und hormonelle Faktoren eine wichtige Rolle für die unterschiedliche Entwicklung von Jungen und Mädchen im Jugendalter (Hopf 2014). Grundsätzlich ist es schwierig, allgemeine Aussagen über geschlechtsspezifische Verläufe der Adoleszenzentwicklung zu machen, da intraindividuell erhebliche Entwicklungsunterschiede und Entwicklungsgeschwindigkeiten feststellbar sind (Bodmer 2013). So schreibt Rossmann (2012, S. 142): »Das Jugendalter ist kein naturgegebener Lebensabschnitt« und verläuft bei Jungen und Mädchen nicht parallel.

Die Pubertät setzt bei Mädchen im Schnitt (bei beiden Geschlechtern herrscht hohe Variabilität) zwei Jahre früher ein als bei Jungen. Biologischer »Marker« dieses Prozesses ist ein etwa vier Jahre andauernder Wachstumsschub, der sich zwischen Jungen und Mädchen in seiner Terminierung unterscheidet. Bei Mädchen wird die maximale Wachstumsgeschwindigkeit mit ca. zwölf Jahren (8 cm/Jahr) erreicht, bei den Jungen erst zwei Jahre später im Alter von 14 Jahren (9,5 cm/Jahr). Der Wachstumsschub, die Entwicklung der Muskulatur und der damit einhergehenden Körperkräfte ist bei Jungen deutlich ausgeprägter als bei Mädchen, sie werden im Schnitt zwölf cm größer als Mädchen. Die größere Körperkraft und Ausdauer wird dabei von biologischen Faktoren wie zum Beispiel einer Erhöhung des Testosterongehaltes im Körper beeinflusst. Damit einher geht eine Steigerung des Atem- und Blutvolumens bei jungen Männern (Rossmann 2012; Rohrmann 2015).

Jungen wird während der Adoleszenz ein »größeres Aggressionspotenzial«, teilweise einhergehend mit Gewalt- und Risikobereitschaft unterstellt. Das »Spielkämpfen« der Jungen am Übergang von Kindheit zur früher Adoleszenz wird dabei gerade im schulischen Kontext oft missbilligt (Rohrmann 2015), spielt jedoch eine zentrale

Rolle in der Gruppendynamik von Jungen untereinander und unterliegt bei genauer Beobachtung häufig genau definierter Regeln, die von den Jungen anerkannt werden. Auch wenn die genauen evolutionsbiologischen Gründe für das Spielkämpfen bislang unzureichend erforscht sind, weisen Wissenschaftler wie Richartz (2014) daraufhin, dass der Prozess bei Jungen zur sozialen Kompetenzentwicklung beiträgt und Freundschaften von Jungen im Jugendalter ausmacht, die – im Gegensatz zu den intimeren Freundschaften der Mädchen – mehr von Gruppenaktivität geprägt werden (Möller 2015; Seiffge-Krenke 2015).

Eine höhere Gewaltbereitschaft von Jungen tritt nur dann zu Tage, wenn Jungen im schulischen Kontext keine Gelegenheit erhalten, Emotionen konstruktiv zu bearbeiten. So deuten Studien aus den USA daraufhin, dass gerade Jungen während der Adoleszenz neben einem Repertoire an sportlichen Angeboten zur positiven Regulierung ihrer Emotionen Bildungsangebote benötigen, die eine konstruktive Verarbeitung von schwierigen Emotionen ermöglichen. Dies kann im Theaterspiel, in der Musik, durch kreatives Schreiben, Malerei, Fotographie, Skulptur und auch Tanz erfolgen (Reiner 2016). Daneben spielen positive Sozialbeziehungen zu Lehrkräften, die als »Mentoren« erlebt werden, gerade für die erfolgreiche schulische Sozialisation von Jungen eine Schlüsselrolle.

Das in den Medien vermittelte Bild von den Jungen als »Bildungsverlierern« lässt sich relativieren. So sprechen empirische Studien eine differenzierte Sprache und deuten darauf hin, dass es »die Jungen« als Gruppe so nicht gibt, sondern dass die vermeintlich allgemeine Problematik von Jungen in der Schule vor allem aus dem »Differenzverhältnis zu Mädchen« (Fegter 2012, S. 89) abgeleitet wird und komplexere Sachverhalte überblendet. Diesem Klischee nach sind Jungen »schlechter in der Schule«, verhaltensauffälliger (z. B. ADHS), aggressiver und »neigen eher zu Selbstmord oder Amokläufen« (ibid.). Solche einfachen Pauschalisierungen lassen sich empirisch nicht aufrechterhalten. Fakt ist aber wohl, dass Jungen in ihren differentiellen Persönlichkeitsausprägungen im Vergleich zu Mädchen stärker zu Extremen neigen (Fegter, 2012) und daher in den Bildungsstatistiken zu unterschiedlichen Faktoren (z. B. sonderpädagogische Förderdiagnostik und Hochbegabungsdiagnostik) als Gruppe stärker ins Auge fallen. Für die Weiterentwicklung von Schulen lässt dies vor allem vermuten, dass die zunehmende Individualisierung von Lernprozessen und der Fokus auf Förderung und Adaptivität von Unterricht Jungen in ihrer Persönlichkeitsentwicklung während der Jugendphase sehr entgegenkommt.

Körperlich gestaltet sich die Pubertät bei Mädchen anders als bei Jungen. Das Muskelwachstum verläuft bei Mädchen und Jungen ungefähr bis zum 14. Lebensjahr parallel. Anschließend verlangsamt sich die Zunahme des Muskelgewebes bei den Mädchen, während es bei den Jungen weiter zunimmt (Bodmer 2013, S. 48). Etwa 95 Prozent der Mädchen sind bereits mit 16 Jahren ausgewachsen (Stier 2006, S. 13). 20 bis 25 Prozent der Endkörpergröße wird durch den pubertären Wachstumsspurt bedingt (Stier 2006, S. 13). Hinsichtlich der Entwicklung der primären und sekundären Geschlechtsmerkmale beträgt das durchschnittliche Eintrittsalter in die Pubertät bei

Mädchen rund zehn Jahre (Bodmer 2013, S. 53) und liegt damit ca. zwei Jahre vor dem der Jungen. Äußerlich zeigt sich dies anhand der Brustentwicklung und dem früheren Wachstumsschub. Schon vor Beginn des Brustwachstums vergrößern sich Uterus und Ovarien. Im Alter von zwölf bis 13 Jahren ist ein rasches Wachstum der Eierstöcke, der Gebärmutter, der Vagina und der Schamlippen zu verzeichnen. Die erste Menstruation setzt durchschnittlich im Alter von zwölf Jahren ein und stellt einen klar zu benennenden Zeitpunkt und Meilenstein in der Entwicklung des weiblichen Körpers dar (Lohaus 2010, S. 251). In Europa und in den USA ist der Zeitpunkt der Menstruation in den letzten 120 Jahren beständig gesunken, was auf Einflüsse der Ernährung und Sozialisation zurückgeführt wird. Dies korreliert mit dem generellen Eindruck, dass Jugendliche zunehmend früher in die Pubertät eintreten. Jungen wie Mädchen werden im Jugendalter mit einer Vielfalt an Entwicklungsaufgaben konfrontiert, zu denen auch geschlechtsbezogene Aufgaben gehören, wie zum Beispiel das Akzeptieren der eigenen körperlichen Erscheinung, die Auseinandersetzung mit tradierten Geschlechterrollen, der Aufbau neuer Beziehungen zu Gleichaltrigen beider Geschlechter oder der Gewinn emotionaler Unabhängigkeit (Bodmer 2013, S. 23; Lohaus 2010, S. 253). In ihrer emotionalen Entwicklung durchlaufen sowohl Mädchen als auch Jungen hormonell bedingte Stimmungs- und Gemütsschwankungen, die auch depressive Störungen umfassen können (Lohaus 2010, S. 252).

Im Gegensatz zu Jungen berichten Mädchen offener und bereitwilliger über gesundheitliche und seelische Beschwerden (Hannover 2010, S. 303), während Jungen eher externe Stressbewältigungsstrategien einsetzen. Mädchen neigen eher zu versteckter Aggression und »internalisierender Problemverarbeitung« (Lohaus 2010, S. 149), die Ängstlichkeit, sozialen Rückzug, depressive Phasen und körperliche Symptome wie Kopfschmerzen miteinschließen. Ihre Aufmerksamkeit ist stärker nach innen gerichtet. Auch sozialisationsbedingt machen Mädchen sich über ihr äußeres Erscheinungsbild mehr Gedanken als Jungen und kommen dabei eher zu negativen Schlüssen.

Eine schwierige Entwicklungsaufgabe für Mädchen ist die Übernahme der weiblichen Geschlechterrolle, die im 21. Jahrhundert mit komplexen und in Teilen widersprüchlichen Erwartungen verknüpft ist. Mädchen sollen und dürfen heute schulisch und beruflich erfolgreich sein, trotzdem sehen sie sich auch mit der impliziten Erwartung konfrontiert, bestimmten weiblichen Attraktivitätsmustern zu entsprechen. Mädchen orientieren sich dabei teilweise an unrealistischen Schönheitsidealen und haben tendenziell ein negativeres Körperselbstbild – vor allem bezüglich des Körpergewichts – was Essstörungen und Depressionen begünstigen kann (Lohaus 2010, S. 174). Hinsichtlich der messbaren Schulleistungen gelten Mädchen derzeit als Bildungsgewinner, die sich trotz ihrer teilweise negativen Selbsteinschätzung leichter selbst steuern und disziplinieren können und eher als Jungen danach streben, schulische Erwartungen zu erfüllen und in der Schule erfolgreich zu sein (Hannover 2010, S. 102 f.).

Um Jungen und Mädchen in der Jugendphase gleichermaßen gerecht zu werden, ist es unbedingt notwendig, dass Lehrkräfte die unterschiedlichen Entwicklungsdynamiken beider Geschlechter während der Pubertät verstehen. Genauso wie für Jungen gilt in der Adoleszenzphase für Mädchen: Schulen sollten Räume sein, in denen Jugendliche ihre Persönlichkeit entdecken, komplexe und widersprüchliche Emotionen konstruktiv und kreativ verarbeiten und stabile sowie unterstützende Sozialbeziehungen zur Peer Gruppe und zu Lehrkräften als Mentoren entwickeln.

Veränderte Sicht auf die Lebensphase Jugend

Die rasanten Veränderungen auf dem Entwicklungsweg vom Kind zum Erwachsenen führten dazu, dass die Adoleszenz viele Jahrzehnte lang vor allem als »schwierige Lebensphase« gesehen wurde. Beginnend mit der ersten, damals bahnbrechenden Studie des Amerikaners Granville Stanley Hall, der als Pionier der Jugendforschung gilt, im Jahr 1904 wurde das Jugendalter von Wissenschaft und Gesellschaft als eine problembeladene Übergangszeit wahrgenommen, die vor allem von unberechenbaren Launen und dem Risikoverhalten Jugendlicher geprägt war. Jahrzehntelange wurden Jugendliche relativ pauschal, auch in wissenschaftlichen Publikationen, als »gefährdet«, »gefährlich« oder in ihrem »unzivilisierten Verhalten« als »schwer steuerbar« beschrieben (Anthony 1969; Benson et al. 2006; Roth et al. 1998).

Explizit positive Seiten und Potentiale der Lebensphase Jugend fanden wenig Berücksichtigung (Benson et al. 2006). Erst das neue Jahrtausend brachte die Kehrtwende: Neue Forschungserkenntnisse zeigten, dass die Jugend als Transformationsphase im menschlichen Leben auch ganz besondere Potentiale aufweist (Salyer/McKee 2003; Lerner 2005), die durch den bis dahin defizitorientierten Blick auf Jugendliche überdeckt wurden. Durch eine veränderte, primär stärkenorientierte Sicht auf Jugendliche sei es möglich, das Potential, das in jungen Menschen im Alter von 10 bis 18 Jahren stecke, gesellschaftlich zu nutzen und Jugendlichen auf diese Art und Weise auch Anerkennung auszusprechen.

Jugendliche, die sich in Vereinen, Kirchengemeinden und Sozialprojekten engagieren, entwickeln dabei, das zeigten eindrücklich sowohl deutsche als auch nordamerikanische Studien, soziale Kompetenzen und ein stabiles Selbstvertrauen (Lerner 2005, Jakob 2017). Vor allem Jugendliche, die in ihrem Handeln für andere Menschen und das Gemeinwesen, ihre eigene Selbstwirksamkeit erleben können und Anerkennung von anderen spüren, überwinden die selbstzentrierte Perspektive, die Jugendlichen oft unterstellt wird, zugunsten einer Bereitschaft die der Jugendphase eigene Energie und Kompetenz für höhere Ziele als das eigene Wohlergehen einzusetzen. Gelegenheiten zum Engagement sind daher zentrale »Entwicklungsressourcen« und »soziale Nährstoffe« für die positive Persönlichkeitsentwicklung Jugendlicher (Lerner 2005, S. 27). Solche Gelegenheitsstrukturen müssen drei Bedingungen erfüllen:

- Positive Sozialbeziehungen zwischen Erwachsenen und Jugendlichen,
- Möglichkeiten zur Entwicklung von Kompetenzen und
- Projekte, in denen diese Kompetenzen als positive Ressource für das Gemeinwesen öffentlich sichtbar werden (Lerner 2005, S. 32).

Wenn also die Lebenswelt der Jugendlichen in Schule und Gemeinwesen die notwendigen Gelegenheiten zur Persönlichkeitsentwicklung schafft, dann ist die Lebensphase Jugend kein gesellschaftliches Problem, sondern vielmehr eine gesellschaftliche Ressource. Damit Jugendliche das besondere Potential dieser Lebensphase für sich selbst und andere nutzbar machen können, bedarf es einer veränderten Lernkultur, die sich im Wesentlichen wie folgt umschreiben lässt und in den weiteren Kapiteln des Buches vertieft wird. Dazu gehören:

- Anspruchsvolle und responsive Lernumgebungen, die auf einem komplexen Verständnis der Entwicklungsphase Jugend aufbauen und Jugendliche als verantwortliche Akteure ihres eigenen Lernprozesses begreifen.
- Lehrkräfte als Designer von Lernprozessen, die zu den Entwicklungsbedürfnissen von Jugendlichen passen.
- Eine Kultur der systematischen Kommunikation und Kooperation zwischen Lehrkräften, die in Teams arbeiten, und zwischen Lehrkräften, Schüler/innen und ihren Eltern.

Engagiert lernen im Jugendalter: Wirksame Lernprozesse und Lernumgebungen für Jugendliche

Drei gleichwertige Ziele: Chancengerechtigkeit, Leistung und Wohlbefinden

Schulentwicklung ist wie das Jonglieren mit mehreren Bällen. Es geht darum, Schulen so zu gestalten, dass sie Jugendlichen faire Chancen bieten, sich zu Lernen und Leistung zu motivieren, und zugleich ein Ort sind, der Teenagern im schwierigen Übergang von der Kindheit zum Erwachsenenalter eine emotionale und intellektuelle Heimat bietet. Dabei gilt es alle drei Ziele gleichermaßen im Blick zu halten:

- Chancengerechtigkeit: Jugendliche erhalten unabhängig von ihrer sozialen Herkunft eine faire Chance auf Bildung und einen berufsqualifizierenden Schulabschluss.
- Leistungsförderung: Talente und Interessen jedes einzelnen Jugendlichen werden wahrgenommen und als individuelles Potential gefördert.
- Wohlbefinden: Die Jugendlichen finden in der Schule einen Ort, an dem sie sich gerne aufhalten und der ihnen eine emotionale Heimat bietet.

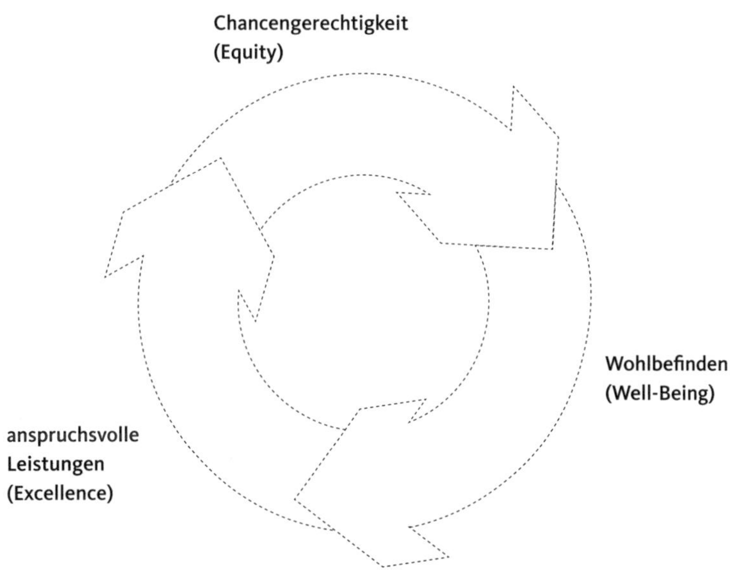

Abb. 2: Drei Ziele von Schulen und Schulsystemen

Herausforderung Chancengerechtigkeit

Die internationale Bildungsstudie PISA hat unserem Schulsystem den Spiegel vorgehalten: Der Zusammenhang zwischen der sozio-ökonomischen Herkunft von Schüler/innen und ihrem Schulerfolg war in der ersten PISA-Erhebung im Jahr 2000 einer der höchsten aller OECD-Staaten. Die Tatsache, dass damals 24 Prozent der Schüler/innen in Deutschland in den Bereichen Komplexes Textverstehen, Mathematik und Naturwissenschaften auf oder sogar unter der Kompetenzstufe eins standen, löste den sogenannten »PISA-Schock« aus. Nach einer ersten Schockstarre begann das System sich zu bewegen: Viele Maßnahmen einer zeitgemäßen Modernisierung des Schulsystems wurden eingeleitet:

- Mangelnde sprachliche Fähigkeiten wurden als Bildungsbarriere erkannt. Sprachstandsdiagnostik und Sprachfördermaßnahmen dienen heute dazu, Kinder bereits vor der Einschulung so zu fördern, dass sie am Unterricht partizipieren können. Auch wenn die Sensibilität für die Bedeutung von Sprache in Bildungsprozessen seit dem Jahr 2000 deutlich gestiegen ist, so gibt es in der Sprachförderung Jugendlicher noch immer Lücken. Fortlaufende Sprachstandsdiagnostik (auch was die Lesekompetenz und die Schriftsprache betrifft) und systematische Sprachförderung gilt es nicht nur an den Grundschulen, sondern auch an Schulen für Jugendliche durchgängig zu etablieren.
- Es wurde erkannt, dass Qualitätsentwicklung von Schulen und Schulsystemen kein Selbstläufer ist, sondern Strukturen und Anreize braucht. Die externe Evaluation von Schulen dient seither der strukturierten Erfassung und Rückmeldung zur Qualität einer Schule. Ko-konstruktive Prozesse, in denen Lehrkräfte vor Ort kontinuierlich an der Weiterentwicklung von Unterrichtsqualität arbeiten, zeigen gute Resultate (TALIS 2013/4), sind aber an deutschen Schulen noch nicht flächendeckend entwickelt.
- Vergleichsarbeiten, die in bestimmten Schuljahren von allen Schüler/innen einer Klassenstufe geschrieben werden, geben sowohl der Einzelschule als auch dem Schulsystem Rückmeldung über die Lernentwicklung ihrer Schüler/innen. Die Ergebnisse der Vergleichsarbeiten aller Schulen werden zusammenfassend ausgewertet und spiegeln die Wirksamkeit von Schule und Unterricht wider. Wenn man die Ergebnisse zu sozio-demographischen Daten über die Schüler/innen und ihre Familien in Beziehung setzt, kann man daraus Schlüsse über die Chancengerechtigkeit des Schulsystems ableiten und gezielt Interventionen planen.
- Der »Deutsche Bildungsbericht« stellt zusammen, wo unser Bildungssystem derzeit in seiner Entwicklung steht und gibt Bildungspolitikern und Bildungsplanern Anhaltspunkte für ihre Steuerung. Auch Städte erstellen Bildungsberichte: Der »Mannheimer Bildungsbericht« zum Beispiel dient als Grundlage für eine strategische Bildungsplanung, die versucht herkunftsbedingte Bildungsdisparitäten zu überwinden. Die Fundamente für ein systematisches Bildungsmonitoring auf mehreren Systemebenen sind gelegt. Die spezifische Situation von Jugendlichen, ihren Lernbedin-

gungen und ihrer Lernmotivation an deutschen Schulen wird allerdings bisher nur wenig in den Blick genommen.

Das noch relativ neue Bewusstsein für Chancengerechtigkeit als einer Gestaltungsaufgabe von Schulen ist positiv zu beurteilen. Die Politik hat erkannt, dass es vor dem Hintergrund des demographischen Wandels und des Fachkräftemangels gilt, kein Kind und keinen Jugendlichen für Bildung zu verlieren. Die bildungspolitischen Maßnahmen beginnen zu greifen: In den PISA-Erhebungen von 2012 und 2015 (PISA 2012; PISA 2015) ist der Anteil der 15-jährigen deutschen Schüler/innen auf oder unter Kompetenzstufe I auf 16 Prozent (im Mittelwert) gesunken.

Dennoch gibt es gerade in der pädagogischen Arbeit mit Jugendlichen noch viel zu tun: In der Lebensphase Jugend entscheidet sich, welchen Schulabschluss ein Jugendlicher macht. Die Erfahrungen von Jugendlichen in der Schule prägen ihre Wahrnehmung von Lernen und Leistung sowie ihr Selbstkonzept für lange Zeit. Die derzeit mehr als fünf Prozent an Jugendlichen in Deutschland (Herpell 2015), die in diesem Zeitraum die Schule abbrechen und ohne Abschluss verlassen, tun dies häufig, weil es Schulen nicht gelungen ist, die Freude am Lernen zu entwickeln und mit der Aussicht auf ein selbstbestimmtes und ökonomisch eigenständiges Leben zu verknüpfen. Schulen zu gestalten, die für *alle* Jugendliche funktionieren, ist daher ein wichtiger Beitrag zur Chancengerechtigkeit unseres Bildungssystems.

Herausforderung Leistungsförderung

Von Schülerinnen und Schülern Leistung zu fordern ist erklärtes Ziel aller Schulsysteme weltweit. Die Forderung alleine bewirkt jedoch noch keinen Erfolg. Durch die internationalen Schulstudien ist die Frage in den Vordergrund gerückt, unter welchen Bedingungen Schüler/innen ihr Potential besonders gut in Leistungen umsetzen können. Auf der Suche nach bestmöglichen Strukturen und Strategien für Schule und Unterricht lohnt es sich genauer zu analysieren, was andere Schulsysteme weltweit anders und vielleicht besser machen als das hiesige.

Während in den ersten Jahren nach dem PISA-Schock das Augenmerk von Politik und Öffentlichkeit vor allem auf die Minimierung des Anteils an »Risikoschülern« (PISA Kompetenzstufe eins) gerichtet war, steigt inzwischen auch die Aufmerksamkeit für die Spitzengruppen. Was dabei Sorge für den deutschen Kontext bereiten muss: Die Entwicklung der Schülerleistungen an der Leistungsspitze, also auf den Kompetenzstufen fünf und sechs, zeigen zwischen der ersten PISA-Studie 2000 und der zuletzt veröffentlichten von 2015 keine Weiterentwicklung.

Viele Jahre wurde das in Deutschland nicht als Problem gesehen: Auf der Grundlage eines statischen Verständnisses von Intelligenz ging man davon aus, dass immer nur ein relativ kleiner Anteil der Schüler/innen die kognitiven Voraussetzungen mitbringt, um das hohe Leistungsniveau der Kompetenzstufen fünf und sechs zu erreichen. Doch nach sechs PISA-Tests in einem Zeitraum von fünfzehn Jahren ist klar, dass der Anteil der Schüler/innen auf den höchsten Leistungsniveaus sich in anderen Schulsystemen dynamischer entwickelt hat als hierzulande: So erreichen zum Beispiel in Kanada – auch dank einer gezielten Leseförderung unter dem Leitbild »Literacy across the curriculum« – inzwischen deutlich mehr Jugendliche die höchsten Kompetenzstufen. In Singapur hat sich der Anteil der Schüler/innen auf den Kompetenzstufen fünf und sechs in Mathematik dank einer systematischen Entwicklung der Mathematikdidaktik und einer entsprechenden Professionalisierung der Mathematiklehrkräfte auf über 40 Prozent gesteigert.

Leistung auf Spitzenniveau ist also nicht »normalverteilt«, sondern kann durch gezielte Interventionen in Unterrichts- und Schulentwicklung so gefördert werden, dass anteilig mehr Schüler/innen ein hohes Leistungsniveau erreichen. In seinem Vorwort zur PISA-Studie 2009 konstatiert der Bildungsforscher Eckhard Klieme, dass es gerade an den Gymnasien an individueller Förderung mangelt (Klieme et al. 2010, Vorwort). Nachdem die »Hochbegabtenförderung« sich in den vergangenen zwanzig Jahren vor allem auf die separierende Förderung von weniger als einem Prozent der Schüler/innen in speziellen Schulen oder Zügen fokussiert hat, steht das hiesige Schulsystem inzwischen vor der Herausforderung, begabte und besonders leistungsbereite Schüler/innen an allen Schulen besonders zu fördern.

Ein Hauptproblem liegt darin, dass das deutsche Schulsystem nach wie vor wenig Erfahrung mit innerer Differenzierung hat. Entsprechend fehlen auch die professionellen Kompetenzen der Lehrkräfte in der Gestaltung von adaptivem Unterricht. Immer wieder haben deutsche Bildungspolitiker in den vergangenen Jahrzehnten stattdessen auf die »äußere Differenzierung« gesetzt. Als in den 80er Jahren des 20. Jahrhunderts zunächst die Sensibilität und infolgedessen dann auch die Forschung zum Thema »Hochbegabtenförderung« an Bedeutung gewann, entwickelten sich im Schulsystem neue Angebotsstrukturen zur Förderung von Schülern mit einem hohen kognitiven Potential. Einige Bundesländer, so zum Beispiel Sachsen, Hessen und Baden-Württemberg, gründeten Spezialschulen für hochbegabte Schüler/innen. Fast alle Bundesländer richteten separate Hochbegabtenzüge an Gymnasien ein, die aber für begabte und leistungsstarke Jugendliche, die nicht in einer Großstadt oder Universitätsstadt aufwachsen, häufig nicht zur Verfügung stehen.

Dass solche Differenzierungsangebote für Schüler/innen mit einem besonderen Leistungspotential gemacht wurden, war ein notwendiger und längst überfälliger Schritt. Die Form dieser Angebote in separaten Klassen und Schulen allerdings lässt sich aus heutiger Sicht durchaus kritisch hinterfragen: Passgenauer als die relativ starre äußere Differenzierung wären Förder- und Differenzierungsstrukturen in der Fläche des Schulsystems, die Förderung flexibel leisten können.

Bedeutende wissenschaftliche Erkenntnisse bestärken den Bedarf an flexiblen Formen der Spitzenförderung im Schulsystem: Die Intelligenzentwicklung ist zu Beginn der Jugendphase keineswegs abgeschlossen, sondern verläuft aufgrund der hohen Plastizität des Gehirns sprunghaft und immer in Reaktion auf die Lebenswelt und die

Lern- und Entwicklungsmöglichkeiten, die sie Jugendlichen bietet. Neurowissenschaftler an der Universität London untersuchten zwischen 2004 und 2008 die Gehirn- und die Intelligenzentwicklung von gesunden Jugendlichen und veröffentlichten im Jahr 2011 eine aufsehenerregende Studie in der Zeitschrift »Nature« (Ramsden et al. 2011). Sie zeigte, dass auch die Intelligenzentwicklung im Jugendalter dynamisch verläuft. Eine frühe Selektion und Etikettierung von Jugendlichen in Bildungswege unterschiedlicher Dauer und Wertigkeit wirkt sich negativ auf das Selbstkonzept und die Intelligenzentwicklung von Jugendlichen aus und verstärkt vor allem den Zusammenhang zwischen sozio-ökonomischer Herkunft und Schulerfolg. Einer der führenden Intelligenzforscher, Robert Sternberg, schrieb über die Forschung der Londoner Kollegen: »Die Studie zeigt auf überzeugende Art und Weise, dass bedeutungsvolle Veränderungen der kognitiven Fähigkeiten in den Teenagerjahren stattfinden können. Personen, die mental aktiv sind, profitieren von der Plastizität des Gehirns« (zit. in Yong 2011).

Alle Jugendlichen verdienen demnach anspruchsvolle Schulen, die keine Abstriche bei der Breite des Curriculums und der hohen Fachlichkeit des Unterrichts machen. Nur wenn Schulen Begabungen *aller* Jugendlichen wahrnehmen und ihre Intelligenzentwicklung fördern, wird es gelingen, ihr Leistungspotential gezielt zu erschließen. Dazu sind sowohl an deutschen Schulen als auch im Ausland bereits interessante Ansätze der Adaptivität von Unterricht und der Personalisierung von Lernprozessen entwickelt worden, die im zweiten Teil des Buches genauer vorgestellt werden.

Herausforderung Wohlbefinden

Die dritte der Herausforderungen in der Gestaltung von guten Schulen für Jugendliche ist in der Diskussion um Chancengerechtigkeit und Leistung fast aus dem Blickfeld geraten: Das Wohlbefinden und die mentale Gesundheit von Schüler/innen ist ein zentraler Erfolgsfaktor wirksamer Lernumgebungen. Noch gibt es viel zu tun, um das Wohlbefinden von Jugendlichen zu gewährleisten: Die Studie »Eltern unter Druck« (Merkle/Wippermann 2008) zeigte, dass sich deutsche Eltern seit der Veröffentlichung der ersten PISA-Studie zunehmend unter dem Druck sehen, den Bildungserfolg ihrer Kinder durch ihr persönliches Engagement zu gewährleisten. So kontrollieren vor allem Mittelschichtseltern Hausaufgaben, suchen nach zusätzlichen Förderangeboten für ihre Kinder und sprechen immer wieder in der Schule vor, damit der Bildungserfolg nicht zu scheitern droht. Die Schüler/innen spüren den Druck der Eltern, der nicht selten aus Abstiegs- und Statusängsten der Mittelschicht resultiert.

Das erklärt vielleicht, warum die Diskrepanz zwischen dem »objektiven Wohlbefinden« und dem »subjektiven Wohlbefinden« der Elf- bis 15-Jährigen in Deutschland besonders hoch ist. Eine UNICEF-Studie (2013) zeigt: In keinem anderen Industrieland besteht eine derart große Kluft zwischen einer objektiv gemessen eher positiven und einer subjektiv empfunden eher negativen Situation von Jugendlichen. Seit 2007 misst UNICEF alle drei Jahre das Wohlbefinden von Kindern und Jugendlichen in mittlerweile 29 Industrienationen Europas und Nordamerikas. In der aktuellsten dieser Studien, die Daten von 176.000 Befragten auswertet, liegt Deutschland hinsichtlich objektiv messbarer Faktoren wie Bildung, Gesundheit, Sicherheit, Wohnen und Umwelt sowie materielles Wohlbefinden auf dem guten 6. Rang. Befragt man die Jugendlichen danach wie zufrieden sie selbst mit ihrem Leben sind, landet Deutschland hingegen im letzten Drittel, auf Platz Nr. 22 (Wieckert 2013, o.S.).

Die Schule ist dabei natürlich nicht der einzige Faktor, spielt aber als Ort, an dem Jugendliche durch die Einführung von G8 und Ganztagsschulen zunehmend mehr Lebenszeit verbringen, eine zentrale Rolle für ihr Wohlbefinden. Freude am Lernen und eine selbstbestimmte Lernmotivation kommen nur dann zustande, wenn Heranwachsende ohne Angst in die Schule gehen und diese als einen Ort erleben, in dem es um sie selbst, ihre Entwicklung als Persönlichkeit und ihr Verhältnis zur Welt geht. Diese intrinsische Motivation ist eine Vorbedingung für die Entwicklung einer Mastery-Orientierung, also dem Wunsch danach, sich um der Sache willen selbst anspruchsvolle Lernziele zu setzen und diese möglichst gut zu realisieren.

Jugendliche nehmen Schule und Unterricht differenziert wahr und bilden sich komplexe Meinungen über die Kompetenz von Lehrkräften, über Unterrichtsmethoden und über die Atmosphäre an einer Schule. Wer morgens oder am Nachmittag mit Bus oder U-Bahn unterwegs ist, erhält einen Einblick in das, was in den Schulgebäuden leider oft ungesagt bleibt: »Der Unterricht bei Frau X ist todlangweilig«, »Herr Y war heute wieder total unfair« und »Frau Z. denkt, dass eigentlich alle Schüler zu blöd für ihren Unterricht sind«. Zuweilen schnappt man auch die andere Seite auf: »Das Projekt xyz macht richtig Spaß«, »Dass Herr W. die Fragen und Ideen der Schüler ernst nimmt, ist klasse«.

Viel zu selten fragen wir Schüler/innen in Deutschland danach, was sie von Unterricht und Schule halten, noch seltener, welche Ideen sie haben, um Unterricht und Schule interessanter, motivierender, fairer und begeisternder zu gestalten. Dabei ist systematisches Schülerfeedback ein relativ einfacher Weg des Qualitätsmanagements. Wenn ich an der Universität in meiner Vorlesung Schulpädagogik Lehramtsstudierende danach frage, wie oft ihre ehemalige Schule sie zur Unterrichtsqualität befragt habe, dann sind es nach wie vor immer nur einzelne Studierende, die berichten, dass Lehrerin Schmidt oder Lehrer Müller in regelmäßigen Abständen die Frage an die Schüler/innen gerichtet haben: »Wie findet ihr meinen Unterricht? Was kann ich besser machen?«.

Noch zu wenige Jugendliche machen in unserem Schulsystem die Erfahrung, dass Schule sie auf Augenhöhe anspricht und systematisch zu Unterrichts- und Schulqualität befragt. Sowohl die Erwachsenenbildung, in der Lehrevaluation selbstverständlich ist, als auch Schulsysteme im Ausland sind da weiter: So setzen sowohl in Kanada als auch in Australien praktisch alle Schulen gezielt Surveys ein, um Jugendliche über ihre Wahrnehmung von Unterrichts- und Schulqualität zu befragen. »What did you do in school today?« und »Tell them from me« heißen die beiden kanadischen Befragungsinstrumente (Friesen 2009; www.surveys.cese.nsw.gov.au/). Die Antworten werden auf Ebene von Klasse, Einzelschule und Schulsystem ausgewertet. Das Feedback der Schülerinnen und Schüler hält einer Schule nicht nur den Spiegel vor, sondern bringt ihr vor allem konkrete Hinweise, wie sich Unterricht und Schulkultur so weiterentwickeln lassen, dass Schüler/innen ihren Alltag als interessanter, relevanter und motivierender empfinden und dass sie Lernen in der Schule als einen Prozess erleben, der von ihnen mitgestaltet werden kann.

Gute Schulen für Jugendliche: Acht Gestaltungsprinzipien

Lernen ist heute ein interdisziplinärer Forschungsgegenstand. So unterschiedliche Disziplinen wie die Psychologie, die Bildungswissenschaft, die Kognitionsforschung und die Hirnforschung befassen sich mit der Frage, wie Menschen lernen und unter welchen Rahmenbedingungen menschliches Lernen sich am besten entfaltet. Im OECD-Projekt zu »Innovativen Lernumgebungen« arbeiteten Expertinnen und Experten aus aller Welt zusammen, um auf der Grundlage unseres aktuellen Wissens über Lernprozesse gemeinsam zu überlegen, was wirksame Lernumgebungen im 21. Jahrhundert ausmacht. Die transversalen Prinzipien zum Lernen im 21. Jahrhundert (Dumont/Istance/Benavides 2010), die diese internationale Expertengruppe entwickelt hat, dienen als Ausgangspunkt meiner Überlegungen zur Gestaltung von guten Schulen für Jugendliche.

1. Prinzip: Gute Schulen bieten Jugendlichen Herausforderungen und erwarten von ihnen Leistung in ihrer individuellen »Zone der nächsten Entwicklung«

Wenn Jugendliche heute Unterricht an weiterführenden Schulen besuchen, dann bringen sie bereits eine Menge Weltwissen und vielfältige Erfahrungen an ihre Schulen mit. In der Informationsgesellschaft des 21. Jahrhunderts ist Kindheit viel stärker als noch im Jahrhundert vorher geprägt von einem medialen Rauschen, das schon Kinder unaufhörlich mit Bildern und Texten über die Welt und ihre Phänomene konfrontiert. Manche dieser Eindrücke sind fragmentarisch und verwirrend. Doch der didaktische Anspruch der Massenmedien hat sich entwickelt. So erklären gute Kindermedien im Fernsehen (z. B. die Logo-Kindernachrichten) und Internet Kindern heute Sachverhalte, mit denen sie früher erst an der weiterführenden Schule vertraut gemacht wurden. Mag das Wissen der Kinder des digitalen Zeitalters fragmentiert und eklektisch sein, so haben sie doch mehr von der Welt gehört und gesehen als jede Generation vor ihnen. Doch was bedeutet das für Jugendliche in der Schule?

Wenn Lehrkräfte im Unterricht so tun, als seien Jugendliche »unbeschriebene Blätter«, die es mit Wissen zu füllen gilt, ist das Resultat oft Langeweile. Schüler/innen zwischen elf und 16 Jahren bringen nicht nur Vorwissen mit in den Unterricht, sondern auch Fragen, auf die sie Antworten suchen. Guter Unterricht schafft Raum für die Verknüpfung dieser Fragen mit dem Curriculum. Doch nur wenn Interesse und Anspruchsniveau gleichermaßen Berücksichtigung finden, weckt Unterricht das Lernengagement der Jugendlichen. Guter Unterricht erwartet von Jugendlichen Leistung und stellt sie vor angemessene Herausforderungen. Eine klar formulierte Leistungserwartung gibt den Jugendlichen dabei Halt und Orientierung. In einem Unterricht, der Leistung erwartet, ist die Wahrscheinlichkeit hoch, dass Leistung erbracht wird (Hattie 2013). Doch das ist nicht einfach. Hohe Leistungserwartungen nach der Devise: »Du bist jetzt an dieser Schulart, jetzt musst du das alles können«, funktionieren nicht. Sie machen Schülern Angst und führen zu Lernblockaden, die sich negativ auf ihr schulisches Selbstkonzept und ihre Selbstwirksamkeitserwartungen auswirken.

Schulisches Selbstkonzept

Unter dem schulischen Selbstkonzept versteht man das Wissen und die Emotionen einer Schülerin oder eines Schülers bezüglich der eigenen schulischen Fähigkeiten. Das schulische Selbstkonzept enthält eine kognitive Komponente (»In Fremdsprachen bekomme ich fast immer gute Noten«) und eine emotionale Komponente (»Vor Mathematikarbeiten habe ich oft Angst«). Zwischen dem schulischen Selbstkonzept und den Schulleistungen besteht ein enger Zusammenhang, denn Schulleistungen prägen das schulische Selbstkonzept. Umgekehrt beeinflusst das schulische Selbstkonzept Verhalten und Emotionen von Schüler/innen und prägt damit wiederum die Leistungsentwicklung. Ein negatives schulisches Selbstkonzept kann zu einer selbsterfüllenden Prophezeiung werden, wenn ein Schüler sich aus Angst oder Unsicherheit keine Leistung mehr zutraut und daher keine Aufmerksamkeit, Anstrengungsbereitschaft und Zeit in seinen Lernprozess investiert.

Selbstwirksamkeitsüberzeugungen

Unter Selbstwirksamkeitsüberzeugungen versteht die pädagogische Psychologie die Erwartungen eines Schülers bzw. einer Schülerin an sich selbst. Inwiefern traut er oder sie sich zu eine Handlung in der Schule kompetent ausführen zu können? Wer überzeugt ist, auch eine schwierige schulische Aufgabe in einem Unterrichtsfach selbständig und gut bearbeiten zu können, verfügt über eine hohe Selbstwirksamkeitsüberzeugung in diesem Fach. Wer sich generell zutraut schulische Aufgaben gut bewältigen zu können, hat eine allgemein hohe schulische Selbstwirksamkeitsüberzeugung.

Auch hier gilt wieder, die Logik des zirkulären Effekts: Wer eine hohe Selbstwirksamkeitsüberzeugung hat, zeigt mehr Anstrengungsbereitschaft, Zielorientierung und Ausdauer bei der Bearbeitung von Aufgaben. Dadurch erbringen Schüler/innen gute Leistungen, was sich wiederum positiv auf ihre Selbstwirksamkeitsüberzeugung auswirkt. Umgekehrt kann es zu einem Teufelskreis kommen: Schüler/innen mit niedriger Selbstwirksamkeitsüberzeugung trauen sich wenig zu und investieren mangels Erfolgsaussichten wenig Zeit, Konzentration und Anstrengung in den Lernprozess. Das Ergebnis sind oft schlechte Leistungen und als Konsequenz davon noch niedrigere Selbstwirksamkeitsüberzeugungen.

Am wirksamsten lernen Jugendliche (genauso wie auch Kinder und Erwachsene) in ihrer »Zone der nächsten Entwicklung« (Cole et al. 1978). Dieses Konzept des russischen Psychologen Lew Wygotski (1896–1934) ist schon viele Jahre alt, aber heute im Kontext des pädagogischen Konstruktivismus so aktuell wie noch nie zuvor. In jeder Domain, also jedem Fach- oder Wissensgebiet, verfügen wir als lernende Menschen über eine »Zone der nächsten Entwicklung«. Das ist der Bereich, in dem wir mit Hilfe von kompetenten anderen Menschen (häufig Lehrkräften oder Eltern, manchmal auch Mitschülern oder anderen Personen) am wirksamsten lernen können.

Die »Zone der nächsten Entwicklung« liegt genau zwischen Unterforderung und Überforderung. Wenn Jugendliche in der Schule etwas üben und wiederholen sollen, was sie bereits sicher beherrschen, dann erzeugt das ein Gefühl von Langeweile. Das ist der linke Bereich in der Graphik. Wenn Jugendliche etwas verstehen sollen, wozu ihnen das notwendige Vorwissen und die entsprechenden Kompetenzen fehlen, dann nützt auch eine gute Lehrkraft wenig. Denn auch Überforderung erzeugt Frustration. Das ist der rechte Bereich in der Graphik.

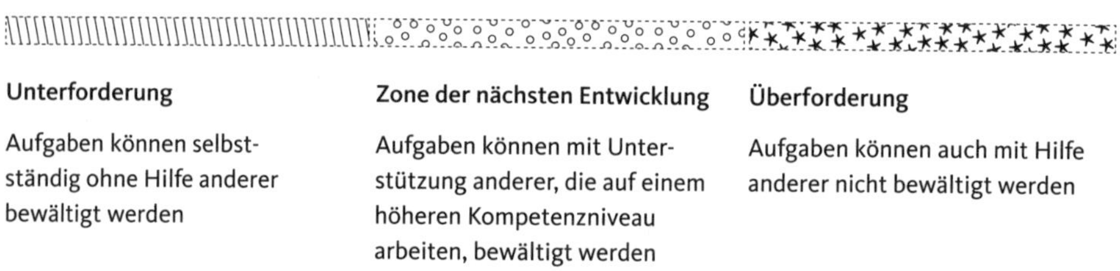

Abb. 3: Die Zone der nächsten Entwicklung nach Lew Wygotski

Sowohl Unterforderung als auch Überforderung rufen negative Emotionen hervor. Solche negativen Gefühle blockieren den Lernprozess und können einen Teufelskreis auslösen. Ein Beispiel: Für einen sehr guten Skifahrer bietet ein Skihügel mit einer einzigen flachen »blauen« Piste keine angemessene Herausforderung. Diese Lernumgebung liegt für den Experten im Skifahren unterhalb seiner »Zone der nächsten Entwicklung«. Die Aussicht, dort lernen zu müssen, erzeugt Frustration und Langeweile.

Erfahrende Skifahrer träumen wahrscheinlich eher von Heli-Skiing, zum Beispiel ganz oben in den Rocky Mountains, wo es gar keine Pisten gibt und die Schneeverhältnisse immer wieder neu und herausfordernd sind. Eine komplexe Lernsituation, die beim Experten Glücksgefühle auslöst, verheißt für den Novizen Schreckliches: Bei einem Skianfänger löst schon die Aussicht auf einen Sprung aus dem Helikopter in den Tiefschnee und auf steile Eisfelder die pure Angst aus: Eine solche Erfahrung liegt weit oberhalb seiner »Zone der nächsten Entwicklung«. Bei einem Novizen wird die Aussicht auf Heli-Skiing selbst dann noch Ängste auslösen, wenn ein besonders guter Skilehrer mit aus dem Hubschrauber in den Tiefschnee springt.

Vergleichbare Erfahrungen machen Jugendliche in der Schule: Eine Mathematikarbeit zu einem Thema schreiben zu müssen, das ein Heranwachsender nicht verstanden hat, ist für ihn wie Heli-Skiing für den Skianfänger: Die Angst übernimmt die Steuerung kognitiver Prozesse und blockiert jegliche Freude an der Herausforderung und am eigenen Kompetenzerleben. Was für den einen Jugendlichen Langeweile erzeugt, kann für einen anderen also eine berauschende Lernerfahrung sein. Genau aus diesem Grund ist Diagnostik von so großer Bedeutung.

Diagnostik

Unter Diagnostik versteht man im schulischen Kontext die Fähigkeit von Lehrkräften und anderen Professionellen, den Kenntnisstand, die Verarbeitungs- und Verstehensprozesse sowie die Lernschwierigkeiten von Schüler/innen korrekt einschätzen zu können. Diagnostik dient dazu, Informationen zu gewinnen, um professionelle pädagogische Entscheidungen zu treffen (PISA 2001, S. 132). Je besser es uns gelingt zu ermitteln, wo genau die »Zone der nächsten Entwicklung« von Schüler/innen liegt, desto genauer können wir Lernaufgaben so gestalten, dass sie Schüler/innen genau an der Grenze zwischen Können und Noch-Nicht-Können herausfordern.

Jeder Mensch ist anders. Begabungsprofile, Vorwissen und Motivation, also die typischen Prädiktoren für Leistung, sind nicht nur zwischen Menschen, sondern auch im einzelnen Menschen zwischen den Kompetenzbereichen (Domains) unterschiedlich verteilt. Ein Jugendlicher kann an Fremdsprachen große Freunde haben und in seiner Freizeit englische und französische Krimis lesen, während er sich zur Vorbereitung der Mathearbeit nur widerwillig an den Schreibtisch setzt. Ein anderer kämpft sich notgedrungen durch Vokabeln und unregelmäßige Verben, empfindet aber das Lösen einer schwierigen mathematischen Aufgabe als lustvoll.

Das macht die Sache komplex und stellt uns in der Gestaltung wirksamer Schulen im 21. Jahrhundert vor spannende intellektuelle Herausforderungen. Wie können wir Schulen so gestalten, dass es gelingt, möglichst viele junge Menschen möglichst oft in ihrer »Zone der nächsten Entwicklung« zu erreichen? Kein Schulsystem dieser Welt erreicht das immerzu für jeden Lernenden. Doch die besten Schulsysteme schaffen es eher und häufiger: Und zwar durch Diagnostik, adaptiven Unterricht und Raum für Differenzierung im Schulalltag (Cooper 2011):

Traditioneller Unterricht	Adaptiver Unterricht
Unterschiede zwischen Lernenden werden thematisiert, wenn es Probleme gibt.	Unterschiede zwischen Lernenden werden systematisch diagnostiziert und dienen der Planung.
Leistungsbewertung (summativ) findet am Ende einer Unterrichtseinheit zur Verständnisüberprüfung statt.	Fortlaufende Leistungsrückmeldung (formativ) dient der systematischen Lern- und Entwicklungsförderung, indem die Schüler/innen Informationen erhalten, um ihr Lernen zu verbessern.

Traditioneller Unterricht	Adaptiver Unterricht
Unterschiede zwischen Lernenden werden thematisiert, wenn es Probleme gibt.	Unterschiede zwischen Lernenden werden systematisch diagnostiziert und dienen der Planung.
Intelligenz und Begabung werden als statische Konzepte angesehen.	Intelligenz und Begabung unterliegen einer dynamischen Entwicklung und lassen sich durch kognitive Aktivierung und konstruktive Unterstützung fördern.
Ziel des Unterrichts ist es, »den Stoff« des Curriculums vollständig zu vermitteln.	Ziel des Unterrichts ist es, den Schüler/die Schülerin im Rahmen des Curriculums in seiner/ihrer »Zone der nächsten Entwicklung« herauszufordern und kognitiv zu aktivieren.
Alle Lernenden in der Klasse machen immer das Gleiche.	Phasenweise arbeiten die Lernenden – abhängig von Lernstand und Interesse – an unterschiedlichen Aufgaben, Prozessen und Produkten.
Alle Lernenden nutzen den gleichen Text bzw. die gleichen Lernmaterialien.	In der Klasse werden unterschiedliche Texte, Medien und Materialien verwendet.

In der Theorie zum adaptiven Unterrichten wird zwischen Makro-Adaption und Mikro-Adaption unterschieden. Makro-Adaption bedeutet, dass Schulen für bestimmte Zeiträume oder Phasen im Tages- bzw. Wochenablauf Gruppen bilden, die eher homogen sind (Randi/Corno 2005, S. 51). Da eine pauschale Etikettierung und Sortierung in separierte Schulen oder feste Züge sozio-ökonomische Herkunftseffekte verstärkt, setzen Schulsysteme heute eher auf flexible bzw. dynamische Gruppierungen. Auf der Grundlage von diagnostischen Verfahren werden Schüler/innen aus einer Klasse dabei temporär für bestimmte Stunden in der Woche in unterschiedlichen Gruppen unterrichtet. Ein gutes Beispiel für eine solche Makro-Adaption ist das »flexible grouping«, wie es an Schulen in Kanada und Australien in den Klassen 5-8 häufig praktiziert wird.

Makro-Adaption: »flexible grouping«

Alle Schüler/innen gehören jeweils einer Stammgruppe an, die mindestens zwei, häufig sogar drei bis vier Jahre lang von einem Klassenlehrerteam betreut wird. Diese Stammgruppe ist heterogen zusammengesetzt und umfasst Schülerinnen und Schüler unterschiedlicher Leistungsfähigkeit. Die Stammgruppe entspricht der Klasse in unserem Schulsystem. Der Schultag ist in unterschiedliche »Lernbänder« aufgeteilt. Zunächst verbringen die Schüler/innen am Vormittag mindestens 20 Minuten in ihrer Stammgruppe, wo Rituale den Tagesbeginn markieren und in einer Art Klassenrat gemeinsame Anliegen und Themen besprochen werden. Auch für Geburtstage und

Feiertage (an kanadischen Schulen werden die religiösen Feiertage aller Religionen gewürdigt) ist dort Raum.

Im Anschluss an die Zeit in der Stammgruppe wechseln die Schüler/innen in das erste Lernband. An einer Middle School im kanadischen Calgary sind das 90 Minuten Literacy (Englisch), gefolgt von einem zweiten 70-minütigen Lernband in Mathematik. Die Gruppierungen in den Lernbändern sind nach dem Prinzip des »flexible grouping« organisiert. Die Schüler/innen aus der Stammgruppe gehen in unterschiedliche Gruppen und treffen dort auf Schüler aus anderen Stammgruppen. Im Gegensatz zum starren Kurssystem können die Schüler/innen auch während des Schuljahres auf Anregung der Lehrkräfte jederzeit zwischen den Gruppen in einem Lernband wechseln. Um die Gruppen zu planen, arbeiten die Lehrkräfte der Jahrgangsteams jeden Freitag von 12:30 Uhr bis 15 Uhr zusammen: Sie analysieren ihre diagnostischen Beobachtungen aus der Woche, planen den Unterricht in den unterschiedlichen Gruppen und besprechen die Gruppenaufteilung. Wenn eine Schülerin/ein Schüler deutliche Lernfortschritte in einem Fach gemacht hat, planen die Lehrkräfte auf der Grundlage von Diagnostik den Wechsel in eine andere Gruppe.

Eine Differenzierung nach Leistungsniveau wird an kanadischen Schulen vor allem in den Fächern Englisch und Mathematik vorgenommen. In diesen Bereichen sollte jeder Schüler/jede Schülerin mindestens die dritte von vier Kompetenzstufen erreichen, den »Provincial Standard«. Die Förderung in den flexiblen Gruppen ist genau darauf ausgerichtet. So können Schüler/innen auf dem niedrigsten Kompetenzniveau genauso gezielt gefördert werden wie solche Schüler/innen, die bereits auf Kompetenzstufe vier stehen und »Enrichment«-Angebote benötigen. Das »flexible grouping« macht es möglich, die Gruppengrößen nach Förderbedarf zu variieren. So können beispielweise für Schüler/innen mit einem hohen Förderbedarf gezielte Förderangebote in kleinen förderintensiven Gruppen eingerichtet werden. Manchmal steht auch Interesse im Mittelpunkt der Gruppenbildung. So kann es sein, dass eine Lehrkraft eine Woche lang mit einer Schülergruppe in einem Projekt Texte zum Thema »Ice Hockey« liest und dann selber schreibt. Der Unterricht in den natur- und sozialwissenschaftlichen Fächern findet in den Stammgruppen statt.

Fächer wie Bildende Kunst, Sport und Musik bilden bewusst einen Gegenpol zur häufigen Gruppierung nach Leistungsstand in Englisch und Mathematik. In Kunst, Musik und Sport wählen die Schüler/innen nach Interesse Kurse aus und können dabei eigene Begabungen und Interessen berücksichtigen. Solche Möglichkeiten, interessengeleitete Entscheidungen zum eigenen Lernen zu treffen, erhöhen nachweislich die Schul- und Lernmotivation, vor allem in der Jugendphase (Manitoba Education 2010). So können Jugendliche an kanadischen Schulen aus einem breiten Repertoire an künstlerischen (z. B. Malerei, Theater, Modedesign, Photographie, Film, Kulinaristik) oder sportlichen Aktivitäten (z. B. Turnen, Ballsport, Schwimmen, Tanz) wählen. In den jüngeren Klassen können dabei Vorgaben gemacht werden, die sicherstellen, dass die Schüler/innen verschiedene Bereiche kennenlernen und so eine Grundlage haben, um in höheren Klassen zu entscheiden, worauf sie sich spezialisieren möchten. Durch die Spezialisierung kann dann die Leistung der Schüler/innen in dem gewählten Bereich auf ein deutlich höheres Niveau gehoben werden, als das in einem generischen Sport- oder Musikunterricht möglich wäre.

An manchen Schulen in Kanada ist der Freitag Projekttag. Für jeweils ein Trimester wählen die Schüler/innen ein Projekt, an dem Sie jeden Freitagvormittag bis 12:30 Uhr begleitet von Lehrkräften arbeiten. Die Projekte sind vielfältig und reichen von Theater- und Filmprojekten bis zu natur- oder sozialwissenschaftlichen Forschungsprojekten.

Die Wahl von passenden Kursen dient der Persönlichkeitsentwicklung und der Selbstvergewisserung der Schüler/innen bezüglich des eigenen Begabungsprofils und der beruflichen Interessen. Als positiver Nebeneffekt hat sich an kanadischen Schulen auch gezeigt, dass Lehrkräfte durch die Weiterentwicklung der Wahlangebote ihre eigenen Begabungen und Interessen viel stärker als zuvor in Schulen einbringen und dadurch ihre Berufsmotivation steigern konnten.

Mikro-Adaptionen: Adaptivität im Unterricht

Mikro-Adaptionen gelten als wirksame, aber anspruchsvolle Form der Differenzierung und setzen ein hohes Maß an Lehrerprofessionalität voraus. Im adaptiven Unterricht reagiert eine Lehrkraft auf eine heterogene Gruppe, indem sie im Rahmen eines gemeinsamen Unterrichtsthemas Lernaufgaben und Unterstützungsstrategien für unterschiedliche Schüler/innen je nach Bedarf variiert. Je nach kognitiven Voraussetzungen, »Zone der nächsten Entwicklung« und Fähigkeit zur Selbstregulation lässt sie den Schüler/innen Unterstützung in der Bearbeitung von Lernaufgaben zukommen. Während ein Teil der Schüler/innen alleine oder in Gruppen selbständig an einer Aufgabe arbeitet, bricht die Lehrkraft für andere Lernende Aufgaben in überschaubare Teile auf und modelliert kleinschrittig Strategien zur Lösung von Aufgaben. Dabei vermittelt die Lehrkraft auch Strategien der Selbstregulation, sodass auch diese Schüler/innen zunehmend in die Lage versetzt werden, ihr Lernen stärker selbst zu steuern.

Auch besonders leistungsstarke Schülerinnen und Schüler, die stärker als andere zur Selbstregulation ihres Lernens in der Lage sind, brauchen dabei unbedingt Resonanz von der Lehrkraft. Auch sie benötigen Unterstützung, allerdings am andere Ende des Unterstützungsspektrums: Bei diesen Jugendlichen geht es darum, Leistung wahrzunehmen und anzuerkennen, formativ Rückmeldung zu geben und sicherzustellen, dass sie zu jedem Zeitpunkt durch für sie passende Aufgaben angemessen kognitiv aktiviert sind. Zudem ermöglicht die Lehrkraft diesen Schüler/innen eigene, weiterführende Fragen an den Unterrichtsgegenstand zu formulieren, die sie dann selbständig bearbeiten können.

2. Prinzip: Gute Schulen aktivieren Jugendliche kognitiv und entwickeln in ihnen ein Verständnis ihres eigenen Lernprozesses

Engagiert zu lernen bedeutet für Jugendliche aktiv zu sein. Guter Unterricht aktiviert Jugendliche kognitiv:

- Sie erhalten Gelegenheit, intensiv über Fragen nachzudenken und mit Mitschülern und Lehrerkräften im Unterricht darüber zu sprechen.
- Sie dürfen eigene Fragen an Inhalte des Curriculums richten und diese »forschend« bearbeiten.
- Sie sind mit herausfordernden Aufgabenstellungen und Problemen konfrontiert, die es wert erscheinen, bearbeitet zu werden.
- Sie können ihr Wissen in eigenen Darstellungen kreativ aufbereiten und nutzen dabei auch neue mediale Möglichkeiten (Film, Internet, soziale Netzwerke).
- Sie dürfen sich selbst anhand von Kriterien einschätzen, sich Rückmeldung geben lassen und anderen Jugendlichen Rückmeldung geben.
- Sie dokumentieren eigene Lernprozesse und reflektieren diese auch in Präsentationen und Gesprächen mit anderen Personen (z. B. Lehrkräften, Mitschülern, Eltern und außerschulischen Partnern).

Die New Millenium Learners

- Sie suchen Zugang zu Informationen primär über nicht-gedruckte digitale Quellen.
- Multimedialen Inhalten (Kombination von Bild, Film, Text und Musik) schreiben sie einen höheren Wert zu als rein linearen Texten.
- Multitasking kommt häufig vor.
- Wissenserwerb findet durch diskontinuierliche, nicht-lineare Informationen statt.
- Teilweise gibt es Probleme bei Fokussierung und Konzentration durch einen »Grasshopper Mind« (Seymour Papert).
- Soziale Beziehungen werden nicht nur real, sondern auch in virtuellen Welten und sozialen Netzwerken gepflegt.
- Digitale Medien werden auch zu Tageszeiten genutzt, die in der Vergangenheit Muße und Schlaf vorbehalten waren.
- Unmittelbare Antworten und schnelle Reaktionen werden als Norm in Kommunikationsprozessen gesehen.

(basierend auf Pedró 2006).

Wirksame Lernsituationen sind so gestaltet, dass Jugendliche nicht überwiegend passiv im Unterricht sitzen (und sich nach der Zeit am Abend sehnen, in der sie endlich wieder aktiv sein dürfen, z. B. beim Chatten mit Freunden, in Computerspielen, im Sportverein). Die Lernenden heute gehören der Generation der Digital Natives an. Als solche sind sie es gewohnt aktiv zu sein, im kommunikativen Austausch mit anderen und vernetzt mit einer Vielfalt an medialen Weltzugängen.

Aktiv Lernende sind präsent im Unterricht. Ihr Denken und Handeln ist auf das Thema des Unterrichts bezogen und sie erleben sich als selbstwirksam. Lehrkräfte werden dadurch nicht zu passiven »Lernbegleitern«, wie manchmal kolportiert wird. Ganz im Gegenteil: Die kognitive Aktivierung von Schüler/innen erfordert einen sehr bewusst gestalteten Unterricht. Im 21. Jahrhundert wird häufig sogar von »Design« gesprochen, wenn es um die Planung guten Unterrichts geht. Dabei gilt es die folgenden Fragen zu klären:

- Welche Wissensinhalte sind wie zu vermitteln, damit in den Gehirnen von Lernenden vernetzte kognitive Strukturen verankert werden?
- Welche Aktivitäten von Schülerinnen und Schülern sowie Lehrkräften dienen der vertieften und aktiven Auseinandersetzung mit Wissen und der Entwicklung anspruchsvoller Kompetenzen?
- Welche unterschiedlichen Rollen müssen Lehrkräfte einnehmen, damit Schüler/innen gut vernetzte Wissensstrukturen aufbauen? In welcher Phase eines Unterrichts ist ein Kurzvortrag der Lehrperson erforderlich? In welcher Phase geht es um die Unterstützung der Entwicklung von Handlungskompetenzen?
- Wann und wie erhält der Schüler/die Schülerin Rückmeldung und Resonanz für sein aktives Tun?
- Auf welche Weise erfährt der Lernende, wo er steht in seiner Entwicklung und was die nächsten Schritte sind, die es zu planen und zu üben gilt?

Diese Fragen gilt es zu berücksichtigen, wenn wir als Lehrkräfte kognitiv aktivierenden Unterricht planen. Das ist eine komplexe Gestaltungsaufgabe. Immer mehr Schulsysteme gehen davon aus, dass Lehrkräfte diese anspruchsvolle Aufgabe am besten in Teamarbeit bewältigen.

Gemeinsame Unterrichtsplanung in einer professionellen Lerngemeinschaft

Sechs Lehrkräfte, die die Fächer Physik und Chemie in Klasse acht unterrichten, treffen sich zur gemeinsamen Planung einer Unterrichtseinheit für die achten Klassen der Schule. Thema soll »das Automobil« sein. Physikalische und chemische Lerninhalte sollen so vernetzt werden, dass die Schüler/innen ein komplexes Verständnis des Autos und seiner Funktionsweise entwickeln. Die Lehrkräfte tragen zunächst unterschiedliche Ideen zusammen. Zwei Kollegen bieten an für den Einstieg eine multimediale Präsentation zu erstellen, in der in die Thematik eingeführt wird. Eine Kollegin wird ein Quiz erstellen, mit dessen Hilfe die Lehrkräfte zu Beginn der Einheit das Vorwissen der Schüler/innen erheben können. Eine weitere Lehrkraft bereitet ein Experiment zur Akzeleration vor, bei dem die Lernenden selbst kleine Fahrzeuge mit Gummibändern als Antriebsmotoren bauen und deren Akzeleration dann in einer Computersimulation dokumentieren. Ein anderer Kollege wird ein chemisches Experiment zum Verbrennungsmotor durchführen.

Zwei Kolleginnen haben eine Fortbildung zum »forschenden Lernen« besucht. Sie werden passende Arbeitsmaterialien gestalten, damit die Schüler/innen sich im letzten

Drittel der Unterrichtseinheit forschend und entdeckend mit dem Elektroauto der Zukunft befassen können. Alle sechs Lehrkräfte speichern ihre vorbereiteten Materialien auf dem gleichen Server ab, sodass alle im Team diese nutzen können. Nach der ersten Unterrichtsstunde in der Einheit wird sich das Team wieder treffen, um diese auszuwerten und die nächsten Schritte entsprechend anzupassen.
Wenn unterschiedliche Lehrkräfte ihr fachliches, fachdidaktisches und methodisches Wissen komplementär in die Gestaltung einer Unterrichtseinheit einbringen, können sie ein höheres Maß an Professionalität bei der Gestaltung von Unterrichtseinheiten ermöglichen. Für die Schülerinnen und Schüler macht das den Unterricht interessanter.

Viele Jahre lang schwelte ein Konflikt zwischen den Befürwortern eines lehrerzentrierten »Frontalunterricht« einerseits und eines schülerzentrierten »offenen Unterricht« andererseits. Heute wissen wir, dass es sich um eine falsche Dichotomie handelt. Guter Unterricht enthält Phasen der »direkten Instruktion«, in denen ein Experte oder eine Expertin (häufig die Lehrkraft) Wissen klar strukturiert und anschaulich präsentiert, um bei Schüler/innen kognitive Strukturen aufzubauen. An Phasen der Instruktion schließen sich Phasen der Konstruktion an, während derer Schüler/innen aktiv forschend, projektorientiert oder problemlösend alleine oder in Gruppen dieses Wissen anwenden und kreativ verarbeiten.

Dabei kommt es vor allem auf ein sinnvolles Zusammenspiel beider Elemente an: Ohne vernetzte kognitive Konzepte, die sich zum Beispiel durch einen (medial gestützten) Lehrervortrag effektiv aufbauen lassen, fehlt Schülern das solide Wissen, das Voraussetzung für eigenes Problemlösen ist. Forschendes und projektorientiertes Lernen eignet sich gut für kognitive Aktivierung, funktioniert aber nur dann, wenn bereits solide Wissensstrukturen aufgebaut sind. Um etwas selbst herauszufinden, müssen die Schüler/innen verstehen, wonach sie eigentlich suchen. So verbinden sich in einem anspruchsvollen Unterrichtsdesign Elemente des lehrerzentrierten Unterrichts mit Elementen der schülerzentrierten Konstruktion und Selbstregulation.

In der aktiven Steuerung und der Begleitung des Lernens nehmen Lehrkräfte unterschiedliche Rollen ein. Hilfreich ist das »Cognitive Apprenticeship Modell« das die amerikanischen Wissenschaftler Collins, Brown und Newmann (1989) entwickelt haben. Sie beschreiben unterschiedliche Facetten des Lehrerhandelns in der kognitiven Aktivierung von Schülern, die ich »die sieben Hüte einer guten Lehrkraft« nenne:

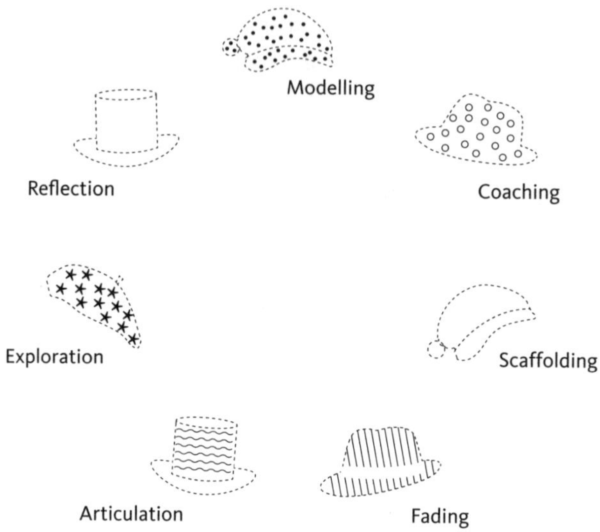

Abb. 4: Die »sieben Hüte« einer Lehrkraft

- Modelling: Wissen strukturieren, anschaulich machen, vernetzen
- Coaching: geschicktes Fragen zur Diagnose und zur Beratung
- Scaffolding: »Lerngerüste« bauen, dort, wo es notwendig ist (Adaptieren der Lernaufgaben, z. B. durch Aufteilen in kleinere Schritte)
- Fading: Sich in den Hintergrund zurückziehen, wenn Schüler/innen kompetent und selbstwirksam arbeiten (beobachten und Resonanz geben)
- Articulation: Schüler/innen auffordern ihre Denkstrategien und -prozesse offenzulegen (»laut denken«)
- Exploration: Schüler/innen ermutigen, Hypothesen zu bilden und zu prüfen
- Reflection: Schüler/innen anleiten, ihre eigenen Denk- und Handlungsstrategien rückwirkend kritisch zu evaluieren

Wie alle Modelle dient auch dieses der bewussten Vereinfachung komplexer Sachverhalte und ermöglicht ein besseres Verstehen der komplexen Anforderungen an den Lehrerberuf im Kontext des adaptiven Unterrichtens. Ausgangspunkt ist die Annahme, dass eine gute Lehrkraft heute nicht nur Wissen vermitteln, sondern auch Handlungskompetenz bei ihren Schüler/innen entwickeln möchte.

Kompetenzdefinition

Mit der Jahrtausendwende zum 21. Jahrhundert wurde der Paradigmenwechsel hin zum nicht unumstrittenen Kompetenzbegriff eingeläutet. Was versteht man unter Kompetenzen? Der Lernforscher Franz Weinert lieferte uns eine vielzitierte Definition »Kompetenzen sind die bei Individuen verfügbaren oder durch sie erlernbaren kognitiven Fähigkeiten und Fertigkeiten, um bestimmte Probleme zu lösen, sowie die damit verbundenen motivationalen, volitionalen und sozialen Bereitschaften und Fähigkeiten, um die Problemlösungen in variablen Situationen erfolgreich und verantwortungsvoll nutzen zu können« (Weinert 2001, S. 27 f.).

Mit der Wende von der Wissens- zur Kompetenzorientierung hat sich zu Beginn des 21. Jahrhunderts auch der Fokus des Lehrerhandelns verändert: Im Blickfeld steht nicht mehr, was der Lehrer/die Lehrerin lehrt, sondern was ein Schüler/eine Schülerin am Ende einer Unterrichtseinheit mit dem Wissen tatsächlich anfangen kann: Hat der Lernende sich Wissen so angeeignet, dass er es nutzen kann, um Probleme zu lösen oder Handlungssituationen zu bewältigen?

Um diese Art von Handlungskompetenz bei den Schülern zu erzeugen, reicht die reine »Wissensvermittlung« nicht aus. Die Jugendlichen müssen die Gelegenheit erhalten das neu erworbenen Wissen handelnd und problemlösend anzuwenden. Je nach Vorwissen, kognitiven Fähigkeiten und vorhandener Motivation benötigen die Schülerinnen und Schüler dabei unterschiedlich viel Unterstützung durch die Lehrkraft. Dabei kommen flexible Ansätze wie das Scaffolding und das Coaching zum Einsatz.

Besonders nachhaltig wirkt Lernen, wenn die Jugendlichen nicht nur kognitive Konzepte, sondern auch passende meta-kognitive Strategien erlernen (Hattie 2009). Das bedeutet sie lernen im schulischen Unterricht auch konkrete Methoden kennen, mit deren Hilfe sie ihre Fähigkeit zum Denken und Problemlösen verbessern können: Wie kann ich mir französische Vokabeln besonders gut einprägen? Warum und wie helfen mir die binomischen Formeln beim Rechnen? Um Jugendliche in dieser Hinsicht zu stärken, setzen Lehrkräfte Artikulation (lautes Denken), Exploration (Bildung von eigenen Hypothesen) und Reflexion (ein kritischer Blick zurück auf den Lernprozess) ein.

Metakognitive Strategien

Die Vermittlung metakognitiver Strategien gilt heute als eine der wirksamsten Interventionen in Lernprozessen. Nach Hattie (2013, S. 224) handelt es sich um »Strategien zur Problemlösung«. Das strategische Nachdenken über das Lernen und Denken wird als »Meta-Kognition« bezeichnet. Es ist ein Denken höherer Ordnung, quasi auf der Meta-Ebene, und betrifft die aktive Steuerung der mit dem Lernen verbundenen kognitiven Prozesse. Zur Meta-Kognition gehört das Planen, wie man eine bestimmte Lernaufgabe angeht und das Bewerten des eigenen Lernfortschritts. Mit einer Effektstärke von d=0,69 gilt die Vermittlung fachlicher und überfachlicher metakognitiver Strategien als besonders wirksam (Hattie 2014, S. 276). Gerade im Jugendalter, in dem sich die Exekutivfunktionen des Gehirns entwickeln, ist die Vermittlung meta-kognitiver Strategien in der Schule eine bedeutende Unterstützung der Persönlichkeitsentwicklung von Jugendlichen.

Ein Beispiel: Die Schüler/innen befassen sich in Geschichte mit dem Ausbruch des ersten Weltkriegs. Die Vorgeschichte dieses historischen Ereignisses ist ausgesprochen komplex, da längerfristige Entwicklungen und kurzfristige Ereignisse in unterschiedlichen Ländern zusammenwirkten. Die Lehrerin zeigt den Schüler/innen, wie man ein

»Concept Mapping« durchführt. Die Lernenden legen dann gemeinsam eine »kognitive Landkarte« von der Vorgeschichte des Ausbruchs zum ersten Weltkrieg in Form einer Konzept-Karte an. So können sie komplexe Prozesse visualisieren und sich Zusammenhänge besser erschließen.

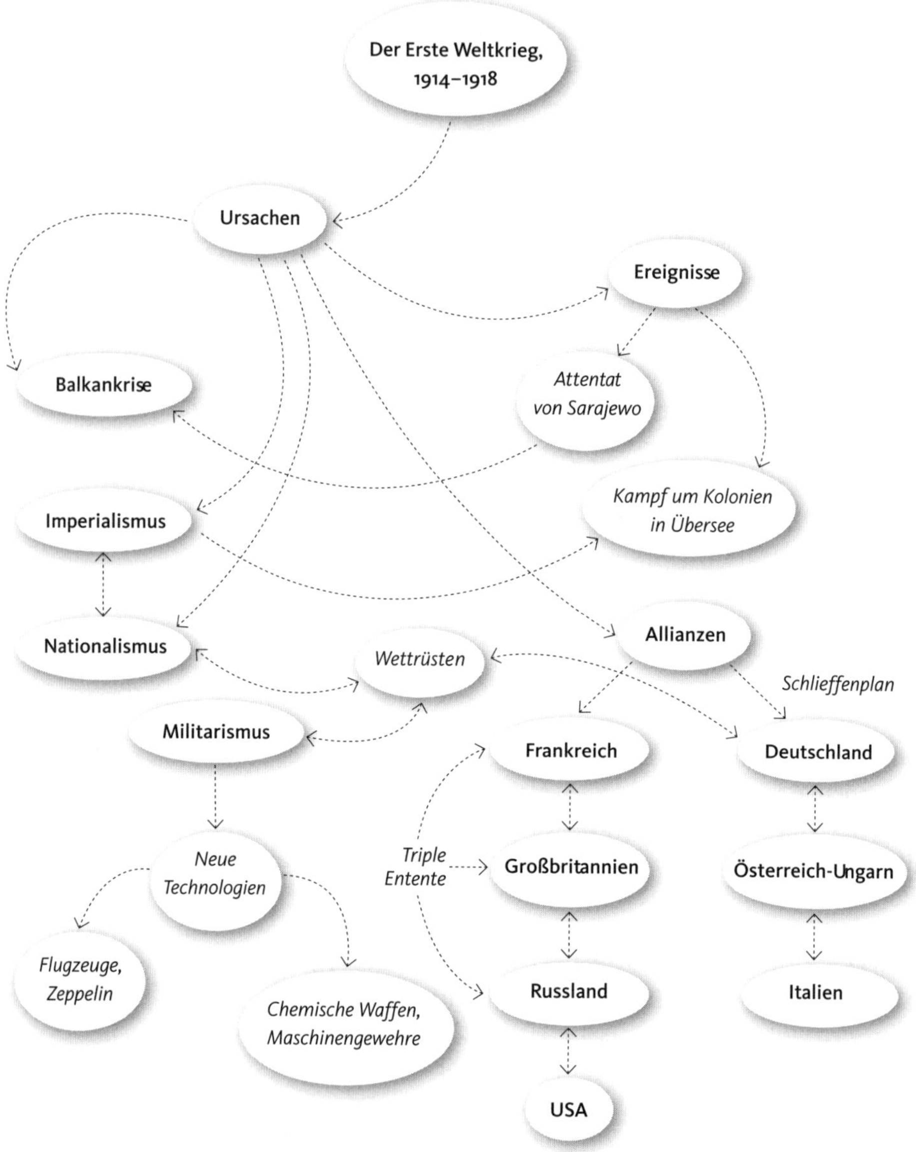

Abb. 5: Beispiel Concept Map zur Vorgeschichte des Ersten Weltkriegs

Im über Jahrzehnte üblichen 45-Minuten-Takt der Industriezeit-Schule sind anspruchsvolle kompetenzorientierte Lernprozesse kaum zu verwirklichen. Immer mehr

Schulen verändern nun ihre Zeitstrukturen und rhythmisieren den Schulalltag neu: In längeren Zeiteinheiten von 80 oder 90 Minuten lässt sich der strukturierte Lehrervortrag besser mit Phasen der aktiven Arbeit an Problemlösungen oder Projekten verbinden. So verändert sich im 21. Jahrhundert weltweit das Zeitregime von Schulen und lässt das enge Zeitkorsett der »Schule der Industriegesellschaft« mit ihrer eng getakteten Fließbandlogik hinter sich, um sich vermehrt an der Logik der Wissensgesellschaft mit ihren dynamischen, interdependenten und projektorientierten Arbeitsprozessen zu orientieren.

War die Zeitlogik der Schule über hundert Jahre von Kleinteiligkeit und Kurzfristigkeit geprägt, so führen Kompetenzorientierung und Selbstregulation zu längerfristigen Aufgabenstrukturen. Waren Hausaufgaben in der Vergangenheit fast immer von einem Tag auf den anderen zu erledigen, so arbeiten Schüler/innen jetzt verstärkt an komplexeren Lernaufgaben, zum Beispiel in Form von Wochenplänen oder sogar mehrwöchigen Projekten.

Die Arbeitswelt des 21. Jahrhunderts macht es ja längst vor: Arbeitsprozesse in Wirtschaft, Industrie und Wissenschaft sind heute oft projektförmig organisiert. In heterogenen, oft sogar internationalen Teams arbeiten Menschen über Wochen oder Monate an einem Projekt zusammen. Sie nutzen verfügbares Wissen, managen Zeit und Ressourcen unter den Bedingungen der Knappheit und arbeiten auf ein komplexes Ziel hin, während auf dem Weg dorthin immer wieder gemeinsam Probleme zu lösen sind.

Solche Arbeitsprozesse waren in der Vergangenheit kaum im Schulunterricht zu finden. Für Schüler/innen, die »mehr« machen wollten, gab es die Möglichkeit, in der Theater-AG wochenlang an einem Theaterstück oder einem Musical zu arbeiten. Wettbewerbe wie »Jugend forscht« bieten schon lange einen strukturierten Rahmen für projektorientiertes, forschendes Lernen. Doch diese anspruchsvolleren Lernaktivitäten fanden außerhalb des Unterrichts im »extra-curricularen« Bereich statt. Sie erreichten häufig nur diejenigen Schüler/innen, die aufgrund ihrer Sozialisation, ihres Vorwissens und ihrer elterlichen Unterstützung außerunterrichtliche Angebote nutzten. Heute geht es darum, *alle* Jugendlichen kognitiv zu aktivieren und dabei ihre wachsende Fähigkeit zur Selbstregulation so zu unterstützen, dass sie graduell mehr Verantwortung für ihren Lernprozess übernehmen wollen.

Beispiel für das Lernen in längerfristigen Projekten: »Wir schreiben Bücher!«

An einer kanadischen Schule habe ich ein Projekt kennengelernt, das wir später nach Deutschland übertragen haben. Schüler/innen der sechsten Klasse schreiben ein eigenes belletristisches Buch. Dabei dürfen sie vieles selbst entscheiden. Zum Beispiel von welchen Hauptfiguren das Buch handelt, wo es spielt und in welcher Zeit: In der Vergangenheit, in der Gegenwart oder in der Zukunft? Im Buchprojekt arbeiten Lehrkräfte sprachlicher und künstlerischer Fächer zusammen. Im Deutschunterricht arbeiten die Schüler/innen an ihren Texten, im Kunstunterricht an der Illustration des Buches. Einige Schüler/innen schreiben den Text des Buchs von Hand und illustrieren mit Wachsmalkreiden, andere arbeiten am PC und erstellen Illustrationen mit einem Graphikprogramm.

Für das Projekt haben die Schüler/innen zwölf Wochen Zeit. Im Unterricht erhalten sie viele Arbeitsmaterialien, um den Prozess zu strukturieren und die nächsten Schritte zu planen. Anhand von Checklisten und Kompetenzrastern überprüfen die Lernenden, wo sie stehen und was noch zu tun oder zu überarbeiten ist. Am Ende hat jede/r ein eigenes Buch. An einem Präsentationsabend mit reichhaltigem Buffet stellen die Schüler/innen ihren Eltern und der Schulöffentlichkeit die Bücher in einer »Autorenlesung« vor. Anschließend stehen die Bücher für einige Wochen in der Schulbibliothek zum Lesen zur Verfügung (weiterführende Literatur zum Projekt: Klopsch/Sliwka/Schmidt 2013).

3. Prinzip: Gute Schulen erkennen Motivation und Emotion als treibende Kräfte von Lernprozessen bei Jugendlichen

Emotionen wurden in ihrer zentralen Bedeutung für das Lernen lange Zeit verkannt. Weder in der Gestaltung guten Unterrichts noch in der Aus- und Fortbildung von Lehrkräften spielten menschliche Gefühle eine große Rolle. Heute wissen wir: Emotionale und kognitive Prozesse sind beim Lernen nicht voneinander zu trennen (Boekaerts 2010). Zum Glück können wir auf fundiertes Wissen aus Psychologie und Neurowissenschaft zurückgreifen, wenn wir Heranwachsende beim Lernen unterstützen und motivierende Lernprozesse gestalten möchten.

Die amerikanische Wissenschaftlerin Mary Helen Immordino-Yang (Lahey 2016), die mittlerweile in Kalifornien über den Zusammenhang zwischen Emotionen und Lernen forscht, beschreibt ein schönes Beispiel aus ihrer Praxis als Lehrerin: Sie unterrichtete Biologie in der 7. Klasse einer Schule in Boston, in der es Konflikte zwischen Schüler/innen unterschiedlicher Hautfarbe gab. Es gelang ihr kaum, die Schüler/innen für das Thema Evolution zu begeistern, bis sie die Frage in den Raum stellte: »Warum werden die frühen Menschen fast immer mit dunkler Hautfarbe abgebildet?«

Diese Frage ermöglichte es ihr, das abstrakte und weit von der Lebenswelt ihrer Schülerinnen und Schüler entfernte Wissen zur Evolutionsbiologie mit deren Erfahrungen zu verknüpfen. Sie erklärte die Zusammenhänge zwischen dem Sonnenlicht am Äquator, dem Melanin in der Haut und der Hautfarbe von Menschen. Dann erarbeiteten die Schüler/innen, wie der Zusammenhang von Evolutionsbiologie und Sozialgeographie dazu führte, dass Menschen, obwohl sie evolutionsbiologisch die gleichen Wurzeln haben, unterschiedlich aussehen und sich in ihren Hautfarben unterscheiden. Die vorher noch weitgehend apathischen Schüler/innen waren plötzlich hellwach, weil sie den evolutionsbiologischen Stoff mit der Erfahrung des Zusammenlebens von Jugendlichen unterschiedlicher Hautfarbe an ihrer eigenen Schule verknüpft hatte.

Emotionen spielen eine zentrale Rolle in allen Lernprozessen. Die Schüler/innen von Mary Helen Immordino-Young konnten lernen, weil ihnen der Unterricht plötzlich persönlich bedeutsam erschien. Er half ihnen ihre eigenen Erfahrungen besser zu verstehen. Inzwischen forscht die ehemalige Lehrerin neurobiologisch über Emotionen in Lernprozessen (Immordino-Yang 2015).

Emotionen, so schreibt sie in ihrem Buch, sind immer da, wo das Lernen beginnt und da, wo das Lernen endet. Es ist neurobiologisch unmöglich über etwas vertieft nachzudenken, was für einen persönlich keine emotionale Bedeutung hat. Selbst in vermeintlich »unemotionalen« Fächern wie Mathematik und Physik hängt Lernen bei vielen Schüler/innen davon ab, ob es Lehrkräften gelingt, ein Thema so bedeutsam erscheinen zu lassen, dass positive Emotionen geweckt werden.

Gute Lehrerinnen und Lehrer haben daher ein Gespür dafür, positive und negative Emotionen bei Schülern zu erkennen und diagnostisch als Ausgangspunkt für die Gestaltung von Unterricht einzusetzen. Durch die in der neurowissenschaftlichen Forschung eingesetzte Magnetresonanztechnik ist der Zusammenhang zwischen Emotionen und Lernen jetzt auch im Gehirn sichtbar geworden. Wenn Lernende emotional engagiert sind, wird dies vom Kortex bis hin zum Hirnstamm, also in den Regionen des Gehirns, die für Kognition und Gedächtnis verantwortlich sind, sichtbar.

Lernen wird dann interessant, wenn die Schüler/innen eine emotionale Beziehung aufbauen: Und zwar zum Inhalt des Unterrichts und zu der Lehrkraft, die das Fach mit erkennbarem Interesse und Enthusiasmus unterrichtet. Wenn ein Lehrer/eine Lehrerin selbst authentisch begeistert ist von dem, was sie unterrichtet, dann kann das Jugendliche mitreißen. Emotionen sind ansteckend – das wissen wir aus der Emotionsforschung (Hatfield/Cacioppo/Rapson 1993). Doch Begeisterung alleine reicht nicht aus. Ob Lernen nachhaltig ist, hängt davon ab, inwieweit es Lehrkräften gelingt, die Brücke zu schlagen zwischen dem »Lernstoff« einerseits und dem Leben von Jugendlichen und den Fragen, die sie sich stellen, andererseits.

Damit Jugendliche Lernprozesse als emotional positiv und motivierend erleben, müssen Schulen zentrale menschliche Grundbedürfnisse (Deci/Ryan 1993, S. 229) berücksichtigen: Die Befriedigung dieser Bedürfnisse ist aus lernpsychologischer Sicht Voraussetzung für die Entwicklung einer intrinsischen, also aus der Person selbst herauskommenden Motivation zum Lernen.

Grundbedürfnisse (Deci/Ryan 1993)

Jugendliche möchten:

- sich als kompetent und wirksam erleben,
- bestimmte Dinge in ihrem Lernprozess selbst entscheiden,
- emotional dazugehören und sich wertgeschätzt fühlen.

Diese drei Grundbedürfnisse haben die beiden amerikanischen Sozialpsychologen Deci und Ryan als zentral für die Entwicklung einer selbstbestimmten Lernmotivation identifiziert.

Beispiel: Hamlet im Unterricht der neunten Klasse

Zwei unterschiedliche Lehrkräfte, Jake und Steven, unterrichten Hamlet in der Mittelstufe. Jake führt seine Schüler/innen mehrere Wochen kleinschrittig durch den Text und legt dabei den Fokus auf »linguistische Reflexivität«. Die Schüler/innen lernen Passagen auswendig, analysieren Selbstgespräche und verfassen einen langen Aufsatz zur Bedeutung der Sprache in Hamlet. Jake orientiert sich dabei an der Art und Weise, wie er selbst Hamlet während seines Anglistik-Studiums an der Universität kennengelernt hat. Er selbst liebte genau diese Art der Interpretation. Als seine Neuntklässler den Unterricht lustlos als »langweilig« bezeichnen, hat er Schwierigkeiten, sie zu verstehen: »Es fällt mit schwer, mich in den Kopf eines Neuntklässlers hineinzuversetzen.«

Steven fängt seine Unterrichtseinheit zu Hamlet in der neunten Klasse an, ohne den Namen des Stücks zu erwähnen. Er bittet die Schüler/innen sich vorzustellen, dass sich ihre Eltern jüngst getrennt hätten, weil ihre Mutter einen anderen Mann kennengelernt habe. Dieser andere Mann übernimmt dann auch noch die Arbeitsstelle des Vaters und es gebe Gerüchte, dass der neue Mann der Mutter den Vater aus seinem Job rausgemobbt habe. Steven fragte die Schüler/innen dann, ob es Situationen gebe, die sie so wütend machten, dass sie sich vorstellen könnten, andere Menschen körperlich zu verletzen. Erst nachdem die Schüler/innen über diese Fragen persönliche Texte geschrieben und diskutiert hatten, stellte ihnen Steven Hamlet als Theaterstück von Shakespeare vor, das sie gemeinsam lesen würden und das sich mit ganz grundlegenden Erfahrungen menschlichen Leben befasse und daher bis heute hochinteressant sei.

(Beispiel aus Grossman 1990, S. 24)

Kompetenzerleben

Kompetent fühlen sich Schüler/innen dann, wenn sie bei der Bearbeitung einer Aufgabe in ihrer »Zone der nächsten Entwicklung« auf einem angemessen schwierigen Leistungsniveau gefordert werden. Dazu sollte die Aufgabe an Vorwissen und Vorerfahrungen anknüpfen und die Jugendlichen in das ihnen noch Unbekannte führen und herausfordern.

Für diese nächsten Schritte in ihrer »Zone der nächsten Entwicklung« steht den Heranwachsenden eine unterstützende Lernumgebung zur Verfügung, in der sie fachlich und fachdidaktisch kompetente Experten mit anschaulichen Erklärungen unterstützen und mit interessanten Fragen herausfordern.

Langeweile durch Unterforderung

Negative Emotionen sind vorprogrammiert, wenn der Schwierigkeitsgrad der Aufgabe nicht zum Kompetenzniveau des Schülers/der Schülerin passt. Liegt eine Aufgabe in einem Bereich, den ein Jugendlicher schon sicher und ganz ohne fremde Hilfe beherrscht, also unterhalb seiner »Zone der nächsten Entwicklung«, empfindet er den Unterricht als langweilig.

Angst durch Überforderung

Liegt die Aufgabe vom Schwierigkeitsgrad jenseits der »Zone der nächsten Entwicklung«, dann erzeugt sie Angst. Selbst ein kompetenter Experte kann das Lernen nicht unterstützen, wenn die Diskrepanz zwischen dem Vorwissen des Schülers/der Schülerin und dem geforderten Leistungsniveau zu weit auseinander liegen.

Jugendliche können ihre Kompetenz erleben, wenn sie auf einem für sie passenden Anspruchsniveau Aufgaben bearbeiten und Probleme lösen dürfen. Eine gute Schule schafft es, Lernsituationen zu erzeugen, in denen möglichst viele Schüler/innen möglichst oft auf einem für sie angemessenen Herausforderungsniveau lernen und wachsen können. Das erfordert von Lehrkräften und Schulleitungen die Entwicklung einer anspruchsvollen und differenzierten Aufgabenkultur und ein gewisses Maß an Flexibilität.

Autonomie

Ob ein/e Jugendliche/r eine intrinsische Motivation entwickelt, hängt auch davon ab, inwiefern er oder sie in ihren Lernprozessen bestimmte Dinge selbst entscheiden dürfen. Für die Motivation ist es wichtig, ob Schülerinnen und Schüler sich als eher fremd- oder eher selbstbestimmt wahrnehmen.

Das bedeutet nicht, dass Schüler/innen vollständig selbst entscheiden können, ob, wann und was sie lernen möchten, so wie es in den 70er Jahren des vergangenen Jahrhunderts der englische Pädagoge A. S. Neill in seinem Buch »Anti-autoritäre Erziehung« (Neill 1969) vorgeschlagen und an seiner berühmten Internatsschule Summerhill in England umgesetzt hat. Ein Lernen, wie es Summerhill damals vorsah, setzte zu 100 Prozent auf die Autonomie der Schüler/innen. Sie konnten entscheiden, ob sie früh aufstehen oder länger schlafen, Gitarre spielen oder Mathematik lernen wollten.

Tatsächlich ist es so, dass vor allem die intrinsische Motivation, also ein genuines aus der Person kommendes Interesse an der Sache, zu besonders guten Leistungen führt. Schulen versagen in einer ihrer Kernaufgaben, wenn es ihnen nicht gelingt, bei Jugendlichen vorhandene Interessen zu erkennen und diese durch passende Lernangebote zu fördern. In den Interessen der Heranwachsenden liegt ein großes, schlummerndes Leistungspotential für die Gesellschaft und zugleich ein Schlüssel zu Lebenszufriedenheit und Glück für jeden einzelnen Jugendlichen.

Trotzdem kann es eine Schule aus heutiger Sicht nicht vollständig freistellen, ob, wann und was ein Jugendlicher lernt. Schule hat die Funktion, Heranwachsenden einen Zugang zur Welt in ihrer wissenschaftlichen und kulturellen Vielfalt zu eröffnen. Eine gute Schule bildet Schüler/innen zu ethisch denkenden und demokratisch handelnden Bürgern aus. Eine völlige Freiheit in der Schule würde all jene Schüler/innen massiv benachteiligen, deren Eltern ihnen nicht durch Bücher, Gespräche, Reisen und Kulturerleben solche vielfältigen Weltzugänge ermöglichen. Um entscheiden zu können, wer ich als Mensch sein möchte, muss ich zunächst in einer gewissen Vielfalt erleben und kennenlernen, wer ich potentiell überhaupt sein könnte.

Zudem können wir als Menschen mit absoluter Freiheit nicht selbstverständlich gut umgehen: Längst nicht jeder Lernende wäre einer Situation gewachsen, in der er oder sie alle Entscheidungen über das eigene Lernen selbst treffen müsste. Es geht also darum, Freiheit und Struktur in ein dem Schüler/der Schülerin jeweils entwicklungsangemessenes Verhältnis zu bringen. Die Schule bietet Gelegenheitsstrukturen und schafft Anreizsysteme, die zum Lernen anregen und herausfordern und uns als Menschen auch an das Weltwissen heranführen, das wir uns nicht aus eigenem Antrieb erarbeitet hätten. Oft erkennen wir erst sehr viel später, als Erwachsene, wie sehr uns das genützt hat.

Mir ging es mit meinem Geschichtsunterricht in der Oberstufe so. Mein Lehrer, ein begeisterter Historiker und Experte in Sachen Weltgeschichte, erwartete damals von uns, dass wir uns regelmäßig wichtige historische Daten einprägten. Als Schülerin verstand ich nicht, warum er uns das zumutete. »Ich kann es doch auch nachschauen, wenn ich es so genau wissen muss«, dachte ich damals.

Als Erwachsene änderte sich mein Blick darauf, weil ich merkte, wie gut es diesem Lehrer gelungen war, mit seinem fundierten Fachwissen, seiner begeisternden Art davon zu berichten und auch mit der klaren Erwartung, dass wir uns bestimmte Dinge einprägen sollten, nachhaltige kognitive Strukturen in meinem Kopf aufzubauen. Immer wieder merke ich, wie gut ich schnell und flexibel auf ein fundiertes Wissen zurückgreifen kann, um die Welt von heute vor dem Hintergrund ihrer historischen Entwicklung zu verstehen.

Freiheit und Struktur stehen nicht im Widerspruch. Sie bedingen einander. Guten Schulen gelingt es, kognitive Strukturen aufzubauen und durch guten Unterricht neue Interessen zu erzeugen. Zugleich erkennen und kultivieren sie vorhandene Interessen und Talente von Kindern und Jugendlichen.

Das geht nur, wenn Jugendliche immer wieder auch Entscheidungen über ihr eigenes Lernen treffen können. Sei es im Unterricht, weil ihnen die Wahl zwischen mehreren Themen, Aufgaben oder Texten gegeben wird. Sei es durch Wahlpflichtangebote, die Schüler/innen selbst auswählen lassen, womit sie sich intensiv befassen möchten.

Etwas entscheiden zu dürfen, was mich als Person und mein eigenes Lernen betrifft, ist ein ganz bedeutender Teil von Schule im 21. Jahrhundert, gerade im Kontext der Multi-Optionsgesellschaft, in der wir heute leben. Wer eine Wahl trifft, muss auch reflektieren: Was interessiert mich? Wofür kann ich mich begeistern? Wer bin ich?

Entscheidungsmöglichkeiten erhöhen nicht nur die Lernmotivation, sie fordern uns heraus für uns selbst zu klären, wer wir eigentlich werden möchten, ganz im Sinne des antiken Dichters Pindar »Werde, der du bist« (Thummer 1972, S. 293). Eine Schule, die Schüler/innen kaum Wahlmöglichkeiten bietet, versagt jungen Menschen die Gelegenheit zur Persönlichkeitsentwicklung.

Emotionale Zugehörigkeit

Wer seine Schule jeden Morgen mit einem Gefühl des inneren Widerstands betritt, kann nicht intrinsisch motiviert lernen. Der Schritt über die Türschwelle einer Schule sollte mit dem Gefühl verbunden sein: Hier gehöre ich hin, hier werde ich von Mitschülern und Lehrkräften so angenommen wie ich bin und hier kann ich lernen, wachsen und mich zu dem Menschen entwickeln, der ich sein möchte. Sich emotional zugehörig fühlen, bedeutet zunächst einmal ganz elementar sich sicher zu fühlen. Keine Angst zu haben vor Bedrohung von Leib und Leben.

Die evolutionäre Emotionsforschung (Schwab 2004) geht heute davon aus, dass Gefühle eine zentrale Bedeutung hatten für das Überleben von Menschen in früheren Zeiten. Sie dienten der Bewertung bestimmter Situationen und der angemessenen Steuerung menschlichen Verhaltens bei drohender Gefahr. Angenehme Emotionen zeigten einem Menschen, dass es sich für das Überleben lohnen würde auf den Erhalt eines bestimmten Zustandes hinzuwirken. Unangenehme Emotionen wie Angst oder Langeweile waren das Signal, aus einer unangenehmen Situation zu flüchten. Die Stärke von Gefühlen spiegelte dabei ihre Bedeutung für das Überleben wider.

Letztlich erkennen wir diese Verhaltensweisen bis heute im schulischen Kontext. Positive Emotionen signalisieren gute Sozialbeziehungen (»Dieser Lehrer unterstützt mich in meiner Entwicklung«) und interessante Lerninhalte (»Das Thema interessiert mich, damit möchte ich mich weiter beschäftigen«). Negative Emotionen sind häufig die Vorläufer von innerer Emigration (»Dieser Unterricht ist so langweilig, ich schalte einfach ab«) oder gar Schulabbruch (»Hier möchte ich nicht mehr sein«).

Auch wenn es dabei heute nicht mehr um das physische Überleben geht, so wie bei den Urzeitmenschen, so ist das »Überleben« der eigenen Würde von Jugendlichen an Schulen noch immer in Gefahr: Demütigungen durch Lehrkräfte, Mobbing von Mitschülern, gähnende Langeweile im Unterricht, Angst vor einer schier kaum zu bewältigenden Aufgabe. All das sind Bedrohungen der eigenen Identität, die starke Gefühle auslösen.

An den Emotionen, die Jugendliche in der Schule erleben, zeigt sich, ob sie Freude am Lernen und an ihrer eigenen Entwicklung empfinden und ob sie bereit sind ihr Lernen selbst in die Hand zu nehmen.

Sichtweisen von Jugendlichen auf Schule besser verstehen: Systematische Schülerbefragungen als Form der Qualitätsentwicklung

Einige der erfolgreichsten Schulsysteme der Welt machen sich systematisch ein Bild davon, wie es Jugendlichen an ihren Schulen geht, mit welchen Emotionen sie lernen, zu welchem Grad die sich kognitiv aktiviert fühlen und welche methodischen Zugänge zum Lernen sie für motivierend halten.

Die Canadian Education Association hat dazu das Befragungsinstrument »What did you do in school today?« entwickelt, das heute viele Schulen und Schulbezirke in Kanada einsetzen, um sich mindestens einmal im Jahr Rückmeldung von den Schüler/innen geben zu lassen (Friesen 2009).

Eine vergleichbare Befragung ist »Tell them from me!«, das an Schulen in Australien und Kanada zum Einsatz kommt. Mit Hilfe eines Online-Fragebogens (www.surveys.cese.nsw.gov.au/ttfm-surveys/student-survey) werden die Schüler/innen über folgende Themen befragt:

- Zugehörigkeitsgefühl zur Schule und Wohlbefinden in der Schule,
- Sozialbeziehungen zu Lehrkräften, Mitschülern und Eltern,
- Interesse und Motivation,
- Leistungserwartung und Anstrengungsbereitschaft,

- Schul- und Unterrichtsklima,
- Strukturiertheit des Unterrichts und effektive Nutzung von Lernzeit,
- Passung des Herausforderungsniveaus und kognitive Aktivierung,
- Verhalten im Unterricht, bei Hausaufgaben und bei Vorbereitung von Arbeiten,
- Möglichkeiten zu Partizipation und Interessenvertretung,
- Teilnahme an extra-curricularen Aktivitäten,
- Mobbing und Gewalt,
- Schulvermeidung und Schulverweigerung,
- persönliche und berufliche Ziele jenseits der Schule.

Die Daten der Befragung werden auf Ebene einzelner Klassen, auf Schulebene und auf Schulsystemebene ausgewertet, um daraus konkrete Schlussfolgerungen für die Unterrichts- und Schulentwicklung abzuleiten.

Beispiel: Vom Schultheater zum Filmfestival
So hat eine Schule in Melbourne/Australien zum Beispiel durch die Befragung ihrer Schüler/innen erfahren, dass die Jugendlichen mit den extra-curricularen Aktivitäten der Schule nicht zufrieden waren. Um mehr über die kritische Sicht der Heranwachsenden zu erfahren, führte die Schule dann Fokusgruppeninterviews mit Schülergruppen durch.

Dabei stellte sich heraus: Viele Jugendliche störte es, dass bei der jährlichen Aufführung eines Theaterstücks nur wenige Mädchen und Jungen Hauptrollen übernehmen konnten. Schüler/innen und Lehrer/innen verständigten sich auf ein neues Konzept: Statt des Schultheaters würde es ein Kurzfilmfestival geben. Alle Mittelstufenschüler/innen der Schule waren aufgerufen, sich mit eigenen Kurzfilmbeiträgen an dem Festival zu beteiligen. Im Vorfeld lud die Schule einen Filmemacher ein, der den Schüler/innen Techniken und Tricks des Kurzfilmdrehens nahebrachte. Die Schüler/innen bildeten kleine Teams, die eigene Filme produzierten. Beim öffentlichen Filmfestival an der Schule wurden alle Schülerproduktionen vorgeführt und jedes Team erhielt öffentliche Anerkennung für sein Werk.

4. Prinzip: Gute Schulen gehen sensibel mit der Individualität von Jugendlichen um und nehmen ihre Interessen, ihre Vorerfahrungen und ihr Vorwissen ernst

Interesse und Motivation hängen unmittelbar zusammen. Ein Jugendlicher, der sich für eine Sache interessiert, erlebt positive Gefühle, empfindet die Beschäftigung als persönlich bedeutsam und möchte in der Regel noch mehr über den Gegenstand des eigenen Interesses lernen (Dresel/Lämmle 2011, S. 105).

Die besondere Beziehung zwischen einem Jugendlichen und seinen Interessen ist ein hoher Wert, den es in schulischen Lernprozessen ernst zu nehmen gilt. Nachhaltige Leistungen, auch über die Schulzeit hinaus, sind häufig das Ergebnis von Interessen. Wo Jugendliche interessiert sind, zeigen sie eine besonders hohe intrinsische Motivation, die Bereitschaft, sich längerfristig zu engagieren, und tiefgreifende kognitive

Verarbeitungsstrategien. Ein starkes Interesse führt zu intensiver Beschäftigung mit einer Sache und die intensive Beschäftigung mit ihr ermöglicht besonders gute Leistungen. Leistungserfolge wiederum bilden sich positiv im Selbstkonzept eines Jugendlichen ab und verstärken seine Leistungsbereitschaft.

Schülerinteressen in der Schule zu erfassen und ernst zu nehmen, verheißt also einen positiven Regelkreislauf. Psychologen haben immer wieder festgestellt, dass Interessen einen besonders hohen Vorhersagewert für die Studien- und Berufswahl haben (Schiefele/Krapp/Schreyer, 1993). Eine Schule, die Studien- und Berufsorientierung ernst nimmt, wird Schülerinteressen Raum zur Entfaltung bieten.

Die medial-vernetzte Welt des 21. Jahrhunderts macht es Jugendlichen heute einfacher als jeder Generation zuvor, ihre Interessen zu erkunden und weiterzuentwickeln. Dort wo ein starkes Interesse und der mediale Zugang (z. B. über das Internet) zusammenwirken, sind die Voraussetzungen für autodidaktisches und selbstreguliertes Lernen geschaffen. So kann zum Beispiel ein Jugendlicher, der sich für Flugzeuge interessiert, eine Vielzahl an YouTube Videos und anderen Internetquellen nutzen, um seinem Interesse nachzugehen. Wer unbedingt Gitarre spielen lernen möchte, findet im Internet Videos, in denen die ersten Schritte gut erklärt werden. Dieser schnelle und unkomplizierte Zugang zu Wissen, das einen interessiert, war früher schlicht nicht möglich.

Durch die zunehmende Entwicklung des Frontalkortex als Steuerungszentrale des Gehirns sind Jugendliche zwischen 11 und 16 Jahren immer stärker in der Lage, Informationen zu suchen und komplexe Handlungen zu planen. Doch die neu gewonnene Freiheit der Jugendlichen ist ein zweischneidiges Schwert: Prozesse der Informationssuche und der Handlungsplanung können positives oder problematisches Verhalten nach sich ziehen.

Auch die Jugendlichen, die im Internet gezielt Informationen über den IS gesucht haben und dann ihre Reise in Terrorcamps geplant haben, hatten starke Interessen. Man könnte sogar provokativ sagen, die Schule hat ihnen möglicherweise zu wenig Gelegenheit gegeben, andere, subjektiv bedeutsame Interessen zu entwickeln und basierend auf diesen eigene Lernhandlungen zu planen.

In der multimedialen Welt, in der wir leben, erzeugt eine Schule, die sich nicht für die Interessen ihrer Schüler/innen interessiert, Langeweile, Frustration und dadurch manchmal genau das Gegenteil von kognitiver Aktivierung. Guter Unterricht geht sensibel mit der Individualität von Jugendlichen um und bietet auch Zeiträume, in die Heranwachsende ihr Vorwissen, ihre Fragen zu Themen des Unterrichts und anderen Themen, die sie bewegen, einbringen können.

Das bedeutet nicht, dass Lernen konstant einfach nur Spaß machen soll. Viele Lerninhalte lassen sich nur mit Übung, Fokussierung und einer gewissen Disziplin aneignen. Die Kognitionsforschung zeigt, dass es praktisch unmöglich ist, ohne wiederholte Phasen des Übens wirklich kompetent zu werden. Experte wird nur, wer immer wieder Zeit und Mühe in eine Sache investiert. Der amerikanische Psychologe Malcom Gladwell (2009) spricht in seinem Buch »Überflieger: Warum manche Menschen erfolgreich sind und andere nicht« von der 10 000-Stunden-Regel. So viel Zeit muss ein Mensch in eine Sache investieren, um zum Experten zu werden.

Die Wahrscheinlichkeit, dass ein Jugendlicher Zeit in die Entwicklung bestimmter Kompetenzen investiert, steigt deutlich, wenn sein Interesse geweckt ist und der Kompetenzerwerb persönlich bedeutsam erscheint. Die Notwendigkeit sich zu fokussieren, sich Ziele zu setzen und sich im Lernprozess anzustrengen, ist dann offensichtlich. Jeder Schüler/jede Schülerin weiß, dass Weltklasse-Musiker oder Sportler täglich viele Stunden mit Trainieren verbringen.

Selbstbestimmung

Die Schüler/innen können in der Bearbeitung von Lernaufgaben eigene Entscheidungen treffen und eigene Ideen in die Lösung miteinfließen lassen. Selbstbestimmung ist dann gegeben, wenn Jugendliche zum Beispiel aus mehreren Aufgaben diejenige auswählen können, die sie persönlich am meisten anspricht. Wenn sie das Thema für den Vortrag vor der Klasse anhand ihres Interesses selbst wählen können. Oder wenn sie auf der Grundlage eines Wochenplans selbst entscheiden können, wann sie eine bestimmte Hausaufgabe oder Übung erledigen möchten. Das Gefühl von Selbstbestimmung wirkt sich positiv auf Leistung aus und fördert Konzentrationsfähigkeit, Ausdauer und Wohlbefinden.

Perfektionierung

Die Jugendlichen erleben eine Aufgabe als persönlich herausfordernd und entwickeln aus sich selbst heraus den Anspruch, die Aufgabe möglichst gut zu machen. Dabei sind sie nicht von der Erwartung einer Belohnung, zum Beispiel einer guten Note getrieben, sondern vom Wunsch nach eigener Zufriedenheit und Stolz auf eine gute Leistung. Vor allem die Forschung des Psychologen Csíkszentmihályi (2008) konnte auf eindrucksvolle Weise zeigen, dass Menschen in Projekten und Aufgaben, die für sie eine hohe subjektive Bedeutung haben, so sehr aufgehen können, dass sie Zeit und Raum vergessen, sich ganz auf die Aufgabe konzentrieren und dabei nach Meisterschaft und Perfektion streben. Er nennt diesen Zustand »Flow«. Nicht nur Wissenschaftler und Künstler erleben »Flow« bei ihrer Arbeit, auch Schüler/innen können Zeit und Raum vergessen und sich mit ihrer ganzen Energie und Kreativität einem Projekt hingeben, das sie als persönlich sinnvoll und bedeutsam empfinden. Um diese Art von Spitzenleistung zu fördern, müssen Schulen den Mut haben, Räume und Zeiten für längerfristige und ergebnisoffene, kreative Prozesse zu schaffen.

Sinnerfüllung

Die Lernaufgabe ist so gestaltet, dass sich für die Jugendlichen der Sinn ihres Tuns erschließt. Sie begeistern sich für die Aufgabe, weil sie ihnen subjektiv bedeutungsvoll erscheint. Auch in diesem Zusammenhang hat uns die Forschung in den letzten Jahren neue Erkenntnisse gebracht: Die beiden Motivationspsychologen Deci und Ryan konnten anhand einer großangelegten Studie von Hochschulabsolventen zeigen, dass diejenigen, die bei der Berufswahlmotivation nach dem Studium »Sinnziele« nannten, so zum Beispiel das Mitwirken an der Lösung eines gesellschaftlichen Problems oder der Unterstützung anderer Menschen, einige Jahre später mehr Lebenszufriedenheit und weniger Depressionen hatten als die Absolventen, die »Profitziele« (wie zum Beispiel ein möglichst hohes Gehalt) nannten. Zufriedenheit hängt also nicht davon ab, Ziele zu haben, sondern solche Ziele zu haben, die eine längerfristige und übergreifende Bedeutung haben und über die eigene Person und ihren egoistischen Nutzen hinaus wirksam werden. Um glücklich zu werden, muss der Mensch fühlen, dass er selbst zu etwas Größerem und Dauerhafteren gehört, als er es selbst ist (Deci/Ryan 2000).

Der amerikanische Motivationsexperte Daniel Pink (2009) wirft Schulen vor, dass sie durch kurzfristige extrinsische Leistungsanreize (wie zum Beispiel benotete Leistungsüberprüfungen) Kinder und Jugendliche geradezu auf eine extrinsische Motivation hin konditionieren. Dies sei eine fatale Entwicklung, weil aus neugierigen und intrinsisch motivierten Kindern kurzfristige Pflichterfüller würden, die sich nicht für das Wissen der Welt begeistern können. Eine nachhaltige Leistungsmotivation hingegen erfordere Lernräume, die auf Selbstbestimmung, Sinnerfüllung und den eigenen Willen zur Perfektionierung setzen.

Die Motivationsforschung aus Psychologie und Ökonomie konnte zeigen, dass Organisationen, die auf kleinteilige und komplett determinierte Aufgaben, kurzfristige Leitungsanreize und extrinsische Belohnungssysteme setzen, die Freude an und die Motivation für Leistung zerstören.

Noch besteht eine erhebliche Lücke zwischen dem Stand der empirischen Motivationsforschung und der Praxis von Schulen. Das Gehirn von Jugendlichen entwickelt in einem aufregenden Transformationsprozess zwischen dem 11. und dem 16. Lebensjahr zunehmend die Fähigkeit, komplexe Prozesse zu planen und eigenständig zu steuern. Doch noch immer überwiegen kurzfristige, kleinteilige und extrinsische Leistungsanreize im schulischen Alltag vieler Jugendlicher. Im 21. Jahrhundert ist es eine zentrale Aufgabe der Schulentwicklung, für Schülerleistungen neue Spielräume zu schaffen, die den wissenschaftlichen Erkenntnisstand über menschliche Motivation in Lernprozessen widerspiegeln.

Drei Beispiele

Gestaltung von Hausaufgaben: Statt einer kleinteiligen und kurzfristigen Hausaufgabe erhalten die Schüler/innen einen Monatsplan. Dieser enthält komplexe Aufgaben, die mehrstufig gestaltet sind und sowohl Pflichtteile als auch Wahlmöglichkeiten umfassen. Der Monatsplan erklärt auch den Sinn des Lernprozesses und setzt diesen in einen größeren Zusammenhang (»Warum soll ich das lernen? Wobei hilft mir dieser Lernprozess später?«). Die Schüler/innen können innerhalb eines bestimmten Zeitraums selbst entscheiden, wann sie bestimmte Teilaufgaben bearbeiten. Sie suchen aus den Wahlaufgaben diejenigen aus, die sie ansprechen und motivieren. Gerade die Wahlaufgaben sollten nicht zu eng formuliert sein, sondern einen kreativen Spielraum in der Bearbeitung ermöglichen.

Zeitfenster für längere und bedeutungsvolle Lernprojekte: Die Schule schafft in bestimmten Fächern oder fächerübergreifend einige längere Zeitfenster, in denen die Schüler/innen in Teams an kreativen Projekten arbeiten und dabei selbst wichtige Entscheidungen treffen können, zum Beispiel ein eigenes Buch schreiben, einen Film drehen, ein gemeinnütziges Projekt außerhalb der Schule realisieren.

Schüler/innen als Experten: Die Schule befragt mit Hilfe eines Fragebogens alle Schüler/innen nach Themen, für die sie sich in besonderer Weise interessieren und Experten sind. Im Laufe des Schuljahres erhalten die Jugendlichen in der Schule Gelegenheit, ihre besondere Expertise und die Begeisterung dafür an andere Schüler/innen weiterzugeben, sei es durch eine Präsentation bei einer an der Schule organisierten »Schüleruniversität«, in einer AG, an einem Projekttag oder im Unterricht.

5. Prinzip: Gute Schulen entwickeln bei Jugendlichen ein Verständnis ihres eigenen Lernprozesses und stärken ihre Fähigkeit zur Selbstregulation

Als Menschen denken wir über uns selbst nach und bilden uns im Laufe der Zeit ein immer stärker ausgeprägtes Urteil über unsere Person. Die Psychologie nennt das ein »Selbstkonzept«. Unser Selbstkonzept wird geprägt von unseren Erfahrungen, aber auch von dem, was nahe Bezugspersonen über uns sagen (»Du kletterst richtig gut. Motorisch bis du sehr geschickt!«; »Für diese Aufgabe hast du jetzt aber lange gebraucht«).

Während das Selbstkonzept bei Kindern noch stark durch die Botschaften geprägt wird, die Eltern senden, rückt bei Jugendlichen die Peer Group in den Vordergrund. Plötzlich spielt es eine große Rolle, wie andere Jugendliche mich sehen, was sie mir zutrauen, was sie von mir halten.

Was sich im Jugendalter verändert: Wenn ein Jugendlicher sich durch die Gleichaltrigen in seiner Bezugsgruppe abgelehnt fühlt, kann das durch die Eltern nicht mehr vollständig kompensiert werden. Wenn ein Kind in der Grundschule von Mitschülern gemobbt wird, dann hilft es oft, dass Eltern dem Kind das uneingeschränkte Gefühl geben, anerkannt und geliebt zu sein. Das funktioniert spätestens mit Beginn der Pubertät nicht mehr so einfach. Jugendliche suchen und brauchen die Akzeptanz der Peer Group für den Aufbau ihres Selbstwertgefühls. Wenn die Peer Group dieses verweigert, kann ein Jugendlicher durchaus in eine kritische Lebenslage geraten.

Was Heranwachsende über sich selbst, ihre Interessen, ihre Stärken und Schwächen zu wissen glauben, beeinflusst in hohem Maße ihr Handeln (Dweck 1999). Auch das Verhalten von Jugendlichen beim Lernen wird von ihrem Selbstkonzept beeinflusst. Unterschiedliche Überzeugungen spielen dabei eine Rolle:

- Für wie kompetent hält sich der Jugendliche in einem bestimmten Kompetenzbereich? (Selbstwirksamkeit)
- Glaubt er eher daran, erfolgreich zu sein, oder befürchtet er Misserfolg beim Bearbeiten von Aufgaben? (Ergebniserwartung)
- Für wie interessant oder langweilig hält der Jugendliche bestimmte Lerninhalte und -prozesse? (Werturteile)
- Worin sieht der Jugendliche die Ursache für seinen Erfolg oder Misserfolg: in eigenen Haltungen und Verhaltensweisen (»internale Attribuierung«) oder in anderen Gründen, zum Beispiel einem schlechten Lehrer, unfairen Aufgaben, zu stark geheizten Klassenzimmern in der Schule? (»externale Attribuierung«)

Das Selbstkonzept beschreibt also, was ein junger Mensch über sich selbst und das eigene Lernen zu wissen glaubt (Dweck 1999). Geprägt wird es durch Erfahrungen, Selbstbeobachtung und Botschaften anderer über die eigene Person, die ein junger Mensch sich auf dem Weg vom Kind zum Erwachsenen schrittweise zu eigen macht:

- Erfahrungen, wie leicht oder schwer einem bestimmte Dinge fallen (»Mathe fällt mir leicht, in Englisch muss ich mich anstrengen«)
- Beobachtungen, wie Mitschüler in Lernprozessen abschneiden (»Der Florian hat fast in allen Fächern bessere Noten als ich«)
- Direkte, aber auch subtile Botschaften von Eltern, Lehrkräften und Mitschülern, die Einschätzungen zur Fähigkeiten enthalten (»Mathe konnte ich auch nie, schon deine Oma konnte es nicht«)

Das Selbstkonzept ist für Jugendliche also durchaus so etwas wie eine Steuerungszentrale ihres Verhaltens beim Lernen. Wie ein Jugendlicher sich selbst wahrnimmt, prägt in entscheidendem Maße, wie viel Zielorientierung und Anstrengungsbereitschaft er oder sie in Lernprozesse investiert (Boekaerts 2010). Das Selbstkonzept von Jugendlichen wird über ihre Sozialisationsprozesse in Familie, Schule und Lebenswelt geprägt (Boekaerts 2010; Duckworth 2016).

Gute Schulen sind sich der Wirkung dieser Sozialisationsprozesse auf das Lernen bewusst und berücksichtigen sie in der Begleitung und der Beratung von Jugendlichen (Tough 2016). Gerade weil die Identitätsentwicklung im Jugendalter so sehr in den Vordergrund rückt und zur zentralen Entwicklungsaufgabe wird, tragen Bezugspersonen von Jugendlichen in der Schule eine große Verantwortung. Eine professionelle Lehrkraft weiß: Jugendliche brauchen Feedback, das ihnen ein realistisches und zugleich positives und zuversichtliches Selbstkonzept ermöglicht.

Es geht darum, die folgende Überzeugung systematisch zu stärken: »Wenn ich Verantwortung für meinen Lernprozess übernehme, dann kann ich lernen und mich gut entwickeln«. Diese Botschaft ist für alle Jugendlichen von großer Bedeutung, ganz besonders jedoch für Jungen und Mädchen aus Familien und sozialen Umständen, die eher persönlichkeitsschwächend als stärkend gewirkt haben.

Die an der Universität Stanford forschende Psychologin Carol Dweck (1999; 2009) nennt diese innere Haltung einen »growth mindset«, also ein »dynamisches Selbstkonzept« und unterscheidet es von einem »fixed mindset«, einem »statischen Selbstkonzept«:

Statisches Selbstkonzept (fixed mindset):

- Ich mag es nicht gerne, an Aufgaben zu arbeiten, die ich schwierig finde.
- Wenn ich eine schlechte Leistung erbracht habe, dann bedeutet das, dass ich es einfach nicht kann.
- Wenn ich frustriert bin, höre ich auf.
- Wenn jemand anderes in meinem Umfeld erfolgreich ist, fühle ich mich dadurch bedroht.
- Was ich jetzt kann, entscheidet darüber, was aus mir wird.

Dynamisches Selbstkonzept (growth mindset)

- Von meiner Bereitschaft, mich zu konzentrieren und mich anzustrengen, hängt ab, was ich lerne.
- Wenn es nicht klappt, versuche ich es noch einmal.
- Wenn mich etwas Neues interessiert, dann kann ich es lernen.
- Ich mag Herausforderungen, auch wenn sie schwierig sind.
- Wenn jemand in meinem Umfeld eine tolle Leistung zeigt, dann inspiriert mich das, mich auch anzustrengen.
- Ich kann selbst entscheiden, was aus mir wird, wenn ich das lerne, was dafür wichtig ist.

Gute Schulen unterstützen ihre Schüler/innen in der Entwicklung eines dynamischen Selbstkonzepts. Doch wie geht das? Eine Erkenntnis setzt sich in der empirischen Schulforschung immer klarer durch (Hattie 2014, S. 277): Das Etikettieren von Schüler/innen wirkt sich höchst problematisch auf ihre Lernleistung aus. In der Hattie-Studie beträgt die Effektstärke für »non-labeling«, also den Verzicht darauf, Schülerinnen und Schüler mit pauschalen Etikettierungen zu versehen und in Schubladen zu stecken, $d = 0{,}61$. Damit gehört Nicht-Etikettieren zu einer der lernwirksamsten Maßnahmen. Doch was ist so problematisch an den folgenden Aussagen?

- »Du hast eine Lernbehinderung und brauchst meine Hilfe«
- »Du bist wohl nicht so der Mathetyp«
- »Mein Eindruck ist: Die Fremdsprachen fallen dir wirklich schwer«
- »Für euch Kids aus diesem Stadtteil ist es wirklich nicht leicht voranzukommen«

All diese Sätze sind pauschal. Sie machen eine generalisierende Aussage über einen Schüler/eine Schülerin und seine/ihre Lernfähigkeit, die den Eindruck erweckt Lernleistung sei eine Art Schicksalsschlag, den wir nicht selbst beeinflussen können. Das lässt die Wahrnehmung der Gestaltungsmöglichkeiten im eigenen Leben zusammenschrumpfen und engt Entwicklungsspielräume auf eine beklemmende Art und Weise ein. Wenn andere mir sagen, wie ich bin, dann verliere ich den Glauben daran, mich entwickeln zu können und durch Lernen mein Leben selbst in die Hand zu nehmen.

Doch nicht nur negative Pauschalzuschreibungen, auch generalisierend positive Sätze können problematisch sein:

- »Turnen, das fällt dir ja zu. Da musst du gar nichts für tun!«
- »Mathematisch bist du einfach sehr begabt.«
- »Toll, du bist echt schlau!«

Wiederum handelt es sich um pauschale Aussagen, dieses Mal positive Pauschalisierungen. Sie können dazu führen, dass das Zeitinvestment und die Fokussierung auf Lernprozesse abnehmen. Wenn es mir doch zufällt, warum sollte ich mich denn anstrengen? Ja, sowohl negative Etikettierungen als auch positive Etikettierungen, sogar Etikettierungen aus falsch verstandener Empathie (»Für euch Kids aus diesem Stadtteil ist es wirklich nicht leicht voranzukommen«) können fatale Folgen für einen jungen Menschen haben, wenn sie sich als statische Botschaften im Selbstkonzept festsetzen.

Wenn sich Jugendliche in der prägenden Phase zwischen Kindheit und Erwachsenenalter solche Botschaften zu eigen machen und sie – meist unbewusst – in ihrem Selbstkonzept abspeichern, dann wirkt sich das auf lange Zeit auf ihre Bereitschaft zur Investition in Lernprozesse aus. Wer sich für unbegabt oder unterprivilegiert hält, wird möglicherweise fatalistisch und gibt das Lernen auf. Doch auch wer immer wieder hört, wie begabt er doch sei, wird sich nicht mehr anstrengen, weil Leistung sich vermeintlich ganz von selbst einstellt. Die Botschaften von außen beeinflussen den inneren Dialog, den der Jugendliche in seiner Entwicklung ständig mit sich selbst führt, jeden Tag. Unser Selbstkonzept steuert unser Verhalten.

Ein Beispiel

Wenn am Donnerstag eine Mathematikarbeit ansteht und ich mir vorgenommen habe am Mittwochnachmittag konzentriert zu wiederholen und zu üben, dann kommt es auf mein Selbstkonzept an, wie ich auf den Anruf einer Freundin reagiere. Das Wetter ist besonders schön an dem Tag, und sie fragt mich, ob ich spontan mit ins Freibad kommen möchte. Jetzt gibt es zwei Möglichkeiten:

Dynamisches Selbstkonzept:

Ich sage ihr zwar leicht enttäuscht, aber doch aus innerer Überzeugung, dass ich mich für die Mathematikarbeit vorbereiten muss und dazu den Nachmittag auf jeden Fall zum Wiederholen und Üben benötige. Gerne werde ich am Wochenende mit ihr ins Freibad gehen.

Statisches Selbstkonzept:

Ich sage ihr, dass ich zwar eigentlich für die Mathematikarbeit lernen müsste. Da ich Mathe aber sowieso nicht kann und praktisch immer eine 4 schreibe, könne ich auch mit ins Schwimmbad gehen, denn für die 4 wird es auch so reichen.

Der Begriff »growth mindset« (dynamisches Selbstkonzept) beschreibt die Einstellung, dass ich lernen und mich entwickeln kann, wenn ich Verantwortung für meinen Lernprozess übernehme und zu Konzentration und Anstrengung bereit bin. Jugendliche mit einem dynamischen Selbstkonzept gehen davon aus, dass sie ihre Fähigkeiten und Talente durch Fokussierung und Anstrengung weiterentwickeln können, dass sie also ihre eigene Entwicklung stark selbst beeinflussen können.

Wenn Jugendliche hingegen eher einen »fixed mindset« (statisches Selbstkonzept) haben, fehlt ihnen das Vertrauen und das Wissen darüber, dass sie ihre Entwicklung durch Konzentration, Anstrengungsbereitschaft und Übung selbst in die Hand nehmen können. Sie glauben, ihre vermeintlich niedrigen Fähigkeiten seien in Stein gemeißelt und ließen sich kaum selbst beeinflussen.

Wissenschaftlich gehen wir heute davon aus, dass Lernen ein in hohem Maße »selbstregulierter« Prozess ist. Das bedeutet, dass Lernende ihre Aufmerksamkeits-, Fokussierungs- und Übungsprozesse selbst steuern müssen, damit Lernen gelingt und zu nachhaltigen Veränderungen im Gehirn führt. Jugendliche, die das verstanden haben, sind in der Lage, Verantwortung für ihr Lernen zu übernehmen, sich Ziele zu setzen und den Weg zur Erreichung der Ziele zu planen. Sie beobachten sich beim Lernen und können sich »adaptiv« verhalten, sie können strategische Entscheidungen treffen, um ihr Lernen zu verbessern. So sind Jugendliche, die zum »Bedürfnisaufschub« in der Lage sind und bewusst entscheiden können, dass sie *erst* ihren Arbeitsplan abarbeiten und *dann* zur Belohnung ins Schwimmbad gehen, erfolgreicher als solche, die kurzfristige Bedürfnisse langfristigen Zielen vorziehen

Doch wie entwickelt sich die Kompetenz zur Selbstregulation und zum strategischen Nachdenken über das eigene Lernen? Bis vor wenigen Jahren wurde das in Schulen kaum thematisiert. Ob ein Schüler/eine Schülerin in der Lage ist, über sein Lernen strategisch nachzudenken, hat viel mit der frühen Sozialisation in der Familie zu tun:

- Interessierten sich die Eltern für die Lernprozesse ihres Kindes und stellten dazu Fragen?
- Konnte der Jugendliche als Kind die eigenen Eltern in strategischen Planungsprozessen beobachten? Konnte das Kind selbst Dinge mitplanen, Ausflüge zum Beispiel oder Mahlzeiten?
- War die Erziehung darauf ausgerichtet, kurzfristige Bedürfnisse des Kindes zu befriedigen oder machten Eltern durch Anreize deutlich, dass es sich oft lohnt, kurzfristige Bedürfnisse zurückzustellen, um längerfristige Ziele zu erreichen?
- Wurde das Kind dazu angehalten, auch durch Durststrecken hinweg an einer Sache dranzubleiben, um dann Erfolge zu erleben?

Manche Jugendliche bringen die Fähigkeit zum Planen des eigenen Lernens aus ihren Familien mit in die Schule. Das verschafft ihnen einen großen Startvorteil. Doch angesichts der Herausforderung, Schulbildung chancengerecht zu gestalten, müssen Schulen heute mehr Verantwortung für die Entwicklung nicht-kognitiver Kompetenzen übernehmen.

Das umfangreiche psychologische Wissen über Lernen, das uns heute zur Verfügung steht, verändert Schulen weltweit. Lehrkräfte fangen an ihr Expertenwissen über Lernen mit ihren Schüler/innen zu teilen, also über die Logik des Lernens zu sprechen und bei Schüler/innen ein Verständnis ihres eigenen Lernprozesses zu entwickeln. Wir wissen, dass Schüler/innen effektiver lernen können, wenn sie verstehen, wie Lernprozesse ablaufen, und wie ihre Emotionen und ihre Motivation Erfolg beim Lernen beeinflussen. Schulen können Schüler/innen Strategien an die Hand geben, mit deren Hilfe sie ihr Lernen besser selbst steuern können.

Das Jugendalter zwischen elf und 16 Jahren ist prädestiniert für genau diese metakognitiven Lernprozesse (Konrad et al. 2013): Das limbische System des Gehirns, in dem die soziale Natur des Menschen geregelt wird und das Liebe, Lust, Spieltrieb, Angst und das Lernen durch Nachahmen steuert, ist jetzt voll entwickelt. Auch die potentielle Gedächtnisleistung erreicht im Jugendalter ihren Höhepunkt: Jugendliche haben ein besseres Arbeitsgedächtnis als Kinder. Ihr Gehirn versetzt sie zunehmend dazu in die Lage, abstrakt zu denken und dabei auf sehr viel Wissen flexibel zurückzugreifen. Ihr Gehirn ist zum Lernen geradezu optimal aufgestellt.

Was allerdings noch nicht auf Hochtouren läuft ist der Frontalkortex, die Steuerungszentrale des Gehirns. Er entwickelt sich in den Jugendjahren sprunghaft und oft asynchron zu anderen körperlichen Entwicklungen. Man kann sich den in Entwicklung begriffenen Frontalkortex wohl als einen Computer vorstellen, der zwar immer besser funktioniert, aber regelmäßig Aussetzer hat und manchmal sogar richtig ins Stocken kommt. Durch die Entwicklung des Frontalkortex sind Jugendliche – im Gegensatz zu Kindern – in der Lage, die eigene Existenz als solche wahrzunehmen und sich selbst als agierende und autonome Person zu reflektieren. Doch dieser Prozess ist kein biologischer Selbstläufer. Auch hier gilt: Je besser die Umgebung des Aufwachsens, also Familien und Schulen, die Entwicklung von Metakognition und Selbstregulation fördert, desto eher können Schülerinnen und Schüler den biologischen Umbau ihres Gehirns für sich nutzen.

Besonders Jugendliche, die in ihren Familien wenig Unterstützung in der Entwicklung ihrer Fähigkeit zur Selbstregulation erfahren haben, brauchen dafür die Unterstützung ihrer Lehrerinnen und Lehrer. Studien zeigen, dass Sanktionen und Strafen bei dem Versuch, Jugendliche für das Lernen zu gewinnen, nicht hilfreich sind. Extrinsische Anreize haben kaum einen nachhaltigen Effekt. Der Harvard-Ökonom Roland Fryer versuchte in vielen Experimenten Jugendliche mit Hilfe von Geldpreisen zum Lernen zu bewegen und resümiert seine Studien: »Der Einfluss finanzieller Anreize auf das Lernen von Schülern liegt statistisch gesehen bei 0« (Fryer 2011).

In der pädagogisch-psychologischen Forschung zeichnet sich ab, dass vier Überzeugungen bei Jugendlichen zusammenwirken müssen, damit sie ihre Lernprozesse selbstregulierend in die Hand nehmen:

- Ich bin Teil dieser Lerngemeinschaft und fühle mich emotional zugehörig und unterstützt.
- Meine Kompetenzen wachsen durch meine Bereitschaft mich anzustrengen.
- Ich kann erfolgreich sein.
- Die schulische Arbeit ist für mich bedeutungsvoll.

Gute Schulen fördern diese vier Überzeugungen und unterstützen Jugendliche in der Entwicklung der damit verbundenen praktischen Fähigkeiten der Selbstregulation. Hier einige Beispiele:

- Mit Hilfe von Wochenplänen und Lernplanern setzen die Schüler sich Ziele für ihr Lernen.
- Reflexionsfragen helfen ihnen dabei, eigene Lernprozesse rückblickend zu beurteilen und sich neue Ziele zu setzen.
- Mit Hilfe von Kompetenzrastern schätzen Schüler selbst ein, auf welchem Niveau sie in ihrer Kompetenzentwicklung in einem Unterrichtsfach stehen und welche nächsten Schritte vor ihnen liegen.

- Für Entwicklungsportfolios wählen die Schüler bestimmte Leistungen aus, anhand derer sie zeigen können, welche Ziele sie erreicht und welche Leistungen sie erbracht haben.
- In Lerncoaching- und Bilanzierungsgesprächen stellen die Jugendlichen Lehrkräften und/oder Eltern ihre Lernziele vor, sprechen über positive und negative Erfahrungen beim Lernen, Lernbarrieren und Möglichkeiten diese auszuräumen. In den Gesprächen erhalten sie formative Rückmeldung, die ihnen dabei hilft, sich nächste Ziele zu setzen. Lehrkräfte und Eltern klären dabei auch, wie sie die Jugendlichen dabei ganz konkret unterstützen können.

Beispiel: Student-led Conferences in Alberta/Kanada
An middle schools in der kanadischen Provinz Alberta wurde ein interessantes Format für die Kommunikation zwischen Jugendlichen und ihren Eltern geschaffen. Das Gespräch, zu dem Schülerinnen und Schüler ihre Eltern an einem Abend in die Schule einladen, daher auch »student-led conference« genannt, findet viermal im Jahr statt. Es hat das Ziel, den individuellen Lernprozess des Schülers bzw. der Schülerin von Seiten der Eltern anzuerkennen, den Lern- und Entwicklungsprozess transparent zu machen und im Gespräch zu würdigen. Neben den fachlichen Lernprozessen erklären die Schüler ihren Eltern auch die Entwicklung von meta-kognitiven Kompetenzen. Sie erklären ihnen zum Beispiel Lernstrategien und zeigen ihren Eltern eigene Arbeiten, die den Verlauf ihres Lernprozesses dokumentieren. Außerdem verdeutlichen die Jugendlichen ihren Eltern, woran man erkennen kann, dass die Heranwachsenden ihre selbst gesetzten Lernziele erreicht haben und wofür sie das Gelernte in der Zukunft nutzen möchten.

Im 21. Jahrhundert wissen wir: Lernen ist vor allem ein Prozess, der vom Individuum gesteuert wird. Dabei wirken Kognition, Emotion und Metakognition untrennbar zusammen. Das jugendliche Gehirn ist zum Lernen prädestiniert. Lernen ist vor allem dann erfolgreich, wenn Schulen Jugendliche dabei unterstützen, ein dynamisches Selbstkonzept zu entwickeln, das sie in die Lage versetzt, Verantwortung für sich und ihren Entwicklungsweg ins Erwachsenenleben zu übernehmen.

6. Prinzip: Gute Schulen machen Bewertungskriterien transparent und geben Jugendlichen formatives Feedback, um Lernen zu fördern

Schülerinnen und Schüler dokumentieren ihr Lernen immer wieder durch Leistungsnachweise, die von Lehrkräften bewertet werden. Noten sind in unserem Schulsystem noch immer die zentrale Form der Leistungsbewertung, gelten sie doch als effektiv im Kontext kleinteiliger Leistungsnachweise und großer Klassen.

Aus Sicht der Lehr-Lernforschung ist die Notengebung, wie wir sie heute an den meisten Schulen vorfinden, allerdings kritisch zu bewerten. Der Informationsgehalt einer bloßen Zahl ist gering. »Latein: ausreichend (4)« oder Mathematik: »mangelhaft

(5)« – das sagt nichts darüber aus, wo genau die Lücken des Schülers liegen, wie er sich im Laufe der Zeit entwickelt hat und was er tun kann, um seine Leistung zu steigern. Mehrere Studien, so zum Beispiel die Meta-Analysen von Black und William (1998) und von Hattie (2009) haben in den letzten Jahren Aufsehen erregt, weil sie anhand von großen internationalen Datensätzen zeigen konnten, dass es vor allem auf die formative Dimension der Leistungsrückmeldung ankommt.

Es gibt kaum eine Intervention in Lernprozessen, die höhere Effektstärken erreicht als eine verbalisierte und detaillierte Rückmeldung an den Schüler, die ihm sagt, wie sich sein Lernprozess entwickelt hat, wo er im Verhältnis zu Bildungsstandards steht und welche nächsten Schritte erforderlich sind, um das nächste Lernziel zu erreichen. Diese Informationen nennt man »formative Rückmeldung« und es ist klar: Schüler/innen erhalten dabei deutlich mehr relevante Informationen als durch Noten.

»Assessment is for learning« lautet heute das Paradigma der psychologischen Lehr-Lern-Forschung. »Leistungsbewertung dient der Förderung des Lernens«. Was zunächst völlig selbstverständlich klingt, ist auf den zweiten Blick nicht trivial. Fast jeder Schüler hat schon einmal eine Situation der Leistungsbewertung erlebt, in der er oder sie sich schwor, für das betreffende Fach oder den Lehrer nun nichts mehr zu tun. Dann bricht die Motivation zum Lernen ein. Frustration oder sogar Wut übernehmen das Ruder. Situationen wie diese entstehen vor allem, wenn Schülerinnen und Schüler sich in ihrer Leistungsschwäche vor der Klasse bloßgestellt sehen. Zum Beispiel, wenn die Lehrkraft die Arbeiten in der Reihenfolge der Noten zurückgibt und beim letzten Schüler stehenbleibt mit der Aussage »Wie immer. Es hat mich nicht überrascht, dass du dein Heft wieder als letzter bekommst«. Oder wenn die Lehrerin bei der Rückgabe der Arbeiten laut sagt: »Na, du pendelst dich ja auf deiner stabilen 4 ein.« Man sollte meinen, dass solche Aussagen in den Schulen des 21. Jahrhunderts keinen Platz mehr haben. Doch Gespräche mit meinen Studierenden über ihre persönliche Schulerfahrung belehren mich jedes Semester auf Neue eines Besseren. All diese entmutigenden Lehreraussagen kommen tatsächlich im Tagesgeschäft von Schulen noch immer vor.

Wenn ich das Gefühl habe »eine Vierer-Kandidatin« zu sein, dann kann eine Note zu einer sich-selbst-erfüllenden Prophezeiung werden. Die nächste Mathematik- oder Englischarbeit steht an. Die beste Freundin ruft an und fragt, ob ich mit ins Schwimmbad gehe. Eigentlich wollte ich für Mathe oder Englisch lernen, doch mein Selbstkonzept hat abgespeichert »Ich bekomme sowieso nichts Besseres als eine 4«. Dieses statische Verständnis von mir selbst und meinen Fähigkeiten führt dazu, dass ich blitzschnell abwäge: »Mathematik oder Schwimmbad?«. Ich entscheide mich fürs Schwimmbad. »Mit Mathe kann das ja sowieso nichts mehr werden«, denke ich … So entsteht ein Teufelskreis, der dazu führt, dass wir manche Jugendlichen für Leistung und damit auch für wichtige Aufgaben in der Gesellschaft verlieren. Mit der falschen Psychologie kann eine Schule Verlierer produzieren.

Der Schlüssel zu »Assessment is for Learning« liegt in einem bewussten und strategischen Umgang mit den sogenannten Bezugsnormen der Leistungsbewertung. Was genau sind Bezugsnormen? Wer eine Leistung bewertet, der vergleicht diese Leistung mit anderen Leistungen. Das liegt in der Natur der Sache: Eine Leistungsbewertung erfordert immer den Vergleich mit einem bestimmten Referenzrahmen. Auch wenn wir eine Kunstausstellung, ein Konzert oder eine Mahlzeit bewerten, dann nutzen wir dabei unterbewusst Vergleichsmaßstäbe: »Keiner in der Familie backt so gute Kuchen wie Oma Else«, »Der Geiger war dieses Mal um Meilen besser als im vergangenen Sommer«. Diese Vergleichsmaßstäbe nennen wir »Bezugsnormen« und wir unterscheiden drei dieser Bezugsnormen voneinander:

Die *soziale Bezugsnorm* bedeutet, dass die Leistung eines Schülers mit der Leistung anderer Schülerinnen und Schüler in einer bestimmten Gruppe verglichen wird. Aus der Tradition unseres Schulsystems heraus spielt die soziale Bezugsnorm an Schulen in Deutschland noch immer eine große Rolle. Aus Sicht einer Lehrkraft, die viele Arbeiten bewerten muss, ist das nachvollziehbar und effektiv. Geht man von der Gauß'schen Normalverteilungskurve aus, lassen sich relativ leicht die starken, mittleren und schwächeren Leistungen unterscheiden und mit den verfügbaren Noten versehen.

Doch was aus Lehrersicht gut machbar erscheint, wirft aus Schülerperspektive gleich mehrere Fragen auf: Erstens, wie ein Schüler bewertet wird, hängt von der Bezugsgruppe ab. Ein im Vergleich zur gesamten Alterskohorte leistungsstarker Schüler wird in einer insgesamt leistungsstarken Gruppe schlechter abschneiden als in einer heterogenen Gruppe. Dieser Effekt wurde unter dem Namen *Big-Fish-Little-Pond-Effekt* gut erforscht (Trautwein/Lüdtke 2010). Der direkte Vergleich mit anderen Leistungsstarken kann dann im schlechtesten Fall dazu führen, dass das Selbstkonzept des Schülers leidet und er entscheidet, nicht mehr in Lernprozesse zu investieren, in denen er sich nicht erfolgreich fühlen kann. Die soziale Bezugsnorm kann also zu einem Einbruch der Lernmotivation führen und Lernprozesse ausbremsen.

Ein weiteres gravierendes Defizit der sozialen Bezugsnorm: Es werden Jugendliche miteinander verglichen, die aufgrund ihrer Herkunftsfamilien völlig unterschiedliche Lernvoraussetzungen mitbringen. Ein Beispiel: In der achten Klasse erhielten wir von unserer Deutschlehrerin am Gymnasium die Aufgabe, Tageszeitungen mit in den Unterricht zu bringen. Was eigentlich nicht anders zu erwarten war, geschah dann auch: Fünf Jugendliche aus Akademikerfamilien brachten überregionale Tageszeitungen wie die Süddeutsche Zeitung und die FAZ von zuhause mit. Zwölf weitere Jugendliche kamen mit der Regionalzeitung in den Unterricht. Die übrigen Jugendlichen brachten keine Zeitung mit. Ihre Eltern lesen keine Tageszeitung zuhause, war ihre zögernd dahingestammelte Antwort.

Viele Jahre vor dem Problembewusstsein, das mit PISA kam, ließ die Lehrerin die Schüler mit den überregionalen Zeitungen vor die Klasse treten und lobte diese Medien für ihren anspruchsvollen Sprachcode: »Wenn ihr Abitur machen wollt, dann erwarte ich von euch, dass ihr diese Art von Zeitungen lest.« Die Regionalzeitung ließ sie durchgehen, allerdings nicht ohne einen eher abfälligen Satz zu deren »restringiertem Sprachcode«. Die Schüler ohne Zeitungen stellte sie vor der Klasse bloß: »Wie kann es sein, dass ihr auf einem Gymnasium seid und zuhause keine Tageszeitung lest?«, fragte sie.

Das Beispiel zeigt: Die soziale Bezugsnorm, also der Vergleich von Jugendlichen aus Familien mit unterschiedlichem Bildungshintergrund, ist in diesem Fall ausgesprochen problematisch: Anstelle positive Motivation zu erzeugen, werden die unterschiedlichen Voraussetzungen öffentlich zum Stigma gemacht. Nach dem deutschen PISA-Schock, der den Zusammenhang zwischen Schulerfolg und dem sozio-ökonomischen Status der Herkunftsfamilie offengelegt hat, wird es ein solches Lehrerverhalten in unserem Schulsystem zum Glück wohl nicht mehr geben. Dennoch wird uns die Frage nach dem Sinn und Zweck der sozialen Bezugsnorm in den kommenden Jahren vor allem im Kontext der Inklusion sehr beschäftigen: Ist es fair, Jugendliche zu vergleichen, die aufgrund ihrer sozialen Herkunft, ihrer genetischen Ausstattung oder ihrer gesundheitlichen Prädisposition über völlig unterschiedliche Lernvoraussetzungen verfügen? Und was macht dieser Vergleich mit der Lernmotivation und Lernfreude der Kinder? Meine Hypothese ist: Die soziale Bezugsnorm wird nicht verschwinden aus unserem Schulsystem, aber ihre Nutzung wird sich sehr verändern.

Massiv an Bedeutung gewinnt inzwischen, auch international, die *kriteriale Bezugsnorm*, also die Bewertung von Schülerleistungen auf der Grundlage von transparenten Kriterien. Bildungsstandards, wie sie sich heute in allen Bildungsplänen finden, sind solche Kriterien. Sie definieren auf unterschiedlichen Niveaustufen, was ein Jugendlicher in einem bestimmten Fach am Ende einer Klassenstufe wissen und können sollte. Viele Schulsysteme nutzen diese Standards nicht nur zur Leistungsmessung, sondern auch zur Planung von Fördermaßnahmen für den Fall, dass Schüler unterhalb bestimmter Zielstandards bleiben. In Kanada zum Beispiel wurden die Bildungspläne in den vier Kernbereichen Englisch, Mathematik, Naturwissenschaften und Sozialwissenschaften auf vier Niveaustufen strukturiert. Niveaustufe 3 ist dabei die erklärte Zielkompetenzstufe, die möglichst viele Schülerinnen und Schüler erreichen sollen. Diese Stufe beschreibt jeweils das Kompetenzniveau, das als erforderlich gesehen wird, um ein ökonomisch eigenständiges und politisch selbstbestimmtes Leben zu führen. In Lernstandserhebungen wird überprüft, ob Schülerinnen und Schüler dieses Bildungsniveau erreichen. Diejenigen Jugendlichen, die das zu einem bestimmten Zeitpunkt in ihrer Schullaufbahn nicht tun, erhalten individuelle Unterstützung, zum Beispiel in Form von Förderkursen.

Bildungsstandards werden auch oft in Form von Kompetenzrastern aufbereitet. Diese Tabellen unterstützen die Selbstregulation von Jugendlichen und bieten Lehrkräften eine gute Gesprächsgrundlage für die formative Rückmeldung an Schülerinnen und Schüler: Mit Hilfe von Kompetenzrastern können Lehrkräfte ihnen aufzeigen, wo sie in ihrer Lernentwicklung in unterschiedlichen Bereichen stehen und welche nächsten Schritte sie gehen können, um ein höheres Niveau zu erreichen. Bildungsstandards erhöhen für Jugendliche und ihre Eltern die Transparenz über schulische Bildungsziele.

Transparenz über Bildungsziele und klare Kriterien für ihr Erreichen sind aus heutiger Sicht eine wichtige Voraussetzung für gelingende Lernprozesse. Das knüpft wiederum an das Konzept der Selbstregulation an: Während Jugendliche früher oft nicht verstanden haben, welches Leistungsniveau von ihnen erwartet wurde und nach welchen Kriterien Lehrer zu ihrem Notenurteil kamen, legen wir heute Bildungsziele und Bewertungskriterien offen. So kann ein Schüler mit Hilfe eines Kompetenzrasters auch selbst einschätzen, wo er gerade steht und welche Schritte beim Lernen vor ihm liegen. Laut der Meta-Analyse des neuseeländischen Wissenschaftlers John Hattie hat die Fähigkeit zur Selbsteinschätzung des eigenen Leistungsniveaus (Hattie 2014, S. 276) eine besonders positive Wirkung für erfolgreiche Lernprozesse. Schülerinnen und Schüler, die in der Lage sind, ihren eigenen Lernstand realistisch einzuschätzen, mit dem Erwartungshorizont abzugleichen und sich dann selbst Lernziele setzen, können besonders wirksam lernen.

Transparente Bildungsstandards und Bewertungskriterien erleichtern es, auch Eltern die Bildungswege ihrer Kinder besser zu verstehen und zu begleiten. Während reine Ziffernnoten für Mütter und Väter aufgrund des fehlenden Kontexts kaum zu interpretieren sind, ist es mit Hilfe der Bildungsstandards und der Kompetenzraster besser möglich, den Lernstand ihres Kindes im Vergleich zu den angestrebten Bildungszielen zu verstehen.

Neben der sozialen und der kriterialen Bezugsnorm existiert noch ein dritter Referenzrahmen für die schulische Leistungsbewertung: die *individuelle Bezugsnorm*. Die individuelle Bezugsnorm kommt zur Anwendung, wenn die Leistung eines Jugendlichen mit seiner eigenen Vorleistung zu einem früheren Zeitpunkt verglichen wird. Weil die individuelle Bezugsnorm eine positive Wirkung auf die Lernmotivation von Jugendlichen verspricht (vgl. Brunstein/Heckhausen 2010; Rheinberg 2014), setzen vor allem reformpädagogische Schulen wie die Waldorf-Schulen und die Jenaplan-Schulen traditionell auf diese Form der Rückmeldung. An vielen reformpädagogisch ausgerichteten Schulen erhalten Schülerinnen und Schüler statt Notenzeugnissen in regelmäßigen Abständen Lernberichte, in denen Lehrkräfte ihre individuelle Lernentwicklung in einem bestimmten Zeitraum ausführlich darstellen.

Wie sinnvoll die strategische Nutzung der individuellen Bezugsnorm an *allen* Schulen ist, zeigt das folgende Beispiel: Kazem, ein Schüler mit Fluchtbiographie in einer sechsten Klasse, macht im Diktat fast vierzig Fehler und erhält dafür die Note »ungenügend (6)«. Die Lehrerin entwickelt zusammen mit der Mutter eine abgestimmte Förderstrategie. Kazem arbeitet hart und ist in der Lage, seine Fehlerzahl innerhalb von wenigen Monaten um die Hälfte zu reduzieren. Diese Entwicklung ist ausgesprochen erfreulich, doch noch immer macht Kazem ca. 20 Fehler, und steht damit auf der Notenstufe »mangelhaft (5)«.

Nach der großen Anstrengung und dem erfreulichen Entwicklungsprozess wäre es fatal, Kazems Leistung ausschließlich mit einer Ziffernnote zu versehen, die die Information enthält, dass die Leistung »mangelhaft« ist. Die Anstrengungsbereitschaft des Schülers, seine erfolgreiche Selbstregulation, würde nicht angemessen belohnt und es könnte für ihn sogar der Eindruck entstehen, dass sich Leistung und Anstrengung in der Schule gar nicht lohnen. Auf der Grundlage der individuellen Bezugsnorm ist eine konstruktive Rückmeldung möglich: »Du hast dich angestrengt, und es ist dir gelungen, deine Fehlerzahl um die Hälfte zu reduzieren. Das ist eine großartige Leistung und wenn du so weiterarbeitest, wirst du bald deutlich weniger Schwierigkeiten mit der Rechtschreibung haben«, eine Botschaft, die Kazem einen Weg nach vorne aufzeigt und deutlich stärker zum Lernen motiviert als die Note 5.

Was macht eine Leistungsbewertung »fair«?

- Klare und rechtzeitig kommunizierte Termine und Fristen für Leistungen, die erbracht werden müssen
- Transparenz von Bewertungskriterien (z. B. in Form von Checklisten oder Kompetenzrastern)
- Aufteilung komplexer Aufgaben in überschaubare Einzelschritte
- Eine Vielfalt an Prüfungsformaten (schriftlich, mündlich, Einzelformate und Gruppenformate)
- Möglichkeit zur Wiederholung von Prüfungen als Anreiz für Verbesserung
- Separate Rückmeldung zu fachlichen Lernzielen einerseits und zum Arbeits- und Sozialverhalten andererseits

»Leistungsbewertung dient der Lernförderung« lautet der durch Forschung ausgelöste Paradigmenwechsel. Wenn wir das Lernen von Jugendlichen optimal fördern wollen, dann sollten wir Leistungsrückmeldung deutlich stärker als bisher strategisch ausrichten und dabei alle Bezugsnormen so kombinieren, dass Schülerinnen und Schüler jeweils eine sie in ihrem Lernen ermutigende und unterstützende Rückmeldung erhalten. Das ist heute keine reformpädagogische Kuschelpädagogik mehr, sondern die Konsequenz aus empirisch fundierten Studien zum Zusammenhang von Motivation und Leistungsbereitschaft (Boekaerts 2010; Wiliam 2010).

In der Leistungsrückmeldung ausschließlich auf die individuelle Bezugsnorm zu setzen, wie es einige reformpädagogische Schulen tun, halte ich nicht für eine zukunftsfeste Option. In der Welt außerhalb und nach der Schule existieren klare Leistungserwartungen. Arbeitgeber erwarten zu Recht Mitarbeiterinnen und Mitarbeiter, die fehlerfrei schreiben und gut rechnen können, die über ein gewisses Maß an Allgemeinbildung verfügen, die pünktlich sind und ihre Arbeiten sorgfältig erledigen. Unser demokratisches und marktwirtschaftlich organisiertes Gemeinwesen kann nur funktionieren, wenn die Bürgerinnen und Bürger »gesellschaftsfähig« sind, das bedeutet über ein bestimmtes Bildungsniveau verfügen, das es ihnen ermöglicht, politisch selbstbestimmt und ökonomisch eigenständig zu leben. Damit möglichst viele Heranwachsende dieses Bildungsniveau erreichen können, brauchen wir klare Bildungsstandards, die ein dem Leben in unserer Gesellschaft angemessenes Bildungsniveau formulieren. Auf dieser Grundlage können wir Jugendlichen altersangemessene Rückmeldung darüber geben, wo sie in ihrer Entwicklung stehen und welche Lernschritte sie selbst gehen können, um ein Bildungsniveau zu erreichen, das ihnen Türen zu einem guten Leben öffnen wird.

Die »soziale Bezugsnorm«, also der direkte Vergleich der Schülerinnen und Schüler in einer Bezugsgruppe verliert auch international an Bedeutung. Wir gehen heute davon aus, dass ein Vergleich von Menschen im pädagogischen Kontext fair sein sollte (Cooper 2011). Die Leistungen eines gesunden Jugendlichen mit denen eines Jugendlichen mit einer Behinderung zu vergleichen, ist nicht gerecht. Auch der Vergleich zwischen einem Jugendlichen aus einer Familie, in der er viel Unterstützung und Förderung erfahren hat, mit dem eines Jugendlichen, der familiäre Belastungen bewältigen muss und auf sich alleine gestellt ist, wäre kein fairer Vergleich. Hier ausschließlich die soziale Bezugsnorm anzuwenden, würde bedeuten, dass benachteiligte Jugendliche noch weiter benachteiligt würden. Die Bildungssoziologie nennt das nach einem Zitat aus der Bibel das »Matthäusprinzip«: »Wer hat, dem wird gegeben, und wer nicht hat, dem wird auch das noch genommen werden«.

Schule hat aber heute die Aufgabe, *alle* Jugendlichen in ihrem Lernprozess mental zu stärken und ihnen Mut und Freude auf Lernen zu machen. Angemessen ist daher ein strategischer Umgang mit den Bezugsnormen in der Leistungsrückmeldung. International kristallisiert sich immer stärker die Kombination aus kriterialer und individueller Bezugsnorm als wirksame Strategie heraus (Cooper 2011). In Rückmeldegesprächen und Zeugnissen erhalten die Jugendlichen Auskunft über ihren Lernstand in Relation zu altersangemessenen Bildungsstandards. So können sie sehen, welche Lernschritte sie erreicht haben und welche vor ihnen liegen. Zusätzlich enthalten die neuen Zeugnisse (für Beispiele siehe Cooper 2011) auch Feedback nach der individuellen Bezugsnorm: Wie hat sich der Jugendliche bezüglich seines Lernengagements, seiner Arbeitsorganisation und Selbstregulation und seiner Anstrengungsbereitschaft entwickelt? Wie gut arbeitet er im Team mit anderen? Zu welchem Grad ist er in der Lage, Rückmeldung aufzugreifen und für seine Entwicklung zu nutzen? Das sind nur einige Beispiele für das Feedback nach der individuellen Bezugsnorm.

Doch während kriteriale und individuelle Bezugsnorm deutlich an Bedeutung gewinnen, erfährt die soziale Bezugsnorm neue Aufmerksamkeit in der Förderung der in einem Bereich besonders leistungsstarken Jugendlichen. Menschen, die in einem Leistungsbereich besonders kompetent sind, suchen häufig den Wettbewerb, sei es im Sport, in der Wissenschaft oder in der Musik. Denn für die Leistungsstärksten bietet der Wettbewerb interessante Möglichkeiten. Der Vergleich mit anderen spornt sie zu Höchstleistungen an und fokussiert ihre Energie auf ein Ziel. Einem Sportler, der sich auf die Olympischen Spiele vorbereitet, verleiht das Ziel, eine Medaille zu gewinnen, viel Kraft und Konzentration für die Entwicklung seiner Leistung.

Wettbewerbe haben für die Leistungsstarken auch eine wichtige Rückmeldefunktion: Sie erhalten im unmittelbaren Vergleich mit anderen in ihrem Bereich kompetenten Jugendlichen wichtige Informationen über ihre Kompetenz und die Möglichkeiten, diese weiterzuentwickeln. Oft finden gerade besonders begabte und leistungsstarke Jugendliche auch Freunde unter denen, die ähnlich interessiert an einer Sache sind. Und nicht zuletzt bringt der Wettbewerb ihnen Sichtbarkeit: Wer einen Preis gewinnt, wird von anderen öffentlich wahrgenommen und erfährt dadurch die Anerkennung, dass seine Anstrengungen, die vielen Durststrecken und Rückschläge auf dem Weg zum Erfolg sich gelohnt haben.

Gute Schulen schaffen auch Raum für die soziale Bezugsnorm, vor allem da, wo es um die Spitzenförderung in bestimmten Domains geht. Hier sind die Schulentwicklungsmöglichkeiten noch längst nicht ausgeschöpft. Warum lassen wir nicht auch auf lokaler und regionaler Ebene Schülerinnen und Schüler unterschiedlicher Klassen und Schulen in Mathematik-, Koch-, Schreib- und Fremdsprachenwettbewerben gegeneinander antreten? Das muss nicht immer allein sein: Vor allem Wettkämpfe, in denen Teams von Schulen gegeneinander antreten, können zu Höchstleistungen motivieren. Nicht nur die im Bereich der Spitzengruppen stagnierenden PISA-Ergebnisse zeigen uns: Wir stehen vor der Herausforderung die Spitzenförderung in unserem System weiterzuentwickeln. Teamwettbewerbe zwischen Schulen in einer Stadt oder einer Region sind eine hervorragende Möglichkeit dazu: Als ich eine Schule in Ontario/Kanada besuchte, arbeiteten mehrere Teams an der Vorbereitung eines regionalen »Map-making-competition«. Es ging darum, eine möglichst genaue Kartierung eines Geländes in der Region durchzuführen und eine digitale Landkarte zu erstellen. Die Teams waren mit höchstem Eifer und viel Kreativität bei der Sache.

Gute Schulen gehen davon aus, dass jede/r Jugendliche lernen kann und sich entwickeln will, auch wenn Leistung für jeden Menschen anders aussieht. Unsere Gesellschaften sind heute stark ausdifferenziert und leben vom Pluralismus menschlicher Leistungen. Gute Schulen fördern eine Vielfalt an unterschiedlichen Leistungen und scheuen sich nicht davor, Leistungen ihrer Schülerinnen und Schüler öffentlich zu zeigen. Sie nutzen Leistungsbewertung vor allem als Maßnahme der Lernförderung und variieren dabei die Rückmeldung nach der kriterialen, der individuellen und der sozialen Bezugsnorm so, dass *alle* Jugendlichen – unabhängig von ihrer Herkunft und ihren Ausgangsbedingungen – die Freude an der eigenen Leistungsfähigkeit entdecken und Leistung als eine sehr individuelle Form ihrer Persönlichkeitsentwicklung wahrnehmen.

7. Prinzip: Gute Schulen ermöglichen Jugendlichen sowohl individuelles als auch kooperatives Lernen, sie verstehen Lernen als sozialen Prozess und organisieren eine Vielfalt an lernförderlichen Sozialsituationen

Lernen ist sowohl ein individueller als auch ein sozialer Prozess. In welchen Sozialformen Schüler lernten, hing in der Vergangenheit sehr stark von der einzelnen Lehrkraft ab. Während ein Teil der Lehrkräfte vor allem auf den Lehrervortrag und das sokratische Unterrichtsgespräch setze, organisierten andere Lehrkräfte systematisch Phasen des kooperativen Lernens in ihrem Unterricht. Heute wissen wir aus der Unterrichtsforschung, dass die Sozialformen des Unterrichts wenig aussagen über die Lernqualität. Ein gut vorbereiteter, schülerorientierter und interessanter »Frontalunterricht« kann für den Kompetenzaufbau ebenso wirksam sein, wie ein klar strukturierter und ergebnisorientierter Unterricht, der auf das kooperative Lernen setzt. Entscheidend für die Lernqualität in kognitiver Hinsicht sind nicht die Sozialformen des Unterrichts, sondern das Unterrichtsgeschehen, das man nicht auf den ersten Blick erkennen kann. Auf drei Faktoren kommt es an, damit Jugendliche in kognitiver Hinsicht wirksam lernen:

1. Ein klar strukturiertes *Classroom Management*, das den Rahmen setzt für die effektive Nutzung der Lernzeit und einen möglichst störungsfreien Unterricht. Ein professionelles Classroom Management ist sowohl im lehrerzentrierten sokratischen Unterrichtsgespräch notwendig als auch beim kooperativen Lernen.
2. Die *kognitive Aktivierung* möglichst vieler Schülerinnen und Schüler im Bezug auf den Unterrichtsgegenstand. Denken die Jugendlichen intensiv über das nach, worum es im Unterricht geht? Sind sie »bei der Sache«? Kognitive Aktivierung kann sowohl im lehrerzentrierten Unterrichtsgespräch als auch beim kooperativen Lernen gelingen. Es kommt darauf an, ob eine Lehrkraft kognitive Aktivierungsprozesse schülergerecht geplant hat und mit fachlicher Kompetenz und authentischem Interesse an der Sache anleitet.
3. Die *konstruktive Unterstützung* der Schülerinnen und Schüler. Erkennt die Lehrkraft, wer Fragen hat und Unterstützung braucht, und ist sie in der Lage, ihren Unterricht entsprechend adaptiv zu gestalten.

Was das kognitive Lernen angeht, spricht also vieles dafür, es den Lehrkräften zu überlassen, mit welchen Methoden und Sozialformen sie ihren Unterricht gestalten. Dennoch ist es in einer Schule, die den Anspruch erhebt, Jugendliche auf die Lebenswelt des 21. Jahrhunderts vorzubereiten, wichtig, auch die Sozialformen des Lernens ganz bewusst in den Blick zu nehmen und zu planen. Wir haben es bereits besprochen: Angetrieben von Digitalisierung, Automatisierung durch Roboter und anderen technologischen Umwälzungen des 21. Jahrhunderts, verändert sich die Arbeits- und Lebenswelt derzeit auf radikale Weise. Nach den manuellen Routinetätigkeiten werden nun auch kognitive Routinetätigkeiten von Menschen zunehmend durch technische Prozesse ersetzt.

Immer mehr Menschen arbeiten auf einem hohen kognitiven Niveau in analytischen und interaktiv gestalteten Arbeitsprozessen, in denen es auf gute Teamfähigkeit und kreatives Problemlösen ankommt. Diese analytischen und kreativen Arbeitsprozesse machen sich den virtuellen Wissenszugang der digitalen Gesellschaft zunutze, indem sie das Wissen der Welt nutzen, um neue Produkte zu entwickeln oder komplexe Probleme zu lösen. Kooperative Arbeitsprozesse gewinnen dabei stark an Bedeutung. Immer häufiger werden komplexe Leistungen dadurch möglich, dass Menschen mit unterschiedlichen Kompetenzprofilen ihr Know-How zusammenbringen, um ein Problem zu lösen. Die Arbeit in heterogenen Teams wird zur Normalität und erfordert eine ganze Bandbreite an sozialen und kommunikativen Kompetenzen.

Die Schule der Wissensgesellschaft des 21. Jahrhunderts muss sich daher deutlich unterscheiden von der der Industriegesellschaft des 19. und 20. Jahrhunderts. Das vernetzte Arbeiten von heute war in den 150 Jahren davor, als sich die moderne Schule mit dem Auftrag einer Grundbildung für alle entwickelte, weder erforderlich noch möglich. Es dominierten schulische Settings, in denen Schülerinnen und Schüler in Reihen saßen, den Kopf nach vorne auf die Lehrkraft gerichtet. Ganze Schülergenerationen durchliefen ihre Schulzeit, ohne auch nur ein einziges Mal im Team mit anderen an einem Projekt oder einer Problemlösung gearbeitet zu haben. Auch Hausaufgaben waren eine einsame Angelegenheit. Man erledigte sie alleine zuhause und hatte keine Möglichkeit sich mit Mitschülerinnen und Mitschülern darüber auszutauschen. Klassenarbeiten und Tests prüften die Leistungsfähigkeit jedes einzelnen Schülers. Situationen, in denen Schülerteams getestet wurden, waren selten und wenn überhaupt, eher in außerunterrichtlichen Settings, wie zum Beispiel dem Wettbewerb »Jugend forscht« zu finden. Sozialformen des individuellen Arbeitens dominierten ganz klar die Schule gegenüber Formen des kooperativen Arbeitens.

Dass diese innere Organisation der Schule nicht mehr zu den Herausforderungen des Arbeitens im 21. Jahrhundert passt, wird deutlich, wenn wir uns anschauen, wie Erwachsene heute arbeiten: Wenn sie Informationen benötigen, um eine Frage zu klären oder ein Problem zu lösen, nutzen sie natürlich das Internet. Immer häufiger lassen sich Aufgaben im Beruf nur noch dann lösen, wenn Menschen mit unterschiedlichen Kompetenzen dabei professionell zusammenarbeiten. Der Zugang zum Wissen der Welt und die Kooperation in der Bearbeitung von komplexen Aufgaben haben sich längst zur Norm in Arbeitsprozessen entwickelt.

Diese Veränderung greift auch die OECD auf: In der PISA-Erhebung von 2015 testete die internationale Schülerleistungsstudie erstmals »Problemlösen im Team«. Nicht mehr die Einzelleistung der Jugendlichen stand dabei im Fokus, sondern ihre Fähigkeit, ihr Wissen gemeinsam zu nutzen, um eine mehrstufige und komplexe Aufgabe zu lösen. Getestet werden dabei natürlich auch die Schulsysteme: Inwiefern bereiten sie Schülerinnen und Schüler auf die neue Arbeitswelt des 21. Jahrhunderts vor: Erhalten Jugendliche Gelegenheit, ihre Kompetenzen komplementär zusammenzubringen, um Probleme zu lösen? Erlernen sie die meta-kognitiven und sozialen Kompetenzen, von denen in solchen Arbeitsprozessen oft der Erfolg abhängt: Offenheit für die Ideen anderer, Empathiefähigkeit, wirksame Kommunikation und Frustrationstoleranz angesichts der Tatsache, dass gemeinsame Arbeitsprozesse oft komplexer sind als solche, die man alleine kontrollieren kann.

Was bedeuten die Veränderungen der Arbeitsformen in der Wissensgesellschaft für Schulen? Sicher implizieren die tiefgreifenden Veränderungen in den Arbeitsformen der Gegenwart, dass die Schule ein Ort ist, an dem Jugendliche nicht nur mit Bezug auf das Weltwissen, sondern auch im Hinblick auf ihre Handlungskompetenz in der Welt sozialisiert werden: Sie sollen in der Schule einen Raum finden, der ihnen relevant und bedeutsam erscheint in Relation zu den Herausforderungen der Welt, in der sie leben. Der Reformpädagoge Reinhard Kahl spricht von der »Vorfreude auf sich selbst«, wenn er die Bedeutung des Lernens umreißt. Angesichts der gewaltigen Transformationsprozesse, die die Digitalisierung in unserem Zeitalter auslöst, ist es das Recht der

Jugendlichen, die Arbeitsformen kennenzulernen und zu erproben, die ihnen im 21. Jahrhundert Sinn und Perspektive sowohl in persönlicher als auch in ökonomischer Hinsicht bieten werden.

Viele Bereiche der Arbeitswelt wird die jetzt heranwachsende Generation selbst erfinden müssen. Um aktive Gestalter und nicht passive Opfer des Transformationsprozesses in Wirtschaft und Gesellschaft sein zu können, müssen die Jugendlichen von heute in die Lage versetzt werden, das Neue bereits in der Schule zu erfahren. Die Schule der Industriegesellschaft wird sie nicht angemessen auf die Herausforderungen der Wissensgesellschaft vorbereiten können.

Das bedeutet keineswegs, dass alles, was war, obsolet geworden ist. Es ist weniger der Wissenskanon als vielmehr die Art und Weise, wie wir damit arbeiten, die sich verändert. Noch immer lohnt es sich, den Faust von Goethe zu lesen, noch immer ist es wichtig zu verstehen, was genau ein Säugetier in der Biologie, die Barockmusik in der Musik oder die Beschleunigung in der Physik ausmacht. Doch auf das Wissen folgt jetzt ein nächster Schritt: die analytische und kreative Arbeit mit diesem Wissen. Während für die allermeisten Menschen in der Industriegesellschaft Wissen ein Schmuck war und nur die wenigsten Berufe eine breite Bildung tatsächlich erforderten, so wird das Wissen nun zum Rohstoff, mit dem immer mehr Menschen in ihren Berufen Tag für Tag arbeiten. Aus dem Fließbandarbeiter, der für sich alleine wenige Handgriffe tätigte, ist ein Wissensarbeiter geworden, der gemeinsam mit anderen Informationen aufgreift und analytisch oder kreativ weiterverarbeitet. Und so wird die Schule des 21. Jahrhunderts ein Ort werden, an dem Jugendliche ein Puppentheater zu Goethes Faust schreiben und aufführen, in einem Forschungsprojekt herausfinden, wie unterschiedliche Säugetiere an ihre Lebenswelt angepasst sind, die Barockmusik einer Gruppe von Grundschülern auf kreative Weise nahebringen oder ein selbst gebautes Fahrzeug mit einem Gummiband beschleunigen und die Beschleunigung messen und am Computer simulieren. In diesen Prozessen arbeiten sie in kleinen Teams zusammen und lassen ihre analytischen und kreativen Fähigkeiten komplementär zusammenwirken.

Die richtige Mischung an Sozialformen ist also für das Lernen im 21. Jahrhundert sehr wohl von Bedeutung. Nur wenn die Schule eine zeitgemäße Balance findet zwischen alleine lernen und mit anderen zusammen kooperativ und projektorientiert lernen, wird sie Jugendlichen relevant erscheinen. Die Heranwachsenden wissen oder spüren sehr wohl, dass es auf ihre Generation bei der Gestaltung einer menschenfreundlichen Lebens- und Arbeitswelt im 21. Jahrhundert ankommen wird. Sie werden sich selbst erfinden müssen. Am besten wird das gelingen, wenn bereits die Schule den Raum dafür bietet.

8. Prinzip: Gute Schulen vernetzen Wissensgebiete und schaffen Bezüge zur Lebenswelt von Jugendlichen

In der vernetzten Lebenswelt des 21. Jahrhundert scheint ein Lernen, das isoliert hinter den Mauern der Schule stattfindet, farblos und blass. Schon vor der Jahrtausendwende zum 21. Jahrhundert fingen Schulen daher an sich zu öffnen und sowohl die Lebenswelt in den Unterricht zu holen als auch das Schulgebäude zu verlassen, um Lernräume in die Welt draußen zu erweitern. Gerade Jugendliche, deren Entwicklungsaufgabe es ja ist, ihren eigenen Weg in der Gesellschaft zu suchen, bietet die Vernetzung von Wissensgebieten und die Öffnung der Schule in die Lebenswelt Gelegenheitsstrukturen zur Entwicklung einer eigenen stabilen Identität.

Vorreiter in der Vernetzung von Domains zu komplexen interdisziplinären Fragestellungen ist das finnische Schulsystem. Zum Schuljahr 2016/2017 führt Finnland den sogenannten »Phänomen-Unterricht« (engl. phenomenon-based learning) verpflichtend für alle Schülerinnen und Schüler zwischen 7 und 16 Jahren ein. Dabei werden nicht die traditionellen Schulfächer abgeschafft, wie teilweise in den Medien kolportiert wurde, aber es entstehen komplementär zum klassischen Fachunterricht neue Zeitfenster für fächerübergreifenden Unterricht in Projektform. Eija Kauppinen von der nationalen Schulentwicklungsbehörde begründet das so: »Die Welt um uns herum verändert sich und ich denke, dass diese Veränderungen auch das Leben und das Lernumfeld der Schüler betreffen. Wir müssen also darüber nachdenken, welches Wissen und welche Fähigkeiten sie in Zukunft benötigen« (Kauppinen 2017). Die für das Curriculum Verantwortlichen in Finnland, einem Land, das für seine zukunftsorientierte Bildungspolitik bekannt ist, haben sich darüber verständigt, dass es für diese neuen Formen des Lernens verbindliche Rahmensetzungen geben muss.

In einer zunehmend komplexen Welt gehe es mehr und mehr darum, »Zusammenhänge zu erkennen, Phänomene eben, und nicht nur deren isolierte Einzelaspekte«. Themen wie »der Klimawandel« werden jetzt aus Sicht der Geographie, Biologie, Physik, Mathematik und Wirtschaft untersucht. »Die Europäische Union« führt Fächer wie Geschichte, Geographie, Englisch, Spanisch, Politik und Wirtschaft an einem gemeinsamen Gegenstand zusammen. Es geht darum, zusätzlich zu den rein fachlichen Perspektiven einen Raum zu schaffen, in dem komplexe Zusammenhänge und Wechselwirkungen projektorientiert erschlossen und verstanden werden können. In der Gestaltung der Fenster für den Phänomen-Unterricht und in der Wahl der interdisziplinären Fragestellungen haben die Schulen gewisse Freiheiten erhalten. Es geht auch darum, die professionelle Kooperation unter verschiedenen Lehrkräften zu stärken, die eng zusammenarbeiten müssen, damit der Phänomenunterricht zu einem Erfolg wird.

Noch liegen keine Evaluationsergebnisse vor, doch Erkenntnisse der Jugendforschung lassen hoffen, dass das neue Unterrichtskonzept zu einem Erfolg wird: Es ist ein Bedürfnis der Jugendphase, die in der Welt wahrgenommene Komplexität (die Kinder so noch nicht wahrnehmen und Erwachsene oft einfach hinnehmen), gerade auch im Hinblick auf die daraus resultierenden moralischen Fragen, zu durchdringen und zur eigenen Identität in Beziehung zu setzen. Die Möglichkeit, sich der Komplexität von Themen wie dem Nahostkonflikt, dem Klimawandel oder der europäischen Integration im strukturierten Rahmen der Schule zu stellen, ermöglicht es Jugendlichen, persönlich bedeutsame Fragen zu klären und eigene Positionen zu entwickeln, die dann auch zur Identitätsstärkung beitragen.

Auch in Deutschland gibt es bereits gute Beispiele für die Verankerung des projektorientierten Lernens im Schulprogramm und Curriculum einer Schule. So arbeiten Schülerinnen und Schüler der Evangelischen Schule Berlin-Zentrum in den Klassen 7 und 8 einen Tag in der Woche im sogenannten »Projekt Verantwortung«. Von der Schule begleitet, suchen sie sich eine Aufgabe im Gemeinwesen, für die sie sich wöchentlich engagieren. In den Klassen 8 bis 10 steht dann das »Projekt Herausforderung« auf dem Programm. Die Schülerinnen und Schüler müssen eine selbst gewählte »Herausforderung« bewältigen, die sie für einen Zeitraum von drei Wochen aus der Schule herausführt. Unter »Herausforderung« versteht die Schule ein anspruchsvolles Projekt, das die Jugendlichen meist in Teams realisieren.

Bei einer öffentlichen Präsentation ihrer Projektidee erhalten sie formatives Feedback und bei Machbarkeit des Projekts grünes Licht für ihr Vorhaben. Die Herausforderungen werden sie dann weitestgehend selbständig, also ohne die Begleitung ihrer Lehrkräfte bewältigen müssen. Das ist Kern der Idee: Lediglich bei den Gruppen, die auf Reise gehen, kommt ein Studierender mit, der ein Auge auf die Gruppe hat, ihnen aber weder die Arbeit noch das Problemlösen unterwegs abnimmt.

Die Vielfalt der Projekte spiegelt die Interessen der Schülerinnen und Schüler wider: Eine Band formiert sich und plant eine CD-Aufnahme, eine Schülergruppe plant eine Fahrradtour von Dresden nach Hamburg an der Elbe entlang. Andere Schülergruppen drehen Filme oder gründen Schülerfirmen. Eine Gruppe Achtklässlerinnen reist zur Oma einer der Schülerinnen in die Uckermark, wo sie mit Hilfe der alten Dame nähen lernen und sich selber in drei Wochen eine beeindruckende Mode-Kollektion »Coco Chanel« nähen. In ihren selbstgefertigten Kleidern fotografieren sie sich in ländlicher Idylle. Die Bilder, die den Aufnahmen in Modezeitschriften in nichts nachstehen, werden zusammen mit den Kleidern nach den drei Wochen bei der Projektmesse in der Berliner Schule der interessierten Schulöffentlichkeit präsentiert. Dort kommen alle Jugendlichen nach den drei Wochen wieder zusammen und stellen ihre Herausforderung und Erfahrungen vor. Strahlend berichten die Jugendlichen von »ihren« Projekten und man merkt, dass sie mental ein paar Zentimeter gewachsen sind in den drei Wochen »Projekt Herausforderung«.

Einen passenden Rahmen für komplexe Lernprozesse, die die Schule mit der Lebenswelt vernetzten und Jugendliche vor authentische Herausforderungen stellt, bietet das »Lernen durch Engagement«. Es handelt sich um einen unter dem Namen »Service Learning« in Nordamerika entwickelter pädagogischer Ansatz, bei dem kompetenzorientiertes Lernen im Kontext eines gemeinnützigen Engagement-Projekts realisiert wird.

Zwei Bamberger Traditionsgymnasien, das Franz-Ludwig-Gymnasium und das Kaiser-Heinrich-Gymnasium, nutzen das »Lernen durch Engagement« zur kognitiven Aktivierung und Kompetenzentwicklung ihrer Schüler. Jedes der beiden Gymnasien hat dabei ein eigenes Profil entwickelt: Das Franz-Ludwig-Gymnasium führt Projekte in Kooperation mit der Lebenshilfe-Werkstatt, eine berufsfördernde Einrichtung für behinderte Erwachsene durch, das Kaiser-Heinrich-Gymnasium engagiert sich in Projekten für den Denkmalschutz in der Stadt Bamberg.

An beiden Schulen sind die Projekte curricular verankert. Fast alle Jugendlichen an den beiden Schulen lernen zu einem Zeitpunkt ihrer Lernbiographie in den Lernsettings der gemeinnützigen Projekte. Die Beispiele zeigen, wie vielfältig und authentisch die durch die Projekte generierten Lernaufgaben sind: Schüler des Franz-Ludwig-Gymnasiums machen im Deutschunterricht Presse- und Öffentlichkeitsarbeit für die Lebenshilfe. Schüler haben die Webseite der Lebenshilfe samt online-Einkaufsfunktion programmiert. Es gibt Sport- und Musikprojekte, in denen die Schüler des Gymnasiums mit den behinderten Erwachsenen aus der Lebenshilfe-Werkstatt zusammen aktiv sind.

Am Kaiser-Heinrich-Gymnasium bieten Schülerinnen und Schüler für internationale Touristen denkmalschutzorientierte Stadtführungen in englischer, französischer und spanischer Sprache durch die Bamberger Altstadt an. Ganze Bücher zum Denkmalschutz in Bamberg wurden von Schülergruppen geschrieben, gestaltet und herausgegeben. In Patenprojekten für bestimmte Denkmäler haben die Schüler durch Fundraising (z. B. bei Konzerten und durch Schülerfirmen) weit über 300 000 Euro für den Denkmalschutz in Bamberg gesammelt und investiert.

Vernetztes und projektorientiertes Lernen, das die Unterrichtsfächer untereinander oder die Schule mit der Lebenswelt verbindet, passt perfekt zu den Entwicklungsbedürfnissen der Lebensphase Jugend. Angesichts des radikalen Umbaus des jugendlichen Gehirns hin zur Eigenverantwortung und Selbstregulation bieten genau solche Projekte Heranwachsenden entwicklungsadäquate Herausforderungen. Durch die hohe Komplexität fächerverbindender und lebensweltorientierter Projekte wird die erhebliche Plastizität des jugendlichen Gehirns angemessen genutzt. Es spricht aus wissenschaftlicher Sicht viel für die Annahme, dass riskantes Verhalten im Jugendalter in herausfordernden Lernprojekten zum Positiven hin kanalisiert werden kann. Anders als der kleinteilig von der Lehrkraft vorgeplante Unterricht, finden Jugendliche in projektorientierten Lernformen Freiräume, in denen sie positive Entwicklungsrisiken eingehen und ihre Selbstregulation graduell ausweiten können.

Deep Learning: Eine Pädagogik des Wissens und Könnens für die Jugendphase

Das Jugendalter gilt als Übergangsphase, deren Ziel es ist, aus dem Kind einen jungen Erwachsenen mit einer stabilen eigenen Identität zu machen, um die vielfältigen Entwicklungsaufgaben des Erwachsenenalters erfolgreich zu meistern.

Die Komplexität der Entwicklungsaufgaben ist in der digital vernetzten und globalisierten Welt des 21. Jahrhunderts gestiegen. Möglichkeitsspielräume und Freiheitsgrade haben sich für Jugendliche deutlich erweitert. Doch diese Entwicklung ist ambivalent: Denn mit dem Mehr an Freiheit und an Möglichkeiten wächst auch der Zwang, auswählen zu müssen in der Vielfalt der Identitätsangebote. Unübersichtlichkeit und Entgrenzung, der schnelle Wandel der Berufsprofile und Kompetenzanforderungen in der digitalisierten Gesellschaft stellen Jugendliche heute vor Herausforderungen, die keine Generation vor ihr erlebt hat.

Wer sich der Freiheit stellt, die unsere offene Gesellschaft Jugendlichen durch ein breites Bildungsangebot ermöglicht, und sie durch eigene Ideen und Vorhaben gestalten kann, ist deutlich im Vorteil. Längst reicht es nicht mehr aus, wenn Schulen ausschließlich Wissen vermitteln. Stabile Identitätsbildungen in Beruf und Freizeit hängen davon ab, ob Jugendliche ihr Wissen nutzen können. Was sie mit ihrem Wissen anzufangen wissen, entscheidet in einer Zeit, in der viele Berufsbilder neu erfunden werden, über Perspektiven und Chancen im Leben.

Für Jugendliche wird es angesichts der Vielzahl an Möglichkeiten und der damit verbundenen Unsicherheit wichtiger, rationale Entscheidungen treffen zu können und unter den zahlreichen möglichen Lebensentwürfen den passenden für sich auszuwählen (Kegan 2003). Der Arbeitsmarkt fordert neuartige Kompetenzen, die heute häufig als 21st century skills bezeichnet werden (Dede 2011, Pellegrino et. al. 2012, Ravitz et. al. 2012). Im beruflichen Kontext des 21. Jahrhunderts wird vor allem gefordert, dass junge Erwachsene mit offenen Problemstellungen kritisch und kreativ umgehen können und im Team mit anderen, auch in heterogenen Gruppen, Problemlösungen erarbeiten (Mehta/Fine 2015).

Es wäre geradezu fahrlässig, die technischen und gesellschaftlichen Umwälzungen bei der Gestaltung von Bildungsprozessen nicht zu berücksichtigen. Wissen ist dabei vielleicht wichtiger denn je.

Wer in der unübersichtlichen Welt der digitalen Postmoderne etwas finden möchte, muss wissen wonach er sucht. Ohne Vorwissen nützt es Jugendlichen nichts, dass das Wissen der Welt nur einen Mausklick entfernt ist.

In der Zukunft werden viele Menschen Wissensarbeiter sein. Sie nutzen das verfügbare Wissen, um damit Probleme zu lösen (wie Wissenschaftler, die gemeinsam einen neuen Impfstoff entwickelt) oder kreativ zu arbeiten (wie ein Team von Köchen, das neue Gerichte sucht, erprobt und weiterentwickelt). Nicht nur in der akademischen, auch in der beruflichen Bildung ist Wissen der Rohstoff des 21. Jahrhunderts, den es mit hochentwickelten Kompetenzen zu verarbeiten gilt. Auch wenn die Verfechter eines tradierten Schulmodells es noch immer versuchen: Es ist nicht mehr sinnvoll Wissen und Kompetenzen gegeneinander auszuspielen. Die Schule des 21. Jahrhunderts braucht beides in gleichem Maße: Wissen und Wissensvermittlung auf hohem Niveau, aber ebenso die aktive Anwendung des Wissens in unterschiedlichen Handlungskompetenzen.

Wissen im 21. Jahrhundert (nach Anderson und Krathwohl 2001)

Deklaratives Wissen (knowing what) bezieht sich auf das Wissen über Sachverhalte, wie zum Beispiel Fakten und Begriffe. Der Erwerb findet durch Vermittlung statt. In der Regel kann deklaratives Wissen relativ einfach sprachlich wiedergegeben werden (z. B. »Wasser ist eine Flüssigkeit«).

Prozedurales Wissen (knowing how) muss immer auf das schon bereits vorhandene deklarative Wissen zurückgreifen. Prozedurales Wissen ist daher das praktisch nutzbare Wissen, welches oft in Gestalt unbewusster Verarbeitungsroutinen auftritt. Das prozedurale Wissen lässt sich in Lernprozesse und Anwendungsprozesse unterteilen.

Konzeptuelles Wissen ist vielfach vernetztes Begriffswissen und kann sowohl verbalisiert als auch implizit vorliegen. Konzeptuelles Wissen ist domänenspezifisch und wird in Form von Klassifikationen, Prinzipien, Kategorien, Modellen oder Schemata sichtbar.

Metakognitives Wissen ist Wissen über die eigenen Kognitionen (eigene Lernziele, Lerngewohnheiten usw.) und die Fähigkeit, den eigenen Lernprozess zu steuern (Monitoringstrategien) sowie Informationsverarbeitungsstrategien und Problemlösestrategien gezielt anwenden zu können. Man bezeichnet es auch als strategisches Wissen.

Die bisherigen Analysen in diesem Buch haben gezeigt: Gerade das Jugendalter bietet hervorragende Möglichkeiten zu dieser Art des Lernens. Jugendliche wollen keine passiven Wissensempfänger sein, die nach Art des »Bulimie-Lernens« Wissen aufnehmen, auswendig lernen und punktuell in Tests und Klassenarbeiten wieder »ausspucken«. Jugendliche suchen Herausforderung und Risiko, sie wollen Neues erproben und dabei auch die Grenzen ihres Könnens austesten. Es geht ihnen darum auszuprobieren, was in ihnen steckt und zu welcher Persönlichkeit sie sich entwickeln können, ganz im Sinne von Pindars »Werde, der du bist« (Thummer 1972, S. 293).

Genau diese Art von Lernen verspricht das in den letzten Jahren vor allem in Nordamerika entwickelte Deep Learning. Das Deep Learning ist ein Lernen für das 21. Jahrhundert in dem Sinne, in dem es Wissen einerseits und Kompetenzentwicklung andererseits als gleichermaßen wichtige und komplementäre Bestandteile eines zeitgemäßen Lernens erkennt. Deep Learning bedeutet zentrale Wissenskonzepte nicht an der Oberfläche, sondern tiefgreifend zu durchdringen und zu verstehen.

Beim Deep Learning folgt auf eine Phase der anspruchsvollen Wissensvermittlung (auch durch die direkte Instruktion) eine Phase der ko-konstruktiven Verarbeitung des Wissens. Kritisches Denken, das Lösen von komplexen Problemen, Teamwork und kreatives Arbeiten stehen dabei im Vordergrund (Gonring/Ramsey 2016).

Was ist Deep Learning?
Unter dem Begriff des Deep Learning versteht man Lernprozesse, in denen Schülerinnen und Schüler Wissen anhand von zentralen Konzepten kennenlernen und dann mit diesem Wissen prozesshaft so arbeiten, dass sie dabei eine Reihe unterschiedlicher Kompetenzen üben und sich diese aneignen können (Pellegrino et. al. 2012, S. 5). Bei der Frage, wie die Jugendlichen das Wissen verarbeiten, können sie ko-konstruktiv eigene Entscheidungen treffen. In der Phase der Arbeit mit dem Wissen kommen unterschiedliche Kompetenzen zur Anwendung, so zum Beispiel das Recherchieren und Analysieren, das kritische Denken, die kreative oder analytische Verarbeitung und Wissenspräsentation. Deep Learning fördert dadurch nicht nur den Wissenserwerb, sondern auch praktische Handlungskompetenzen, die Jugendliche ihre Selbstwirksamkeit erleben lassen und sie in ihrer Persönlichkeit stärken (Hewlett Foundation 2013, S. 1). Deep Learning findet also statt im Überschneidungsbereich vom Beherrschen fachlicher intellektueller Fähigkeiten (Mastery), in der kreativen Anwendung dieser fachlichen Fähigkeiten durch unterschiedliche Kompetenzen (Creativity) und in der Art und Weise, wie die individuelle Lernbiographie und die Interessen eines Jugendlichen sein vertiefendes Verständnis verstärken können (Identity) (Mehta/Fine 2015, S. 4).

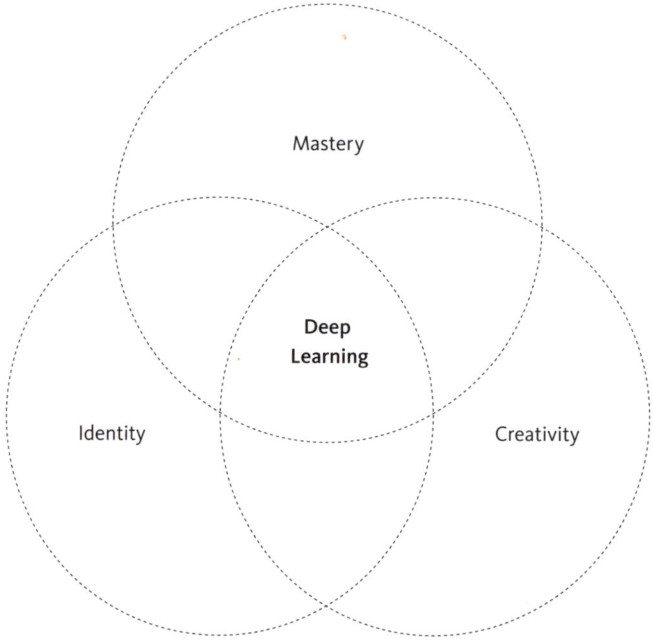

Abb. 6: Mastery, Identitätsstärkung und Kreativitätsförderung im Deep Learning

Deep Learning ist ein hervorragendes Unterrichtskonzept für Jugendliche, weil es den vermeintlich langweiligen »Schulstoff« durch die projekt- und problemorientierte Arbeit mit dem Wissen zum Leben erweckt. Aus trägem Wissen, das man für eine Arbeit lernen muss, wird beim Deep Learning lebendiges Wissen, das die Jugendlichen analytisch und kreativ verarbeiten. Da die Arbeitsphasen bei diesem didaktischen Ansatz grundsätzlich ko-konstruktiv angelegt sind, können Jugendliche mitentscheiden, wie sie mit dem Wissen arbeiten wollen.

Damit dieser Lernprozess gelingt, müssen Lehrkräfte den Unterricht sehr gut vorbereiten und dabei nicht nur den Aufbau vernetzter kognitiver Strukturen durch die direkte Instruktion planen, sondern auch die Handlungskompetenzen in den Blick nehmen, die die Jugendlichen sich im Prozess der Arbeitsphase aneignen können. Die Forschungsgruppe um Barbara Chow strukturierte diese Kompetenzen in sechs Bereichen, die den theoretischen Rahmen des Deep-Learning-Konzeptes bilden und für die praktische Planung eines für Jugendliche interessanten Unterrichts von Bedeutung sind (Chow 2010; Hewlett Foundation 2013).

Die Kompetenzbereiche unterstützen nicht nur die Unterrichtsplanung, sondern auch die Kompetenzdiagnostik. Die Kompetenzen der sechs Bereiche stärken Jugendliche sowohl in ihrer kognitiven Entwicklung als auch in den Haltungen und Fähigkeiten, die es ihnen ermöglichen werden, nach der Schulzeit wichtige Entscheidungen bezüglich der eigenen Identität zu treffen und die Herausforderungen einer Ausbildung oder Hochschulbildung erfolgreich zu bewältigen (Helle et al. 2006; Ramsden 2003). Ziel ist, dass die Jugendlichen bis zu ihrem Schulabschluss die in Abbildung 7 dargestellten Kompetenzen entwickelt haben, um bei den ersten selbständigen Schritten außerhalb der Schule darauf zugreifen zu können.

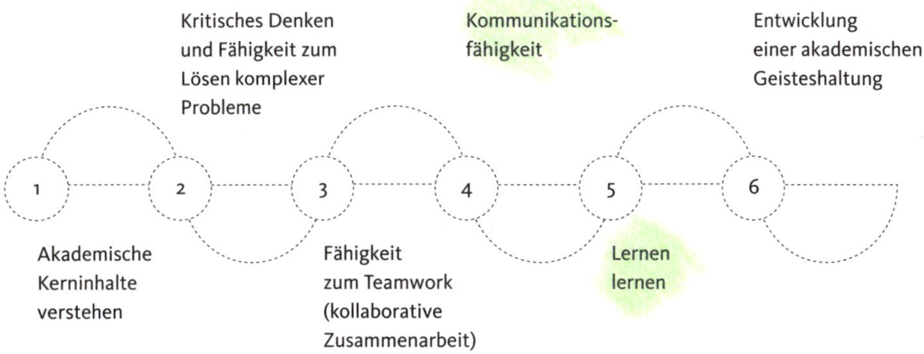

Abb. 7: Kompetenzbereiche des Deep Learning

Sechs Kompetenzbereiche von Deep Learning

Die folgenden sechs Kompetenzen verstärken sich gegenseitig und fördern Deep Learning (Chow 2010; Hewlett Foundation 2013, S. 2-4).

1. Fachliche Kerninhalte verstehen

Das Beherrschen der Fachlichkeit bildet die Grundlage von Deep Learning. Jugendliche sollen dabei zentrale Konzepte und Inhalte des fachlichen Lernens beherrschen. Die fachliche Kompetenz ist eine Voraussetzung dafür, dass Schülerinnen und Schüler mit Wissen arbeiten können. Solides fachliches Wissen ist auch unabdingbar für die

Bearbeitung interdisziplinärer Fragestellungen, wie dem an finnischen Schulen praktizierten Phänomen-orientierten Lernen (Phenomenal Education 2017). Ob ein fachliches Verstehen erreicht wurde, kann anhand der folgenden Kriterien nachvollzogen werden:

Jugendliche

- verstehen die Schlüsselkonzepte eines Faches und können neue Informationen thematisch einordnen.
- sind in der Lage, fachlich bedeutsame Fakten wiederzugeben, und haben diese verinnerlicht.
- verfügen über prozedurales Wissen im Fach und wissen demzufolge, wie bestimmte Aufgaben zu lösen sind.
- sind darüber informiert, wie Fachexperten (z. B. Naturwissenschaftler) das betreffende Problem lösen würden.
- kennen und nutzen zentrale Begriffe der Fachsprache.
- kennen fachliche Theorien und können diese anwenden.
- haben Freude daran, ihr fachliches Wissen auf kreative und ungewohnte Weise anzuwenden.
- können fachliches Wissen, Prozesse und Theorien auf reale Probleme anwenden.

2. Kritisches Denken und die Fähigkeit zum Lösen komplexer Probleme

Die Jugendlichen sollen in die Lage versetzt werden, Strategien und Methoden, die sie im Fachunterricht erlernen, zum Erkennen und Lösen von Problemen einzusetzen. Dazu sollen die Schülerinnen und Schüler lernen ganz unterschiedliche Informationsquellen (z. B. einen Zeitungstext, ein Diagramm, eine Infographik, eine Landkarte) zu analysieren, korrekt zu interpretieren und kritisch zu hinterfragen. Zur Lösung von Problemen sind zusätzlich noch komplexere Fähigkeiten wie Kreativität, Querdenken und Beharrlichkeit bzw. Ausdauer notwendig. Ob die Jugendlichen diese Ziele sukzessive erreichen, lässt sich anhand der folgenden Merkmale erkennen:

Jugendliche

- können die Strategien und Methoden, die sie im Fachunterricht kennengelernt haben, effektiv anwenden.
- können Probleme benennen und dazu passende Hypothesen formulieren.
- können sich einen Überblick darüber verschaffen, welche Informationen sie benötigen, um ein bestimmtes Problem bzw. eine Aufgabe zu lösen.
- können verschiedene Informationsquellen miteinander in Verbindung bringen und kritisch hinterfragen.
- können ihren Problemlöseprozess kritisch beobachten und gegebenenfalls an neue Sachverhalte und Informationen anpassen.
- können nachvollziehbare Argumente vorbringen, die ihre Hypothesen unterstützen.
- haben die Ausdauer und Frustrationstoleranz, auch längerfristig an der Lösung eines komplexen Problems zu arbeiten und Durststrecken konstruktiv zu bewältigen.

3. Fähigkeit zur Zusammenarbeit in Teams

Schüler, die ergebnisorientiert im Team arbeiten können, schaffen es, komplexe Projekte und Problemlösungen auf die Beine zu stellen und Termine einzuhalten. Diese Kompetenz kann man anhand der folgenden Indikatoren erkennen:

Die Jugendlichen

- können konstruktiv zusammenarbeiten, um gemeinsam einen Arbeitsauftrag zu Ende zu bringen.
- begreifen sich als Teil eines Teams und können Ziele aus der Perspektive der Gruppe formulieren.
- können mit ihrem Team die Lösung einer Aufgabe planen und dabei erkennen, welche Ressourcen benötigt werden, um das Gruppenziel zu erreichen.
- sind in der Lage, die unterschiedlichen Perspektiven und Kompetenzen aller Gruppenmitglieder einzubeziehen, um ihr Gruppenziel zu erreichen.
- können Konflikte im Team durch Perspektivenwechsel und konstruktive Gespräche lösen.

4. Fähigkeit zur effektiven Kommunikation

Kommunikationsfähigkeit ist ein Schlüssel zum Bearbeiten von komplexen Projekten und Problemlösungen in Teams. Die Kompetenzen der Schüler spiegeln sich in diesen Indikatoren wider:

Jugendliche

- können komplexe Inhalte schriftlich aufbereiten und mündlich präsentieren.
- können vielschichtige Informationen in eine sinnvolle Struktur bringen.
- können die Ideen und das Feedback anderer Personen aufgreifen und zur Weiterentwicklung der Arbeit nutzen.
- können anderen Jugendlichen ein angemessen formuliertes und faires Feedback geben.
- verstehen, dass die Herstellung eines hochwertigen Endprodukts fast immer erfordert, dass Konzepte und Vorarbeiten kritisch hinterfragt, überarbeitet und ggfs. verworfen werden.
- können ihre Kommunikationsweise adressatengerecht an ihre Zuhörerschaft anpassen.

5. Lernen lernen

Das Deep Learning ist ein anspruchsvoller Ansatz, der Jugendlichen die Möglichkeit gibt, altersangemessen mehr Eigenverantwortung für ihr Lernen zu übernehmen, als das im traditionellen Unterricht möglich ist. Dafür ist es unabdingbar, dass die Schülerinnen und Schüler lernen ihren eigenen Lernprozess zu beobachten und zu steuern. Ob dies gelingt, lässt sich anhand der folgenden Indikatoren nachvollziehen:

Jugendliche

- setzen sich konkrete Ziele im Rahmen ihrer Lernaufgabe und überwachen ihren Fortschritt, um ihre Lernaktivitäten gegebenenfalls so zu verändern, dass sie ihre Ziele erreichen können.
- kennen zur Aufgabe passende Lernstrategien und können diese anwenden.
- können ihre Schwierigkeiten benennen, sich Unterstützung suchen und passende Strategien anwenden, die dennoch zur Zielerreichung führen.
- können eigenständig arbeiten, fragen jedoch um Hilfe, sofern sie diese benötigen.
- reflektieren ihre Lernerfahrungen und ziehen Rückschlüsse daraus für zukünftige Lernprozesse.
- sind sich ihrer individuellen Stärken und Schwächen bewusst und sehen deshalb ein, dass es notwendig ist, in manchen Bereichen größere Lernanstrengungen zu unternehmen.
- nutzen Feedback bei Misserfolgen, um sich zukünftig zu verbessern.
- sind in der Lage, Belohnungen aufzuschieben, sich nach einer Ablenkung wieder zu konzentrieren, längerfristig an einer Sache dranzubleiben, auch wenn die Arbeit schwierig erscheint.
- sind offen für neue und ungewohnte Lernwege, um schwierige Inhalte zu verstehen oder anspruchsvolle Aufgaben zu lösen.

6. Entwicklung einer lernorientierten Haltung
Die Entwicklung von Haltungen ist für Außenstehende sicherlich am schwierigsten zu erfassen. Mit einer lernorientierten Haltung ist gemeint, dass die Schülerinnen und Schüler eine positive Einstellung bezüglich ihrer Selbstwirksamkeit als Lernende entwickeln, die ihnen dann zu der Motivation verhilft, sich im Lernen zu engagieren. Konkreter bedeutet dies:

Die Jugendlichen

- fühlen sich der Lerngemeinschaft emotional zugehörig.
- vertrauen auf ihre Fähigkeit, bestimmte Aufgaben erfolgreich meistern zu können.
- verstehen, dass sich Fähigkeiten und Fertigkeiten proportional zu ihrem Einsatz verbessern und sich Anstrengung daher lohnt.
- erleben, dass die Arbeit in der Schule einen Mehrwert und praktische Relevanz für ihr Leben hat.

Anhand der differenzierten Kompetenzbereiche wird deutlich, dass Jugendliche als aktive Gestalter ihrer individuellen Lernbiographie gesehen werden. Beim Deep Learning können sie in Teams Herausforderungen für sich definieren, die sie dann kreativ und problemlösend bearbeiten. Aber was genau bedeutet das?

Aus kognitionswissenschaftlicher Perspektive bedeutet Deep Learning vor allem ein Lernen, das systematisch die Fähigkeit zum Wissenstransfer und zur Arbeit mit Wissen entwickelt (Kirwan 2016, Pellegrino/Hilton 2012). Es basiert auf der Annahme, dass Wissen im Sinne eines »tiefen Lernens« verinnerlicht wird, wenn es in einem anderen Kontext als dem gelehrten angewendet werden kann (Mehta/Fine 2015). Dafür müssen die Jugendlichen verstehen, dass es beim Lernen nicht darauf ankommt, Wissen kurzfristig auswendig zu lernen, um es in Tests wiederzugeben, sondern vor allem darauf, das Neuerlernte später in komplexen Handlungssituationen anwenden zu können, um Probleme zu lösen, Aufgaben zu bewältigen oder Projekte zu realisieren.

Eine motivationale Bedingung für die Fähigkeit zum Transfer ist, dass die Jugendlichen erkennen, dass sie ihre in der Schule erworbenen Kompetenzen in unterschiedlichen Situationen gewinnbringend nutzen können (Schneider/Stern 2010). Deep Learners arbeiten wie echte Experteninnen und Experten. Was zeichnet Individuen aus, die in einem bestimmten Bereich als Experten gelten? Was können wir von Experten lernen, um motivierende und wirksame Lernprozesse für Jugendliche zu gestalten (vgl. Metha/Fine 2015)?

Der erste Schritt zur Expertise, der vertieften Auseinandersetzung mit einem Thema, erfolgt nach Coyle (2009) zunächst meist spielerisch. Wenn die Neugierde für ein bestimmtes Thema geweckt wurde, beginnt eine Person damit, in diesem Bereich Dinge auszutesten und zu experimentieren (z. B. ein Instrument ausprobieren – Welche Klänge können durch welches Vorgehen erzeugt werden?). Darauf folgt meist eine durch einen Experten angeleitete freiwillige Übungsphase. Nach einiger Zeit des Übens, Ausprobierens und Sich-Befassens mit einer Sache wird die neu erworbene Fähigkeit ins Selbstkonzept mitaufgenommen (Dickhäuser 2006). Das passiert zum Beispiel dann, wenn der Hobby-Gitarrist von sich selbst als Musiker spricht.

Die veränderte Selbstwahrnehmung als Experte bringt eine vertiefte Motivation mit sich, »Mastery« zu zeigen, also die Erbringung besonders guter Leistungen aus einer intrinsischen Motivation heraus. Besonders wirksam verläuft der Erwerb von Expertise, wenn die Lernpraxis situativ in sich gegenseitig unterstützenden Gruppen stattfindet. So wird ein Gitarrist beispielsweise immer wieder durch andere Bandmitglieder zum Üben motiviert.

Damit Jugendliche im Unterricht erleben, was es bedeutet, Expertise zu entwickeln, sollte sich der Fachunterricht für Jugendliche möglichst an der Art und Weise orientieren, wie »echte Experten« in diesem Fachbereich arbeiten. Das bedeutet:

- Im Deutsch- und Fremdsprachenunterricht arbeiten die Jugendlichen zum Beispiel so wie Journalisten, Redakteure, Lektoren, Schriftsteller, Übersetzer, Dolmetscher. Sie recherchieren, führen Interviews, schreiben Analysen und kreative Texte, sie übersetzen und adaptieren, sie bereiten Informationen anschaulich auf und gestalten Texte so, dass potentielle Leser diese gerne lesen und sie tatsächlich »veröffentlicht« werden können.
- Im Mathematikunterricht arbeiten die Jugendlichen wie Mathematiker und Informatiker, die mit Hilfe von Mathematik und Informatik Probleme lösen und neue Produkte gestalten.
- In den Naturwissenschaften sind die Schülerinnen und Schüler Biologen, Chemiker und Physiker. Sie formulieren Forschungsfragen, beobachten, stellen Hypothesen

auf, experimentieren und messen, analysieren und dokumentieren Ergebnisse in Graphiken und Texten.

- In Geschichte, Geographie, Politik und Wirtschaft arbeiten die Jugendlichen wie eine Nachrichtenredaktion, wie Unternehmer und Juristen, wie Sozialforscher und Demographen, wie Geographen und Kartographen. Sie führen Feldstudien und Meinungsumfragen durch, sammeln systematisch Informationen und bereiten diese auf anspruchsvolle Weise in Graphiken und Texten auf. Sie organisieren Expertendiskussionen, simulieren politische, juristische und ökonomische Prozesse und debattieren komplexe gesellschaftliche Fragen auf der Grundlage von solide recherchiertem Wissen.
- In Kunst und Musik arbeiten die Jugendlichen wie Künstler. Sie nutzen ihr Fachwissen und greifen Impulse auf, um ihre musischen und künstlerischen Kompetenzen in kreative Prozesse umzusetzen. Sie suchen sich ein Publikum und organisieren Konzerte und Ausstellungen.

Authentische Aufgaben erfordern dabei auch immer eine authentische Öffentlichkeit, also einen Rahmen, in dem die Jugendlichen ihre Leistungen öffentlich zeigen können. Das kann eine Online-Zeitschrift oder Anthologie sein, eine Ausstellung im Gemeindezentrum, eine Präsentation oder Aufführung vor jüngeren Schülern, Senioren oder Eltern.

Instruktion und Ko-Konstruktion: zwei Seiten einer Medaille

Der Unterrichtsprozess beim Deep Learning ist klar strukturiert. Er verknüpft eine Phase der Instruktion, in der durch Lehrkräfte oder andere Experten kognitive Wissensstrukturen aufgebaut werden, mit einer Phase der Ko-Konstruktion, in der die Jugendlichen mit dem Wissen arbeiten, das sie in der ersten Phase kennengelernt haben. Offene projekt- und problemorientierte Lernformen, in denen Jugendliche eigene Entscheidungen treffen und kreativ arbeiten können, sind motivierend und fördern die Selbstregulation der Heranwachsenden.

Wie bereits ausführlich dargestellt, geht es im Jugendalter darum, die hohe Plastizität des Gehirns der Jugendlichen und die starke Entwicklung exekutiver Funktionen (wie der Metakognition und der Selbstregulation) durch passende Lernprozesse bestmöglich zu nutzen. Unterricht wird immer dann zu mehr Lernengagement bei den Jugendlichen führen, wenn er Phasen der kognitiven Aktivierung und die Gelegenheit enthält, dass Jugendliche Entscheidungen treffen und Prozesse mit einer gewissen Komplexität selbst organisieren können. Entscheidend für professionelles pädagogisches Arbeiten mit Jugendlichen ist die Erkenntnis, dass im Jugendalter das Entwicklungsfenster offensteht, in dem sich anspruchsvolle Fähigkeiten des vorausschauenden Handelns und Planens in Situationen von Unsicherheit und Komplexität entwickeln.

Wenn wir dieses Fenster ungenutzt verstreichen lassen, weil wir Jugendlichen zu wenig Verantwortung übertragen, bereiten wir sie nicht auf die Welt vor, in der sie bestehen müssen. Im 21. Jahrhundert sind die exekutiven Fähigkeiten des Forschens,

Planens und Entscheidens überlebenswichtig, gilt es doch für Jugendliche, das eigene Leben in die Hand zu nehmen und Ideen zu entwickeln, wie sie ihr Leben in der offenen und vernetzten Gesellschaft gestalten möchten, in der Offenheit zugleich Chance und Risiko bedeutet.

Dass Lernprozesse neben geplanten instruktiven Phasen mit ebenso großer Bedeutung strukturierte, aber offene Phasen enthalten sollten, die Jugendliche zu Ko-Konstrukteuren ihres eigenen Lernens machen, liegt vor dem Hintergrund unseres heutigen Wissensstandes über die Bedeutung des Jugendalters als Transformationsphase auf der Hand. Instruktion und Ko-Konstruktion sind zwei Seiten einer Medaille. Wer mit anspruchsvollem Wissen selbst kreativ oder problemlösend arbeiten möchte, braucht substantielles fachliches Vorwissen und muss die grundlegenden Konzepte, um die es geht, erfasst und verstanden haben (Schneider/Stern 2010). Wer mit dem Wissen nicht analytisch und kreativ arbeiten und dabei eigene Entscheidungen treffen darf, wird wohl kaum Verantwortung übernehmen und sich mit einer schulischen Aufgabe so stark identifizieren, dass »Mastery« das Ziel ist.

Instruktion und Ko-Konstruktion gegeneinander auszuspielen ist ein großer Fehler. Zu einem gelungenen Lernprozess gehören Phasen, in denen eine Lehrkraft vorstrukturiert, erklärt, modelliert und veranschaulicht, genauso wie Phasen, in denen Schülerinnen und Schüler mit dem Wissen eigenständig arbeiten.

Phase	Instruktion	Ko-Konstruktion	Präsentation
Prozess	Substantieller Input von Experten Unterschiedliche Kanäle der Vermittlung	Eigenständige Arbeit an komplexen Aufgaben (Einzelarbeit, Gruppenarbeit, Mischform) Voice & Choice (Ko-Konstruktion)	Präsentation und kritische Reflexion von Arbeitsergebnissen und vom Arbeitsprozess
Lernziel	Tiefes Verständnis von Schlüsselkonzepten	Entwicklung komplexer Kompetenzen	Erreichen von Ergebnissen und Meta-Reflexion
Lehrerrolle	Aufbau kognitiver Strukturen als Basis zur Erlangung von Expertise	Modelling, Coaching, Scaffolding, Fading, Articulation, Exploration, Reflection, formatives Assessment	formatives, summatives Feedback

Phasen der Instruktion, der Ko-Konstruktion und der Präsentation sind gleichermaßen bedeutend und untrennbar miteinander verbunden, dennoch hat jede der Phasen ihre Eigenlogik. Innerhalb der Instruktionsphase steht die Weiterentwicklung von kognitiven Strukturen im Mittelpunkt. Diese werden in der Ko-Konstruktionsphase durch eigene Arbeiten der Jugendlichen nutzbar gemacht. Hier geht es darum, eine forschende Haltung dem Lernen gegenüber einzunehmen und Fragen zu formulieren, die es zu klären gilt. Aus dieser Forschungshaltung ergeben sich dann Projekte und Ideen, die die Schülerinnen und Schüler alleine oder in kleinen Teams realisieren können. Eine Präsentationsphase schließt den Lernprozess zu einer Thematik ab. Die Jugendlichen stellen ihre Arbeitsergebnisse der Peer Group, den Eltern oder einem anderen Publikum vor. Sie reflektieren den Lernprozess und erhalten auf unterschiedliche Weise Rückmeldung zu ihrem »Lernwerk«.

Phase der Instruktion

Während der Instruktionsphase werden die Schüler in die neue Thematik eingeführt, sie erhalten einen substantiellen Wissensinput. Zentrale Konzepte werden mehrfach auf unterschiedliche Art und Weise erklärt. Dabei kommt es auf ein gutes fachliches Niveau der Lehrkraft und professionelle fachdidaktische Kompetenzen an. Authentische Expertise ist erforderlich, damit Schlüsselbegriffe und zentrale Konzepte des jeweiligen Themengebietes so anschaulich vermittelt werden, dass ein tiefgreifendes Verstehen möglich wird. Differenzierte kognitive Wissensstrukturen im Kopf der Schülerinnen und Schüler sind eine notwendige Voraussetzung dafür, dass die Jugendlichen in der Ko-Konstruktion neue Informationen richtig interpretieren und hierarchisch organisiert in ihre kognitive Wissensstruktur, also die »Landkarte« des Themas in ihrem Kopf, einordnen können (Schneider/Stern 2010).

Der Aufbau anspruchsvoller Wissensstrukturen durch die Lehrperson oder externe Experten kann in der Praxis auf unterschiedliche Weise erfolgen. Unterschiedliche Vermittlungskanäle wie der Vortrag, die medial gestützte Präsentation, Kurzfilme, Exkursionen, Vorführungen, Experimente, Rollenspiele und andere anschauliche Wege der Wissensvermittlung können in der instruktiven Phase von den Lehrkräften genutzt werden, um kognitive Strukturen und mentale Repräsentationen bei den Jugendlichen weiterzuentwickeln. Es geht darum diejenigen Medien auszuwählen, die das Verstehen des neuen Lerninhalts und seiner Schlüsselkonzepte optimal unterstützen.

Die Erweiterung kognitiver Wissensstrukturen spielt für die darauffolgende ko-konstruktive Phase eine ganz zentrale Rolle, denn diese Wissensstrukturen sind eine notwendige Vorbedingung für ein forschendes und projektorientiertes Lernen, das zu tiefgreifendem Verstehen und komplexen Kompetenzen führt. Zu ko-konstruktivem und stärker selbstgesteuerten Lernen sind die Jugendlichen nur dann in der Lage, wenn sie bereits ein substantielles Vorwissen erworben haben. Auch der Unterrichtsforscher John Hattie betont: Wer forschend und projektorientiert lernen will, der muss bereits Wissensstrukturen mitbringen, die dem ergebnisoffenen Prozess des Lernens ein Gerüst geben.[2]

Phase der Ko-Konstruktion

Aufbauend auf die Instruktionsphase folgt die Phase der Ko-Konstruktion. Der Gedanke der Ko-Konstruktion folgt einem interaktionistischen Ansatz zur Gestaltung

---

2 In diesem kleinen Film erklärt John Hattie den Zusammenhang zwischen Vorwissen und forschendem Lernen: https://www.youtube.com/watch?v=YUooOYbgSUg (Abruf: 2.5.2017)

von Bildungsprozessen. Dabei wird Lernen als ein Prozess verstanden, der durch das Zusammenwirken von Partnern zustande kommt, die Ziele und Prozesse des Lernens im Gespräch »auf Augenhöhe« klären und aushandeln. Jugendliche sind in der kokonstruktiven Phase Partner in einem Lernprozess, den sie mit der Lehrkraft gemeinsam gestalten und in dem sie wichtige Entscheidungen über ihr Lernen selbst treffen können.

Im Vordergrund dieser Phase steht die Konstruktion von vertiefendem Wissen, die Erforschung von komplexen Zusammenhängen und die kreative Arbeit mit Wissensbeständen. Es werden Probleme und kreative, wie auch komplexe Aufgabe bearbeitet. Für das Deep Learning sollten daher komplexe fachliche oder interdisziplinäre Thematiken ausgewählt wird, die unterschiedlichen Schülerinnen und Schülern Raum bieten, um eigene Fragen und Projekte an das Thema anzuknüpfen. Das so wichtige fachliche Wissen, das in der ersten Phase aufgebaut wurde, soll nun durch projektartiges Lernen erweitert und vertieft werden. Es motiviert Jugendliche zur Entwicklung einer Mastery-Orientierung, wenn sie authentische Arbeitsformen des jeweiligen Wissensgebiets kennenlernen und anwenden können.

Warum Authentisches Lernen für Jugendliche wichtig ist

Motivation: Authentisches Lernen stärkt die Lernmotivation von Jugendlichen, weil sie entwicklungsbedingt ein großes Interesse daran haben, ihre Lebenswelt zu verstehen, mitzugestalten und zu verändern. Dass sie aktive Gestalter sein können, gibt ihnen ein Gefühl von Selbstwirksamkeit und stärkt ihren in dieser Lebensphase so wichtigen Identitätsbildungsprozess.

Anstrengungsbereitschaft: Getragen von ihrer Motivation und der Möglichkeit, eigene Entscheidungen treffen zu können, strengen sich Jugendliche in authentischen Lernsettings mehr an, sie zeigen eine gesteigerte Leistungs- und Zielorientierung. Vor allem im Hinblick darauf, dass die Aufgaben echten Problemlösungen dienen und öffentlich wahrgenommen werden, erschließt sich den Jugendlichen unmittelbar der Sinn ihres Tuns, sie zeigen mehr Sorgfalt und Ausdauer bei der Aufgabenbearbeitung.

Zukunftsorientierung: Jugendliche nehmen authentische Aufgaben als sinnstiftend wahr, weil sie spüren, dass diese Art von Arbeit mit ihrer eigenen Zukunft zu tun hat. Im Lösen echter Probleme und kreativen Arbeiten mit Wissen merken sie, dass sie zukunftstaugliche Kompetenzen entwickeln, die es ihnen ermöglichen werden, sich im offenen Kontext des 21. Jahrhunderts beruflich erfinden zu können.

Verbindung von Theorie und Praxis, von Wissen und Handeln: Bei der Bearbeitung von Projekten mit fachlich authentischen Methoden und Herangehensweisen überwinden Jugendliche die Spaltung von Theorie und Praxis. Wissen wird zu einem Gut, das handelndes Gestalten der Welt ermöglicht. Der Sinn des Wissens erschließt sich in seiner Anwendung.

Authentizität entsteht durch die Anwendung »echter« Arbeitsformen von Künstlern, Wissenschaftlern, Schriftstellern, Journalisten oder anderen Berufsgruppen. Die Jugendlichen können im *Geographieunterricht* Arbeitsmethoden von Stadtplanern kennen lernen und selbst einen neuen Stadtteil mit passendem Stadtmarketing konzipieren. Im *Deutschunterricht* verfassen sie auf der Basis ihres liebsten Songtexts eine passende Kurzgeschichte und machen aus den Kurzgeschichten der ganzen Klasse ein Buch. Im *Kunstunterricht* befassen sich die Schülerinnen und Schüler mit der Darstellung von Konsumprodukten in der Werbung und gestalten in Auseinandersetzung damit eigene kritische Skulpturen, Fotografien oder Collagen als ironische Antwort, die sie in einer »Ausstellung« auf Instagram der Öffentlichkeit präsentieren. Auch wenn solche Lernprojekte immer von einem hohen Maß an fachlicher Kompetenz profitieren, so tragen sie auch dazu bei die strikte Fächertrennung aufzulösen, denn gerade authentisches projektorientiertes Arbeiten überschreitet häufig die Grenzen zwischen zwei Fachdisziplinen.

Ko-konstruktive Projektaufgaben durch Lehrkräfte können mehrschrittig gestaltet sein und neben ersten Projektideen Jugendlichen auch die Möglichkeit geben, eigene Ideen und Fragen an das Thema zu richten. Hier ein Beispiel zum Parlamentarismus aus dem Politikunterricht:

Beispielaufgabe: Parlamentarismus in Europa
Befasst euch mit der parlamentarischen Demokratie in ausgewählten Staaten Europas:
- Recherchiert, welche Typen von Wahlsystemen es in Europa gibt. Ihr könnt euch ein Land aussuchen, dazu recherchieren und eine kurze Präsentation vorbereiten. Bitte versucht dabei auch die Frage zu beantworten, wie viele Menschen ein/e Abgeordnete/r in den Parlamenten des jeweiligen Landes vertritt.
- Verfasst einen Essay zu der Frage: Warum gibt es Regeln, die darauf abzielen, die Anzahl der Parteien in den Parlamenten zu begrenzen? Kann man diese Regeln als »demokratisch« bezeichnen?
- Dreht ein Erklär-Video im Stile der Kindernachrichtensendung LOGO, in dem ihr unterschiedliche parlamentarische Demokratien in Europa miteinander vergleicht.
- Organisiert eine Podiumsdiskussion, in der ihr hochrangige Vertreter europäischer Länder verkörpert, die argumentieren, dass ihr jeweiliges System des Parlamentarismus das Beste ist.
- Überlegt, welche weiteren Fragen und Projektideen ihr zum Parlamentarismus in Europa individuell oder in kleinen Teams bearbeiten möchtet. Füllt einen Projektidee-Bogen dazu aus.

Gerade angesichts der Heterogenität der Jugendlichen an unseren Schulen bieten sich für Lehrkräfte vorformulierte Projektaufträge an, die in die Phase der Ko-Konstruktion eingebracht werden. Differenzierungsmöglichkeiten ergeben sich, wenn Projektaufgaben in unterschiedlichen Schwierigkeitsgraden vorgegeben sind und von den Jugendlichen ausgewählt werden können. Trotzdem können bestimmte Jugendliche, die dazu in der Lage sind, eigene Fragestellungen und Projektideen bearbeiten.

Die Projektaufgaben können verschiedene Kompetenzen in der Arbeit mit einem Wissensgebiet fördern, indem sie unterschiedliche Ebenen der Bloom'schen Taxonomie abdecken.

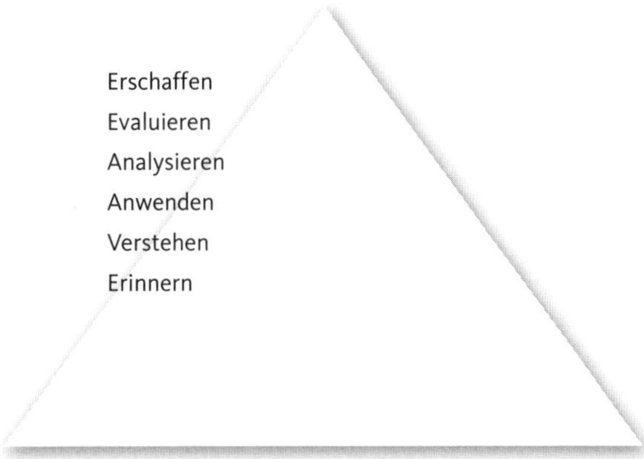

Abb. 8: Die Bloom'sche Taxonomie

Aufgaben können:
Explorativ sein, wenn Jugendliche aufgefordert werden, bestimmte Aspekte des Themas durch eigene mediale Recherchen zu vertiefen

Beispiel aus der Biologie:

- Findet möglichst viel darüber heraus, inwiefern der Biber an seinen Lebensraum in der Natur angepasst ist. Bildet Hypothesen zu der Frage, was passieren würde, wenn man Biber an einem schnellfließenden Gewässer aussetzen würde.
- Recherchiert drei verschiedene Synapsengifte, die auf unterschiedliche Weise wirksam werden. Beschreibt Wirkweise von Tetrodotoxin. Warum dürfen in Japan nur spezielle Fugu-Köche Kugelfische zum Verzehr zubereiten?

Analytisch sein, wenn Jugendliche durch die Durchführung strukturierter Analysen, komplexes Wissens ordnen und dann in einen Sinnzusammenhang überführen.

Beispiel aus Politik/Geschichte: Was sind die tieferliegenden Ursachen und Wurzeln des Nahostkonflikts?
Ist es ein ökonomischer, ein sozialer, ein religiöser oder ein ökologischer Konflikt? Sammelt Informationen und Argumente für alle vier Sichtweisen, bereitet diese in einem übersichtlichen Thesenpapier auf und entscheidet euch für eine der vier Sichtweisen, für die ihr dann in Abwägung mit den drei anderen Sichtweisen in einem dreiminütigen Plädoyer in freier Rede vor der Klasse argumentiert.

Kreativ sein, wenn Jugendliche Wissen nutzen, um damit kreativ zu arbeiten und Produkte zu gestalten.

Beispiel aus Englisch: Brexit will change the relationship between continental Europe and the UK. More than 50% of the voters voted for Brexit. But many young people in England did not. Use the Internet and social networks to get in touch with young people living in the UK and find out what their hopes and fears are for their future in Europe. Design a website, a booklet or a short video that brings together ideas and concerns young people in Britain have about Europe.

Die entscheidende Prozessqualität bei jedem Arbeitsschritt in der zweiten Phase ist die Ko-Konstruktion, also die Zusammenarbeit zwischen den Jugendlichen und ihren Lehrkräften auf Augenhöhe. Nur wenn Lehrinnen und Lehrer Jugendliche als Partner im Lernprozess ernst nehmen, wirkt der pädagogische Prozess als Motor der Identitätsentwicklung bei den Jugendlichen. Heranwachsende, die sich ernst genommen fühlen, zeigen in einem höheren Maße Interesse, Anstrengungsbereitschaft und Sorgfalt in der Bearbeitung der Projektaufgaben. Auf einen professionellen Lehrerhabitus und eine positive Lehrer-Schüler-Beziehung kommt es in der pädagogischen Arbeit mit Jugendlichen daher ganz entscheidend an (Hattie 2014, S. 278).

Forschend lernen in der Phase der Ko-Konstruktion

Das Entdecken und Erkunden der Lebenswelt ist ein natürliches Grundbedürfnis von Jugendlichen. Gerade für die Bewältigung der besonderen Entwicklungsaufgaben des Jugendalters eröffnen explorierende und forschende Lernprozesse die Möglichkeit, Schlüsselkompetenzen wie Selbstregulation, Kooperationsvermögen, Problemlösefähigkeit, kritische Auseinandersetzung, Zeitmanagement, Kreativität und Selbstreflexion aufzubauen. Wie bereits gesagt: Forschendes Lernen funktioniert gut und hat ein hohes Motivationspotential, wenn Jugendliche aufbauend auf substantielles Vorwissen, das sie in einer instruktiven Unterrichtsphase erworben haben, interessante und bedeutsame Fragen forschend vertiefen können. Es überrascht daher nicht, dass erfolgreiche Schulsysteme wie die von Singapur und Kanada das forschende Lernen (inquiry-based learning) in Verbindung mit der direkten Instruktion auf hohem fachlichen Niveau gewinnbringend einsetzen, um Jugendliche für das Lernen zu motivieren und sie in der Entwicklung von anspruchsvollen Handlungskompetenzen unterstützen.

Hier ein Beispiel aus dem Physikunterricht in Singapur: Anhand der »learning outcomes«, die im Bildungsplan Singapurs für die Sekundarstufe I verankert sind, lässt sich der forschungszentrierte Ansatz im Bildungssystem Singapurs gut nachvollziehen. Zentrale fachliche Konzepte, wie zum Beispiel das der Bewegung in der Physik, werden durch Phasen des forschenden Lernens vertieft.

Fachwissen, Verständnis und Anwendung	Kompetenzen und Vorgehensweisen	Haltung und Einstellung
14. Wechselwirkungen, die bei der Anwendung verschiedener Kräfte entstehen • Erkläre, dass Kräfte - ihren Zustand verändern, wenn ein Körper in Bewegung bzw. in Ruhe ist. - die Größe oder Form eines Körpers ändern können. - ein Drehmoment bei Objekten bewirken können (z.B. Hebel). - Druck auf Objekte ausüben können. • Findet Beispiele für Kontaktkräfte (z. B. Reibungskraft) und berührungslose Kräfte (z. B. Gravitationskraft, Magnetismus) und macht Vorhersagen über deren Auswirkungen auf Objekte (z. B. wie die Gezeiten aufgrund von gravitativen Wechselwirkungen zwischen Mond und Ozean entstehen). • Setzt Druckkraft in Bezug zur Fläche. Nutzt dabei passende Alltagsbeispiele (z. B. High Heel Absätze, Messerschneide). • Zeigt, dass ihr ein Alltagsphänomen, das mit atmosphärischem Druck zu tun hat, korrekt beurteilen könnt (z. B. Saugnäpfe, aus Strohhalmen trinken, Druck, der durch Flüssigkeiten ausgeübt wird → U-Boote haben bestimmte Tiefenlimits).	• Vergleichen: Masse und Gewicht • Messungen selbst machen: Längen-, Kräfte-, Massen- oder Zeitmessungen. Die dazugehörenden Einheiten sollen korrekt verwendet werden. • Erforschen: Druck anhand der Formel $p = F/A$ • Problemlösen: Das Geschwindigkeitskonzept zur Erklärung von sich bewegenden Objekten benutzen.	Zeigen, dass man dazu in der Lage ist, präzise und genaue Messungen zu machen. Interesse für die destruktiven Kräfte, z. B. der Naturgewalten, zeigen (z. B. Welche Kräfte wirken bei der Entstehung von Tsunamis, Erdbeben, Hurrikans etc.).

Forschendes Lernen in der Physik – Auszug in Anlehnung an und eigener Übersetzung von Science Syllabus Singapore (2013), S. 30

Bewertungskriterien für die kompetenzorientierte Leistungsaufgabe zur Analyse von Bewegungsabläufen mit Hilfe von videobasierten Analysen Klasse 9 (Physik)

Abstufung der Evaluationskriterien	Exzellent (4 m)	Gut (3 m)	Angemessen (2 m)	Eingeschränkt akzeptabel (1 m)	Unzureichend/ keine Beweise (0 m)
Identifiziere die Bewegungen, die erforscht werden sollen. (C1)	Es wurde eine Bewegung festgelegt, die komplex und klar definiert ist, einen dynamischen Körper beinhaltet und sich zudem auf eine Vielzahl von Objekten oder Phasen bezieht.	Es wurde eine Bewegung festgelegt, die komplex und klar definiert ist.	Es wurde eine Bewegung festgelegt, die klar definiert ist.	Es wurde eine Bewegung festgelegt, die unklar definiert ist.	
Plane das weitere Vorgehen und die Filmaufnahme. (C2)	Es wurde ein umfassendes und detailreiches Verfahren genutzt, um das Objekt zu filmen und dabei die Genauigkeit und Präzision der Messungen sicherzustellen.	Es wurde ein klares und praktikables Verfahren genutzt, um das Objekt zu filmen und Genauigkeit und Präzision der Messungen sicherzustellen.	Es wurde ein vereinfachtes Verfahren genutzt, um das Objekt zu filmen und dabei dennoch die Genauigkeit der Messungen zu gewährleisten.	Es wurde ein unstimmiges Verfahren angewendet, um das Objekt zu filmen. Die Genauigkeit fand dabei nur wenig Berücksichtigung.	
Präsentiere Diagramme mit entsprechenden Anmerkungen. (C3)	Die in den Diagrammen dargestellte Information wurde logisch, klar und in einer geeigneten Form mit relevanten Anmerkungen präsentiert.	Die auf den Diagrammen dargestellte Information wurde einigermaßen gut und in einer geeigneten Form mit relevanten Anmerkungen präsentiert.	Eine relevante wenn auch unvollständige Diagramm-sammlung wurde präsentiert.	Es wurden Diagramme mit schwerwiegenden Fehlern in der Konzeption präsentiert.	
Bereite eine fachliche Diskussion zum Thema »Bewegung« vor. (C4)	Die Diskussion zur Bewegung war fachlich anspruchsvoll, detailreich und korrekt.	Die Diskussion zur Bewegung war relevant und fehlerfrei.	Die Diskussion zur Bewegung enthielt einige kleine Fehler.	Die Diskussion zur Bewegung enthielt schwerwiegende konzeptionelle Fehler.	
Erkläre die Kräfte, die bei der Bewegung wirksam werden. (C5)	Die Kräfte, die in Zusammenhang mit der Bewegung wirksam werden, wurden umfassend erklärt, indem aus dem Video und den Diagrammen konsistent korrekte Schlussfolgerungen abgeleitet werden.	Die Kräfte, die in Zusammenhang mit der Bewegung wirksam werden, wurden erklärt, indem aus dem Video und den Diagrammen einige korrekte Schlussfolgerungen abgeleitet werden.	Die Kräfte, die in Zusammenhang mit der Bewegung wirksam werden, wurden erklärt, indem aus den Diagrammen Schlussfolgerungen (mit kleineren Fehlern) abgeleitet wurden.	Es wurde zwar versucht die Kräfte, die in Zusammenhang mit der Bewegung wirksam werden, zu erklären, aber der Versuch, aus den Diagrammen Schlussfolgerungen abzuleiten, war kaum erkennbar.	1

Kompetenzraster zu einer komplexen Aufgabe (eigene Darstellung in Anlehnung an: Wee, L. K.; Leong, T. K. (2015). Video Analysis and Modeling Performance Task to promote becoming like scientists in classrooms. In: American Journal of Educational Research, 3(2), S. 8.)

Beispiel: Arbeiten wie Physiker: Analyse von Bewegung und Beschleunigung
Nach einer instruktiven Phase, in der die Schülerinnen und Schüler auf unterschiedliche Weise durch fachlich kompetente Lehrkräfte so unterrichtet werden, dass sie die physikalischen Konzepte Bewegung (motion) und Beschleunigung (acceleration) verstehen, beginnt eine Phase des ko-konstruktiven forschenden Lernens. Dabei arbeiten die Jugendlichen in Gruppen von 3-4 Schülern. Ihre Aufgabe ist es (siehe Kompetenzraster S. 102):

- In der Lebenswelt einen Bewegungsablauf auszuwählen, den sie beobachten und messen können und der bestimmte Kriterien erfüllt (z.B. Fahrt der Straßenbahn, Rennwagen beim Autorennen, Sprinter bei der Leichtathletik, Pferd beim Pferderennen).
- Den Bewegungsablauf in der realen Welt filmisch zu dokumentieren und zu messen.
- Die erhobenen Daten in einem Graphen, der bestimmte Qualitätskriterien erfüllt, am PC darzustellen.
- Einen Forschungsbericht zu schreiben, der Video und Messergebnisse anhand der Schlüsselkonzepte erklärt und analysiert und dabei Theorie und Praxis in Beziehung setzt.
- In einer Teampräsentation vor der Klasse Versuchsdesign, Video, Messergebnisse und wissenschaftliche Schlussfolgerungen medial gestützt, anschaulich und zugleich fachlich fundiert zu präsentieren.

Zur Förderung ihrer Selbstregulation in diesem anspruchsvollen Prozess erhalten die Schülerinnen und Schüler ein Kompetenzraster, das in mehreren Teilbereichen der komplexen Aufgabe den Erwartungshorizont aufzeigt und Qualitätskriterien setzt, anhand derer die Jugendlichen ihren Lernerfolg überprüfen und verbessern können. Das Kompetenzraster dient auch als Grundlage für das formative Feedback durch die Lehrkraft.

Forschend lernen: eine wirksame Pädagogik für die Jugendphase

Forschendes Lernen bedeutet, dass Jugendliche sich neue Erkenntnisse in einem Lernprozess erarbeiten, der klar strukturiert ist, ihnen jedoch zugleich Handlungsautonomie zugesteht. Lernprozesse beim forschenden Lernen verlaufen nicht linear nach einem von der Lehrkraft engmaschig vorgegebenen Plan, sondern eben zu einem gewissen Grade selbstbestimmt. Durch die kognitiv aktivierende Herangehensweise können Jugendliche Lernen als einen Prozess erleben, in dem sie sich als sozial eingebunden, zu einem gewissen Grade autonom und zugleich kompetent erleben. Nach Deci & Ryan (1993, 2010) sind dies die Voraussetzungen für die Entwicklung einer intrinsischen Motivation zum Lernen.

Was ist forschendes Lernen?
Das forschende Lernen (englisch: »inquiry-based learning«) ist ein strukturierter Prozess, in dem Jugendliche als Lernende eigene und echte Fragen formulieren, durch Recherchieren und Forschen Antworten finden, neues Wissen und tiefes Verstehen erwerben, authentische Probleme lösen und ihre Ergebnisse in vielfältigen Formen präsentieren.

Wenn schülerzentriertes forschendes Lernen eingebettet wird in gut strukturierte, lehrerzentrierte Phasen der direkten Instruktion hat es ein hohes Potential, Jugendliche gerade in der Lebensphase für das Lernen zu motivieren, wenn Unterricht häufig langweilig erscheint. Aus diesem Grund wird diese Art des Lernens bereits in mehreren besonders leistungsstarken Schulsystemen wie Kanada, Singapur und Hongkong in der Arbeit mit Jugendlichen eingesetzt. In Verbindung mit fachlich kompetent gestalteten Phasen der direkten Instruktion durch gut ausgebildete Fachlehrkräfte gilt es als Lernform, die einen adaptiven Unterricht ermöglicht. Adaptiv bedeutet: Der Unterricht schafft Raum für die Differenzierung und Personalisierung von Lerninhalten und Lernprozessen und kann damit sowohl unterschiedliche Leistungsniveaus als auch unterschiedliche Schülerinteressen produktiv aufgreifen. Das folgende Modell zeigt wichtige Schritte im Forschungsprozess, die wie ein Puzzle zusammengehören. Dabei spielt die Reflexion in allen Phasen des Prozesses eine entscheidende Rolle.

Die Jugendlichen erhalten fachliche Impulse, die gut strukturiert und anschaulich sind, um ihre Neugierde zu wecken. Sie formulieren eigene Fragen an das gemeinsame Thema, suchen nach Informationen, stellen Vermutungen an und bilden Hypothesen, experimentieren und probieren aus, diskutieren, reflektieren, verarbeiten und präsentieren ihr neu gewonnenes Wissen und bewerten ihren Forschungsprozess.

Die Lehrerrolle im adaptiven Unterricht ist anspruchsvoll: Besonders im Hinblick auf die Auswahl passender Forschungsfragen sollte die Lehrperson ihre Schülerinnen und Schüler und deren »Zone der nächsten Entwicklung« diagnostisch genau im Blick haben. Sie sollte jeweils passgenaue Fragen stellen und die Jugendlichen in der Entscheidung beraten, welche Fragen sie auf der Grundlage ihres jeweils unterschiedlichen Vorwissens gut bearbeiten können (Corno 2008).

Forschungsphase: Jugendliche als Akteure ihres Lernens
- lernerzentriert statt lehrerzentriert
- aktuelle und relevante Fragen
- schülernahe Materialien (z. B. Internet statt Schulbuch)
- authentische Arbeitsprozesse und kreative Präsentationsformen

Beim forschenden und selbstgesteuerten Lernen können Schülerinnen und Schüler somit eigene Entscheidungen treffen, neue Informationsmedien nutzen, hochwertige Produkte gestalten und kooperativ arbeiten. Der Forschungsprozess wird zudem von der Neugierde der Lernenden angetrieben (Institute for Inquiry 2017).

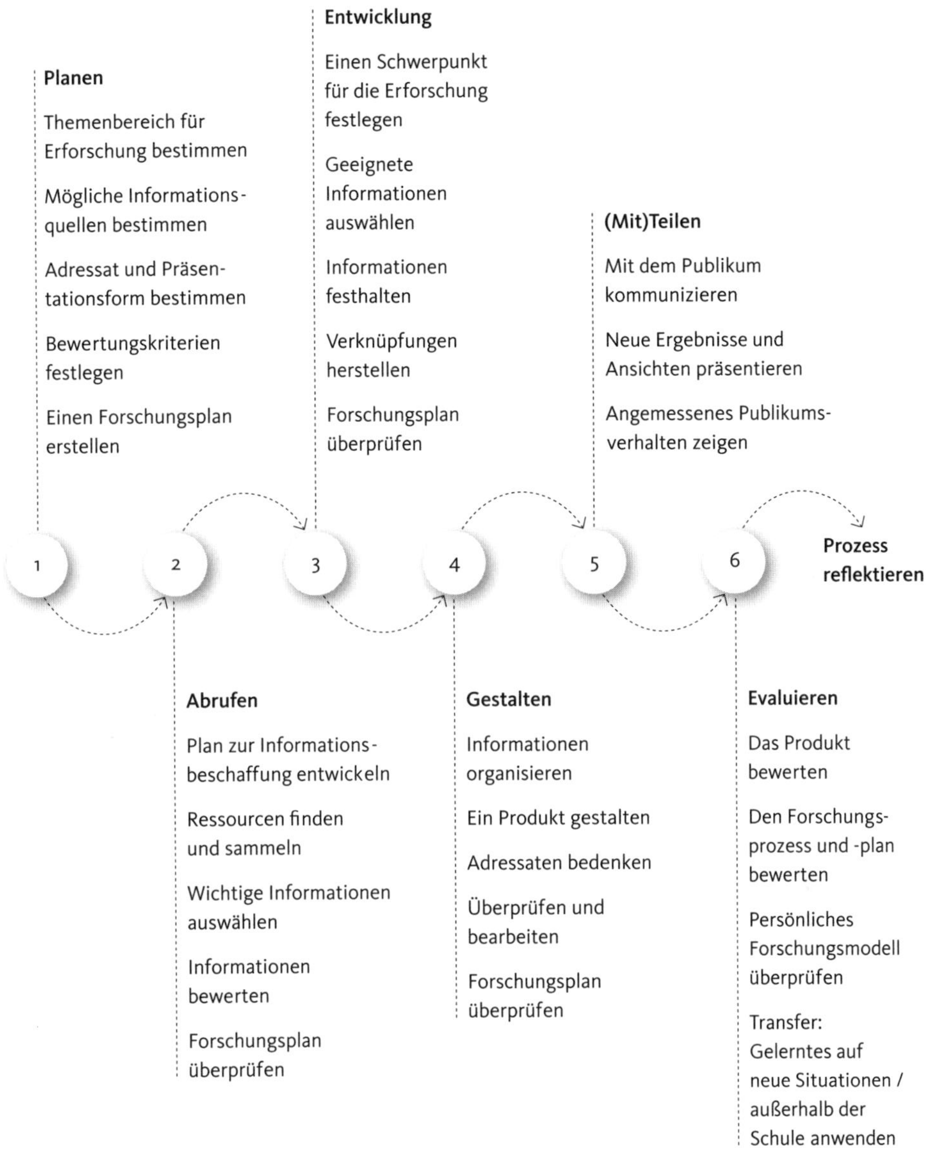

Abb. 9: Modell des forschenden Lernens mit Jugendlichen

Die in der Abbildung dargestellten vier Schritte:
- Interessante Fragen formulieren
- Ressourcen finden
- Informationen interpretieren und
- Ergebnisse präsentieren

strukturieren den Forschungsprozess der Jugendlichen. Auf den eher rezipierenden Prozess der Instruktion folgt für die Jugendlichen nun der konstruierende Prozess der

Arbeit mit dem Wissen. Dabei spielt nicht nur das Wissen, sondern auch der Arbeitsprozess eine bedeutende Rolle. Forschendes Lernen wird von Jugendlichen vor allem dann als motivierend empfunden, wenn sie tatsächlich wichtige Entscheidungen in diesem Prozess treffen dürfen und sich als selbstbestimmt erleben.

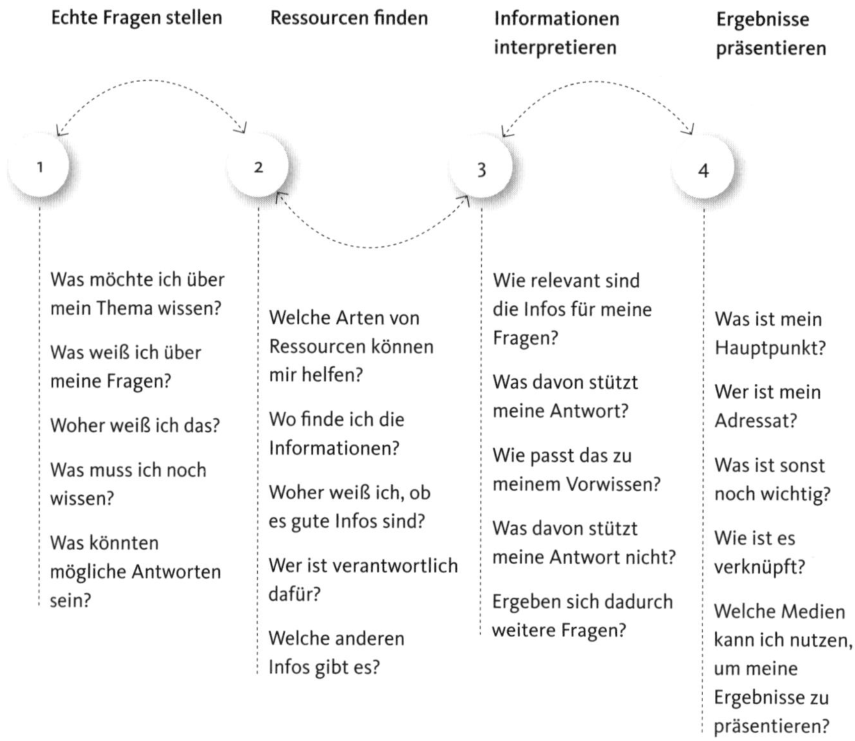

Abb. 10: Die Phasen eines Forschungsprozesses

In dem oben genannten Beispiel aus dem Physikunterricht in Singapur durften die Jugendlichen selbst entscheiden, welchen Bewegungsablauf sie untersuchen, filmen und messen wollten. So kann eine Gruppe die Bewegung und Beschleunigung eines Rennautos untersuchen, eine andere entscheidet sich für die Bewegung von Reitpferden. Jugendliche erhalten so die Möglichkeit, ihre eigenen Interessen mit dem Unterrichtsgegenstand zu verknüpfen. Das stärkt das Gefühl von Autonomie beim Lernen, eine wichtige Voraussetzung für die Entwicklung einer intrinsischen Lernmotivation.

Für die innere Differenzierung des Unterrichts nach Interesse und Lernvoraussetzung, nämlich zur Stärkung der Adaptivität des Unterrichts, schafft das forschende Lernen einen guten Rahmen: Jugendliche können in ein und demselben Klassenzimmer Fragestellungen auf unterschiedlichem Schwierigkeitsgrad bearbeiten. Sie können dabei in Teams arbeiten oder auch alleine.

Wenn es zum Beispiel um »Revolutionen« im Fach Geschichte geht, können sich einige Schüler weiter im Kanon des Bildungsplans bewegen und weiterführende Fragen zur französischen Revolution bearbeiten, während ein Schüler sich auf eigenen Wunsch und nach Beratung durch die Lehrkraft intensiv mit den Revolutionen im China des 20. Jahrhunderts befasst und dazu entsprechende Forschungsfragen formuliert hat. Er wird seine Erkenntnisse später in einem prägnanten und anschaulichen Vortrag den anderen Klassenkameraden vorstellen. Begabungsförderung im Sinne eines *Enrichment* innerhalb des Unterrichts lässt sich so problemlos organisieren und wird zu einer Bereicherung für die gesamte Klasse.

Aufgrund der Autonomie der Jugendlichen in der Wahl bestimmter Fragen und Themen gewinnt das Lernen eine persönliche Bedeutung. In der Phase der Identitätsbildung ist es Jugendlichen ein Bedürfnis, subjektiv bedeutsamen Fragen nachzugehen und dazu gewonnene Erkenntnisse auch anderen Jugendlichen und Erwachsenen mitzuteilen. So können sie ihr Wissen für sich selbst und andere Menschen nutzbar machen. Das Erleben ihrer Selbstwirksamkeit stärkt sie in der Entwicklung einer eigenen Identität.

Forschendes Lernen ist grundsätzlich in allen Schulfächern, Altersstufen und Schwierigkeitsgraden umsetzbar. Doch eine zentrale Voraussetzung für das Gelingen dieses Lernens ist seine Verknüpfung mit dem Aufbau kognitiver Strukturen. Um forschen zu können, müssen die Jugendlichen zentrale fachliche Konzepte und Wissensinhalte bereits kennen und verstanden haben. So gelingt es, auf diese aufbauend, bedeutsame Fragen zu stellen. Wieder wird deutlich, dass zwischen der Rolle der Lehrkraft als Fachexpertin, die in Instruktionsphasen Wissen auf anspruchsvolle Weise vermittelt, und der Rolle als Lernbegleiterin, die in Konstruktionsphasen den Jugendlichen diagnostisch und beratend zur Seite steht, kein Widerspruch besteht. Vielmehr macht das Zusammenspiel von Instruktion und Ko-Konstruktion, von der Lehrperson als Wissensvermittlerin und der Lehrperson als Lernbegleiterin die zentrale Symbiose für gelingendes Lernen aus.

Die Beispiele zeigen, dass Fragestellungen des forschenden Lernens häufig die Grenzen zwischen den Wissensgebieten überschreiten und das Wissen mehrerer Schulfächer miteinbeziehen. Auch was die Verknüpfung des fachlichen Lernens mit der Lebenswelt angeht, bietet das forschende Lernen viele Gestaltungsmöglichkeiten: Jugendliche können Experteninterviews führen, Exkursionen unternehmen und öffentliche Veranstaltungen (z. B. Ausstellungen, Aufführungen, Tagungen) organisieren. Gerade die abschließende Phase der Präsentation von Projektergebnissen sollte aus dem Klassenzimmer hinaus in die Öffentlichkeit führen und das Schulleben bereichern.

Das forschende Lernen ist gut dazu geeignet, Wissensgebiete zu vernetzen und zur Lebenswelt von Jugendlichen in Beziehung zu setzen. Viele der Erkenntnisse zur Gestaltung wirksamer Lernprozesse (vgl. Dumont, Istance and Benavides 2010) lassen sich so realisieren: Individualität und Vorerfahrungen von Jugendlichen werden im Arbeitsprozess ernst genommen und dienen als Ressource für das Lernen. Durch die Möglichkeit, eigene Fragen zu formulieren, passt sich der Lernprozess der Zone der nächsten Entwicklung der einzelnen Jugendlichen an (Cole et al. 1978). Kompetenzraster und formatives Feedback schaffen Transparenz und ermöglichen eine kriteriengestützte Leistungsrückmeldung, deren Ziel es ist, Jugendliche in ihrer Persönlichkeitsentwicklung zu stärken.

Forschendes Lernen in Unterrichtsprojekten (Beispiele)

Unser virtuelles Museum: Bewegte Studierende in Heidelberg: Die Politik der Studierenden im Jahr 1848 und 1969

Die Jugendlichen stellen Fragen an ein Thema der Lokal- bzw. Regionalgeschichte, suchen Text- und Bildquellen im Stadtarchiv und bereiten diese auf einer Internetseite in Form eines virtuellen Museums interaktiv und ansprechend auf.

Der blaue Planet und die Umweltverschmutzung: Welche Verantwortung hat der Mensch?

Die Jugendlichen recherchieren zu aktuellen Fragen des Klimawandels und Umweltschutzes und laden Eltern, Mitschüler und die interessierte Öffentlichkeit zu einem Aktionsabend ein, an dem sie mit kurzen Präsentationen, selbstgedrehten Filmen und Ausstellungswänden aufklären und Fundraising machen für die Aktion »Das kann kein Meer mehr schlucken: Unsere Ozeane versinken im Plastikmüll des World Wildlife Fund (WWF)«.

Technik erleben: Vom Pendel über Brücken zum Roboterbau

Die Jugendlichen befassen sich mit technischer Innovation und gestalten eine Mitmachausstellung mit vielen Experimenten und dazu passenden Informationen für Familien, in denen die Besucher technische Innovationen und ihre Bedeutung für die Menschheit vom Pendelschlag über den Brückenbau bis hin zur Robotik des 21. Jahrhunderts kennenlernen.

Megastädte im 21. Jahrhundert: Ordnung oder Chaos?

Die Jugendlichen recherchieren über unterschiedliche Megastädte auf der Welt; sie befassen sich mit Daten zur weltweiten Urbanisierung und den Fragen, die diese für soziale Ungleichheit und Konflikte, Umweltschutz und Verkehrsplanung, Ökonomie und Handel sowie die Entwicklung der Wissensgesellschaft aufwerfen. Sie kooperieren mit der lokalen Zeitung und gestalten auf der Grundlage ihrer Forschung ein Zeitungsdossier über das Thema »Megastädte«.

Reproduktionsmedizin und Gentechnik: Wo liegen die Grenzen?

Die Jugendlichen forschen über den Stand der Reproduktionsmedizin und der Gentechnik. Sie arbeiten den aktuellen Stand der Entwicklung in diesem Feld auf und identifizieren ethische Fragestellungen. Zum Abschluss organisieren sie eine schulöffentliche Podiumsdiskussion, zu der sie eine Ärztin und einen Theologen einladen, um mit diesen Experten über die Fragen zu diskutieren.

Identität im Kontext der Einwanderungsgesellschaft: Sind wir Deutsche, Europäer oder Weltbürger?

Die Jugendlichen befassen sich mit dem Begriff der Identität und wissenschaftlichen Erkenntnissen über menschliche Identität und Identitätsbedürfnisse. Sie suchen literarische Texte und Musik, in denen Menschen über Identität reflektieren. Zum Abschluss des Projekts gestalten die Jugendlichen einen Abend zum Thema Identität, an dem sie sich in Text, Theater und Musik mit der Frage nach Identität und Zugehörigkeit auseinandersetzen.

Lehrerrollen in adaptiven Phasen des Unterrichts

Das bereits erwähnte Cognitive-Appreticeship-Modell (Collins/Brown/Newman 1989) bildet gut die unterschiedlichen »Hüte« ab, die Lehrkräfte in der Führung und Begleitung dieser Lernprozesse aufsetzen:

Das *Modelling* beschreibt das Lehrerhandeln in der ersten instruktiven Phase. Die Lehrkraft führt fachlich kompetent in das Thema ein, strukturiert das Wissen entlang zentraler Konzepte und veranschaulicht wichtige Prinzipien mit Hilfe von geeigneten Medien, Materialien, Experimenten und Aufgaben.

In der Phase des *Coaching* hilft die Lehrkraft Schülerinnen und Schülern durch einen diagnostischen Blick und geschicktes Fragen beim Finden einer eigenen Fragestellung, die auf das vorhandene Vorwissen und die Interessen des Lernenden aufbaut.

Während die Jugendlichen an ihren Forschungsprojekten arbeiten, beobachtet die Lehrkraft ihre Lernprozesse. Das bedeutet nicht, dass sie den Jugendlichen ständig »über die Schulter schaut«, sondern vielmehr, dass sie sensibel wahrnimmt, ob die Jugendlichen kognitiv aktiv und selbständig arbeiten. Wenn das nicht der Fall ist, weil Jugendliche unter- oder überfordert sind, bietet sie konstruktive Unterstützung an und baut »Lerngerüste« *(Scaffolding)*. Die Lehrkraft steht mit voller Aufmerksamkeit zur Verfügung, um Jugendliche zu unterstützen und zu beraten, die Schwierigkeiten haben und im Arbeitsprozess feststecken.

Selbstregulative und metakognitive Prozesse der Jugendlichen unterstützt die Lehrkraft, wenn sie ihre Schülerinnen und Schüler auffordert ihre Denkstrategien durch lautes Denken offen zu legen *(Articulation)* oder eigene Hypothesen zu bilden *(Exploration)*. Die Lehrkraft respektiert das Grundbedürfnis der Jugendlichen, sich als kompetent Handelnde zu erleben. Durch *Fading* zieht sie sich in den Hintergrund zurück, wenn die Jugendlichen eigenständig und selbstwirksam arbeiten.

Immer wieder regt die Lehrkraft die Schülerinnen und Schüler an ihre Denk- und Handlungsstrategien rückwirkend kritisch zu evaluieren *(Reflection)*. Die Leistungsrückmeldung erfolgt im adaptiven Unterricht vor allem durch formatives Assessment. Dabei handelt es sich um jegliche Aktivität, die dazu genutzt wird, den Lernstand und Lernfortschritt von Schülern bereits während des Lernprozesses zu ermitteln und ihnen dazu mündlich oder schriftlich Rückmeldung zu geben (Black et al. 2001; Hattie 2012). Wird der Lernstand im Gespräch mit dem Jugendlichen gemeinsam reflektiert, kann diese Transparenz zu einer Optimierung seiner zukünftigen Lernprozesse beitragen.

Der Erfolg adaptiven Unterrichts hängt davon ab, ob es gelingt Unterrichtsprozesse differenziert an die Lerninteressen und vor allem -voraussetzungen der unterschiedlichen Lernenden anzupassen (Corno 2008). Betrachtet man Bildung als einen Prozess der Kompetenzentwicklung, der die Jugendlichen »lebenstauglich« machen soll, so geht es darum, sie Schritt für Schritt an anspruchsvollere Aufgaben heranzuführen (Corno 2008, S. 165). Der diagnostische Blick der Lehrkraft ist eine Voraussetzung für das Gelingen des adaptiven Unterrichts. In der Praxis bedeutet dies sich erfahrungsbasiert zügig eine Vorstellung von der Leistungssituation in der Klasse zu machen.

Um das Dilemma zu lösen, dass Jugendliche als hochgradig unterschiedliche Persönlichkeiten in großen Schulklassen gemeinsam unterrichtet werden, ist es möglich, die Jugendlichen auch als Gruppen wahrzunehmen, die je nach Vorwissen und ihrem unterschiedlichen Grad an Selbstregulation, unterschiedlich viel Aufmerksamkeit und Unterstützung durch die Lehrkraft benötigen (Corno 2009). Da forschendes Lernen meist in Kleingruppen stattfindet, können die Forschungsfragen und Projektaufgaben jeweils an das Leistungsspektrum der Gruppe angepasst werden. So kann die Lehrperson durch Scaffolding gezielt diejenigen Kleingruppen fördern, die mehr Unterstützung bei der Projektplanung und -durchführung benötigen. Wenn leistungsheterogene Gruppen gebildet werden, ist es wichtig, dass Jugendliche mit hohem Unterstützungsbedarf durch die anderen Schülerinnen und Schüler im Team und durch die Lehrkraft eingebunden und unterstützt werden.

Dabei sollte im adaptiven Unterricht trotz aller Differenzierung immer ein gemeinsamer thematischer Rahmen der ganzen Klasse erkennbar bleiben. Nur so kann gesichert werden, dass alle Schülerinnen und Schüler eine Sache, Corno nennt es den »middle ground«, als gemeinsame Arbeitsgrundlage und geteilten Kommunikationsraum empfinden (Corno 2009, S. 166). Ziel des adaptiven Unterrichtens ist es, die unterschiedlichen Jugendlichen individuell so zu fördern, dass möglichst alle diesem »middle ground« angehören können. Damit das gelingt, brauchen die Jugendlichen ein unterschiedliches Maß an Unterstützung. Trotz dieser Unterstützung von Seiten der Lehrperson fordert und fördert das forschende Lernen ein hohes Maß an Selbstregulation beim Lernen. Gerade diese wachsenden Spielräume zu Selbstregulation entsprechen den natürlichen Bedürfnissen eines Menschen in der Lebensphase Jugend. Der graduelle und pädagogisch unterstützte Zuwachs an Eigenverantwortung ist für Jugendliche eine zentrale Quelle der Motivation, sich aktiv im Lernen zu engagieren (Randi/ Corno 2005, S. 48).

Voice & Choice: Unterstützung der Identitätsentwicklung durch Partizipation

Ob Jugendliche in ihrem Lernprozess engagiert sind, hängt entscheidend davon ab, ob ihnen das Lernen bedeutsam erscheint und ob sie sich als aktive Subjekte erleben können. Voice & Choice bringt eine pädagogische Haltung zum Ausdruck, die Jugendlichen ermöglicht durch Partizipation und eigene Entscheidungen zu Akteuren ihres Lernens zu werden (Toshalis/Nakkula 2012).

Genau darauf kommt es an für das Gelingen von Deep Learning und forschendem Lernen: Die aktive Gestaltung der ko-konstruktiven Phase durch die Jugendlichen wird zum Motor für selbstregulierte Lernprozesse. Diese Sichtweise auf Jugendliche bewirkt weitreichende Veränderungen. Wenn die Schülerinnen und Schüler das Gefühl haben, für das Mitteilen ihrer Sichtweisen respektiert und wertgeschätzt zu werden, entwickeln sie ein Zugehörigkeitsgefühl zum Unterricht (Mitra 2009). Dass Jugendliche alleine und in Gruppen bestimmte Entscheidungen in ihrem Lernprozess treffen können, hat Studien zufolge einen direkten Einfluss auf ihre Lernleistungen und ihren Lernerfolg (Mitra/Gross 2009; Toshalis/Nakkula 2012). Je mehr Gelegenheiten eine Lehrkraft Jugendlichen zum Erleben ihrer Autonomie gibt, desto wahrscheinlicher wird ein Anstieg von Motivation und Engagement der Schülerinnen und Schüler (Borjian/Padilla 2010; Toshalis/Nakkula 2012). Für das Gelingen von Lernprozessen des Deep Learning ist das essentiell.

Wenn in Phasen des forschenden und projektorientierten Lernens alle Entscheidungen allein durch die Lehrkraft getroffen würden, könnte Lernen nicht als Prozess der Entwicklung einer eigenen Identität empfunden werden (Larmer 2016). Damit sowohl der Lernzuwachs gesichert als auch die Identitätsstärkung von Jugendlichen gestärkt wird, sollten Lehrkräfte Elemente von Voice und Choice planen, zielgerichtet einsetzen und situationsbedingt begründen (Morrison 2008).

So wie Erwachsene in der Arbeitswelt Termine einhalten müssen und sich nicht immer aussuchen können, mit wem sie zusammenarbeiten möchten, gilt dabei auch für Jugendliche, dass nicht alles verhandelbar ist. Der zeitliche Rahmen eines Projekts mit festen Terminen, zum Beispiel, sollte nicht zur Disposition stehen. Bei entscheidenden inhaltlichen und methodischen Fragen sollte die Stimme der Jugendlichen den Ausschlag geben. Es geht also darum, Strukturen zu schaffen, die Jugendliche in wichtigen Fragen Voice and Choice ermöglichen (Hobday 2012).

Dabei gilt es sorgfältig abzuwägen, welche Entscheidungsspielräume Schülerinnen und Schüler überfordern würden und welche altersangemessen sind (Preuß 2013). Differenzierung je nach Vorwissen und Fähigkeit zur Selbstregulation ist erforderlich, um allen Jugendlichen gerecht zu werden. Wieder kommt es darauf an, Unterstützung durch Scaffolding den Schülerinnen und Schülern zu bieten, die mit einer Vielzahl an Entscheidungsmöglichkeiten überfordert wären. Für sie geht es darum, Entscheidungsspielräume schrittweise zu erweitern und sie graduell an die Selbstregulation heranzuführen.

Als wirksam hat sich auch die Unterscheidung in für alle verbindliche Aufgabenteile und Wahlaufgaben erwiesen. Die Jugendlichen werden dabei in einer frühen Phase des Themas aufgefordert, selbst Aufgaben für den Wahlbereich vorzuschlagen, was das divergente Denken fördert (Cropley 1998).

Von der Instruktion über die Ko-Konstruktion zur öffentlichen Präsentation

Wenn Jugendliche Verantwortung für ihr Lernen übernehmen und Lernprozesse in Eigeninitiative gestalten, dann verdient das den anerkennenden Blick der Öffentlichkeit. Gerade wenn die Schülerinnen und Schüler intrinsisch motiviert sind, entstehen oft auch sehr gute Ergebnisse, die mit Recht Anspruch auf Sichtbarkeit haben. Für diese abschließende Präsentationsphase bieten sich je nach Wissensgebiet unterschiedliche Präsentationsformen an. Entscheidend ist, dass eine Öffentlichkeit für das Zeigen von Leistungen geschaffen wird.

Unterschiedliche Formen der öffentlichen Präsentation von Leistungen

- Ausstellung mit Vernissage
- Aufführung
- Experiment
- Posterpräsentation
- Projektmesse
- Film/e
- Internetseite
- Happening
- Zeitung/Zeitschrift/Buch
- Stadtführung
- Symposium/Tagung
- Science Slam/Poetry Slam

Manchmal sind Projektpräsentationen im Kreis der Klasse angemessen, doch oft finden arbeitsreiche Projektphasen einen besonders würdigen Abschluss, wenn über die eigene Klasse hinausgehend Mitschülerinnen und Mitschüler, Eltern, Verwandte oder sogar die Öffentlichkeit der Stadt oder Gemeinde zur Präsentation eingeladen werden. Es geht darum, dass Jugendliche zeigen können, wie sie ihr Wissen durch die intensive Arbeit damit produktiv angewendet und nutzbar gemacht haben. Sie sollen sich völlig zu Recht in ihrer neu erarbeiteten Kompetenz und Selbstwirksamkeit erleben dürfen (Institute for Inquiry 2017).

Das Öffnen der »black box« des Klassenzimmers für den Blick von außen ist nicht nur als Quelle von Motivation, sondern auch als Form der Leistungsrückmeldung nicht zu unterschätzen. Der öffentliche Rahmen schafft eine Authentizität, in der schulisch erbrachte Leistungen für die Welt außerhalb des Klassenzimmers sichtbar werden. Auf natürliche Weise ergibt sich so eine weitere Möglichkeit für Voice & Choice. Zum Beispiel, wenn ihnen Eltern, Mitschülerinnen und Mitschüler oder interessierte Bürger Fragen zum Projekt stellen und sie dabei die Gelegenheit erhalten, ihr Lernen zu reflektieren.

So wird der gesamte Bogen von Deep Learning noch einmal sichtbar: von der Themeneinführung und instruktiven Vermittlung zentraler Konzepte durch die Lehrkraft über die innovative Arbeit durch forschendes und projektorientiertes Lernen bis zur öffentlichen Demonstration der neu entwickelten Kompetenzen der Jugendlichen. In Abbildung 11 lassen sich die Schritte von Deep Learning von der Instruktion über die Ko-Konstruktion mit Hilfe des forschenden Lernens bis hin zur Präsentation nachvollziehen.

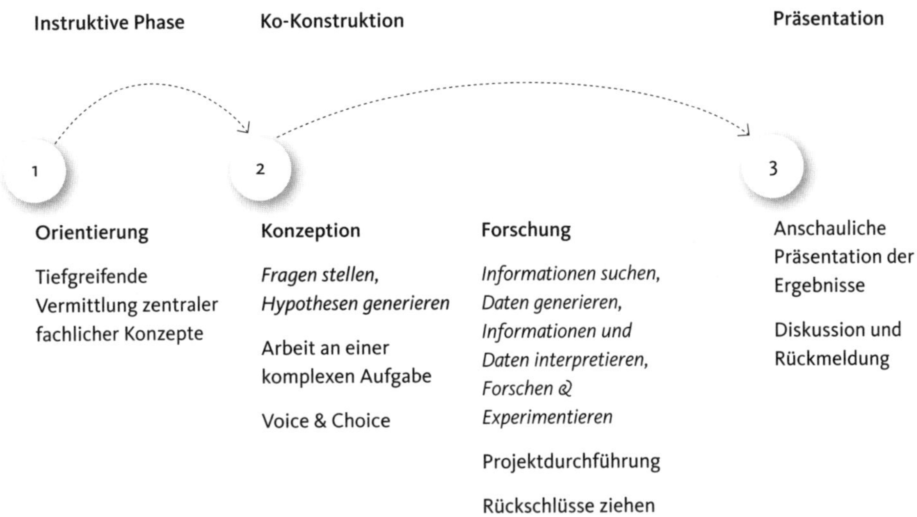

Abb. 11: Verbindung des Deep-Learning-Modells mit dem Modell des Inquiry-based learning

Ausblick: Responsives Unterrichten für engagiertes Lernen

Jugendliche lernen anders: anders als Kinder, die – von ihrem natürlichen Explorationstrieb angestoßen – die Welt um sie herum mit großer Neugier entdecken. Anders als Erwachsene, die vorausschauend planen und überlegt handeln müssen. Jugendliche zeigen weder die natürliche Lernfreude von Kleinkindern noch die zielorientierte Vorgehensweise von Erwachsenen.

Der Wunsch nach Unabhängigkeit und Eigenständigkeit nimmt im Jugendalter stetig zu, aber die Abhängigkeit der Jugendlichen von den Strukturen, Ratschlägen und Unterstützungsmaßnahmen durch erwachsene Bezugspersonen ist noch so groß, dass manches misslingen würde, wenn es völlig ohne Erwachsene bewältigt werden müsste.

So manches erscheint paradox: Einerseits wollen die Jugendlichen in Ruhe gelassen werden, zugleich ist es ihnen enorm wichtig, von Eltern und Lehrkräften wahrgenommen, verstanden und respektiert zu werden. Die amerikanische Psychologin Lisa Damour schreibt: »Teenager müssen das unmögliche Projekt bewältigen, selbständig zu werden, obwohl sie noch unter dem Dach der Eltern schlafen und die Aufgaben der Lehrer bearbeiten. Um dieses paradoxe Ziel zu erreichen, distanzieren sie sich psychologisch, um sich darauf vorzubereiten, in nicht allzu langer Zeit auch physisch eigene Wege zu gehen« (Damour 2017, Übersetzung durch die Autorin).

Was auf den ersten Blick als Widerspruch erscheint, beschreibt sehr gut das Paradox der Lebensphase: Zwischen »Lass mich in Ruhe und mach die Tür zu« und »Hör mir zu und nimm mich ernst« liegen die Herausforderungen einer Pädagogik der professionellen Begleitung von Jugendlichen auf dem Weg in die Erwachsenenwelt. Doch woran müssen wir arbeiten, um Jugendliche für das Lernen zu gewinnen oder sogar zu begeistern? Diese abschließenden Fragen stehen im Mittelpunkt des letzten Kapitels.

Jugendliche zwischen 11 und 16 Jahren haben eigene Meinungen. Sie beobachten die Prozesse in ihrem Leben und bewerten das, was ihnen in Familie und Schule widerfährt. Damit die Stimme der Jugendlichen hörbar wird, ist der Text mit Originalzitaten aus Interviews mit Schülerinnen und Schülern der siebten und achten Klassen an Schulen in Baden-Württemberg und Kanada angereichert. So kommen zum Abschluss des Buches Jugendliche zu Wort, die Wichtiges über ihr Lernen an Schulen sagen, an denen sie jede Woche mehr Zeit verbringen als jede Generation vor ihnen.

Auch Lehrkräfte kommen in diesem Kapitel zu Wort. Mit ihnen wurden ebenso Gespräche darüber geführt, wie sie Jugendliche wahrnehmen, was ihnen an der Arbeit mit 11- bis 16-Jährigen gefällt, was ihnen Sorgen macht und worin ihrer Ansicht nach die Perspektiven der Schulentwicklung für die Jugendphase liegen. Ergebnis der vielen Gespräche mit Jugendlichen und ihren Lehrkräften sind fünf Thesen, die dieses Buch abschließen. Diese Thesen sollen zur Weiterentwicklung der Schule anregen und einladen, sodass sie der Lebensphase Jugend und ihren speziellen Entwicklungsbedürfnissen noch besser als bisher gerecht wird.

Postulat 1: Wir brauchen ein professionelleres Verständnis der Jugendphase als »Transformationsprozess«, um Schulen so zu entwickeln, dass Jugendliche in ihnen engagiert lernen

Sichtweisen von Jugendlichen und Lehrkräften

»Ich finde es immer gut, wenn wir zwischendurch ins Lernzentrum gehen dürfen, um dort an unseren Projekten zu arbeiten. Ich kann mich da besser konzentrieren und finde es super, dass wir selbständig arbeiten dürfen.« (Schüler, 14 Jahre)

»Bis vor ein paar Jahren war Lernen so ein versteckter Prozess. Jetzt reden wir mit den Jugendlichen über Lernen. Welche Lernziele haben wir und warum? Wie funktioniert unser Gehirn? Warum muss man Sachen, die man lernt, eigentlich üben und wiederholen? Und wie kann man sein Lernen selbst organisieren?« (Lehrerin)

»Leider haben wir nur einen Lehrer, der uns aussuchen lässt, wie wir zeigen, was wir gelernt haben. Er sagt, so lange alle wichtigen Punkte drin sind, lässt er uns die Freiheit. Da kommen wir immer auf richtig gute Ideen, bauen originelle Sachen und so. Da guckt man dann echt nicht mehr auf die Uhr, sondern macht immer weiter.« (Schülerin, 14 Jahre)

»Manche Lehrer verstehen einfach nicht, wie schwer es manchmal ist, Schüler zu sein. Manche verstehen die Sachen halt schneller als andere. Die Lehrer sagen immer: Fragt, wenn ihr etwas nicht versteht. Aber wenn man fragen würde, wird man hinterher halt ausgelacht. Das verstehen Lehrer irgendwie nicht.« (Schüler, 13 Jahre)

»Die Kids heute leben im digitalen Zeitalter. Die wachsen völlig anders auf als wir. Das müssen wir zur Kenntnis nehmen und diese neue Situation müssen wir gemeinsam mit unseren Schülern positiv gestalten.« (Lehrer)

»Seit wir Lehrer hier im Team arbeiten, läuft das. Jeder von uns ist Experte für das, was er am besten kann. Und jeder von uns weiß inzwischen, wer was am besten kann. Es ist für alle so viel einfacher geworden, seit wir das so machen.« (Lehrerin)

Wer Jugendliche in ihrer Entwicklung vom Kind zum Erwachsenen professionell begleiten möchte, benötigt substantielle Expertise über die interdependenten Veränderungsprozesse, die die Jugendphase entwicklungspsychologisch und physiologisch zu einer »Umbauphase« machen. Lehrkräfte, Schulsozialarbeiter, Schulpsychologen und andere professionelle Kräfte sind »Umbauhelfer«. Ihre Rolle besteht primär darin, den oft gewinnbringenden, zuweilen prekären Transformationsprozess vom Kind zum Erwachsenen kompetent zu unterstützen. Jugendliche kreisen um sich selbst in ihrer Suche nach Identität, Persönlichkeit und Unabhängigkeit. Zugleich brauchen und suchen sie – mehr als zu jedem anderen Zeitpunkt im Leben – die Akzeptanz durch gleichaltrige Peers und den Respekt der Erwachsenen.

Um Jugendliche in ihren der Lebensphase eigenen Verhaltensweisen zu verstehen, brauchen Pädagoginnen und Pädagogen wissenschaftlich fundierte Kenntnisse über das Jugendalter als Transformationsphase. Dazu gehört ein genaues Verständnis der Prozesse, die im Körper, vor allem im Gehirn, von Jugendlichen ablaufen. Die Tatsache, dass im Jugendalter rasante körperliche Veränderungen die Lebensrealität so sehr prägen, wie das bei Babys und Kleinkindern in den ersten beiden Lebensjahren der Fall ist, unterscheidet jugendliche Lerner grundsätzlich von Grundschülerinnen und Grundschülern.

Was die Sache so komplex macht: Kognitive, sozial-emotionale und körperliche Veränderungen verlaufen nicht nur sprunghaft, sondern auch asynchron ab. Eine klare Progression ist in der Entwicklung vom Kind zum Erwachsenen nicht leicht erkennbar, was Erwachsene oft verwirrt. Sie fragen sich: Wie kann derselbe Jugendliche, den man in einer anderen Situationen bereits als reife Person erlebt hat, jetzt plötzlich so unvernünftig handeln? Doch vernünftiges Handeln will gelernt sein und dazu bedarf es passender Gelegenheitsstrukturen:

> »Elternhaus und Schule sollten Teenagern, die in diesem Altern schon relativ gut die Dynamik und Komplexität eines Problems erkennen, aber gerade erst beginnen, reflektierte Formen des Problemlösens zu entwickeln, ein geschütztes Experimentierfeld bieten. Kleinkinder brauchen ein geschütztes Umfeld, um zu lernen, sich selbständig zu bewegen. Jugendliche brauchen es auch wieder, um zu lernen, selbständig Probleme zu lösen. Das ist für Jugendliche die Emanzipation von ihrer bisher blinden Akzeptanz der von Erwachsenen im Kindheitsalter ständig gesetzten Regeln« (Sylwester 2006, S. 4, Übersetzung durch die Autorin).

Hormonelle Veränderungen im Körper und Verschiebungen im Schlafverhalten machen den Umgang mit Jugendlichen für Eltern und Lehrkräfte zu einer Herausforderung: Jugendliche, die gerade noch wach und aufmerksam waren, können kurze Zeit später müde und schlapp sein. Sprunghaftes Wachstum kann körperliche Schmerzen und Unwohlsein nach sich ziehen, die die Reizbarkeit der Jugendlichen deutlich erhöhen.

Die sich entwickelnde Fähigkeit zu komplexen kognitiven und metakognitiven Prozessen löst das kindhafte Denken ab. Mit der Fähigkeit zur Abstraktion stellen sich den Jugendlichen neue Fragen an die Welt, Fragen nach Gerechtigkeit und Sinn, die nicht einfach zu beantworten sind und zuweilen starke Emotionen hervorrufen. Verschärfend kommt hinzu, dass vorhandene Emotionen teilweise durch hormonelle Prozesse weiter verstärkt werden. Angst und Wut werden intensiv wahrgenommen und beeinflussen die Aufmerksamkeitsspanne und das Erinnerungsvermögen von Jugendlichen (Manitoba 2010, S. 12).

Lehrkräften fällt es häufig schwer, die erratisch erscheinenden Verhaltensweisen von Jugendlichen nachzuvollziehen, denn die noch relativ neuen Erkenntnisse zur Entwicklung des jugendlichen Gehirns sind bisher nicht verbindlicher Inhalt der Lehreraus- und -fortbildung. Der Frontalkortex, im Gehirn zuständig für Planung, Selbstregulation und Urteilsbildung, entwickelt sich im Jugendalter rasant, sodass das Gehirn in dieser Lebensphase massiv umgebaut wird.

In der Phase der Jugend wird mehr als in anderen Phasen des menschlichen Lebens im Gehirn aufgeräumt und neu sortiert, sodass sich wenig genutzte Synapsen zurückbilden. Was Jugendliche interessiert, was sie regelmäßig tun, bildet sich in ihrem Gehirn in gestärkten Synapsenverbindungen ab. In diesem Prozess bildet sich die eigentliche Persönlichkeit, die dann bis ins Erwachsenenalter hinein in zentralen Lebensentscheidungen wirksam wird. Dieser Prozess ist hochindividuell und hängt entscheidend davon ab, welche Gelegenheitsstrukturen die Persönlichkeitsentwicklung von Jugendlichen unterstützen. Wie in der frühen Kindheit wird die Lebenswelt mit ihren Möglichkeiten und ihren Grenzen zum Spiegel der Entwicklung des jugendlichen Gehirns.

Nicht nur die professionellen Kompetenzen der Erwachsenen, die mit Jugendlichen arbeiten, sondern auch die Beschaffenheit der Lern- und Lebenswelten für Jugendliche öffnet oder schließt ihre Möglichkeitsräume. Lehrkräfte spielen eine zentrale Rolle in diesem Prozess. Um Jugendliche in der Entwicklung ihrer Fähigkeit zum Entscheiden und Problemlösen unterstützen zu können, bedarf es einer anderen Art der professionellen Kompetenz als der traditionell in der Lehreraus- und -fortbildung vermittelten.

Unterricht kann nur dann altersangemessene Lernräume für Jugendliche eröffnen, wenn er kognitiv aktiviert und Jugendlichen echte Optionen gibt, Entscheidungen zu treffen, bedeutungsvolle Projekte umzusetzen und die Konsequenzen ihres Handelns zu erleben. Lehrkräfte gestalten Lernprozesse zwischen den beiden Polen von Freiheit und Struktur. Die professionelle Lehrerrolle ist dabei facettenreich und lässt sich nicht auf eine Handlungsdimension reduzieren. Mit dem Ziel der Persönlichkeitsentwicklung von Jugendlichen im Blick eröffnen Lehrkräfte Freiheitsräume und setzen Strukturen dort, wo sie als Gerüste erforderlich sind.

Die in den letzten Jahren neu gewonnenen Erkenntnisse über die Jugendphase bieten die Möglichkeit, die Lehreraus- und -fortbildung klarer zu profilieren. Wenn Lehrkräfte auf die besonderen Chancen und Herausforderungen des Jugendalters gut vorbereitet sind, wird es ihnen besser gelingen, Jugendliche zum Lernen zu motivieren, sie bei der Regulierung ihrer Emotionen zu unterstützen und ihnen das notwendige Selbstvertrauen, gepaart mit Selbstdisziplin, zu vermitteln, um der zentralen Entwicklungsherausforderung des Jugendalters zu begegnen: der Fähigkeit zur Selbstregulation.

Was zu tun ist:

- Das aktuelle Wissen über die Bedeutung der Transformationsphase Jugend, die körperliche, soziale, emotionale, kognitive und metakognitive Entwicklung von Jugendlichen, sowie die daraus abgeleiteten besonderen Bedürfnisse von Jugendlichen, werden in der Lehreraus- und der Lehrerfortbildung vermittelt.
- Durch multiprofessionelle Teamarbeit von Lehrkräften und Schulsozialarbeiterinnen und -arbeitern, die auch die Perspektiven von Jugendlichen und ihren Eltern miteinbezieht, kommt ein ganzheitlicher Blick auf Jugendliche zustande. Dieser

Blick ist die Grundlage für die Entwicklung eigener Unterrichts- und Mentorenkonzepte, die die besonderen Lern-und Entwicklungsbedürfnisse von Jugendlichen reflektieren.

- Jugendliche werden von der Schule regelmäßig mit Hilfe von Surveys, Fokusgruppen oder anderen Instrumenten zu ihrer Wahrnehmung von Schule und Unterricht befragt und erhalten so die Möglichkeit, an einer jugendgerechten Weiterentwicklung von Unterricht und Schule mitzuwirken.
- Die Unterrichtszeiten für Jugendliche spiegeln die empirischen Erkenntnisse zur Chronobiologie des Jugendalters wider. Unterrichtsbeginn ist nicht vor 8:30 Uhr.

Postulat 2: Unterricht für Jugendliche muss sich an den zentralen Entwicklungsbedürfnissen der Lebensphase Jugend orientieren

Sichtweisen von Jugendlichen und Lehrkräften

»Ich erzähle unserer Lehrerin, wo wir gerade stehen in unserem Projekt. Dann erklärt sie uns, wie sie unsere Arbeit wahrnimmt. Dabei gibt sie uns fast immer Hinweise, auf die wir selbst so nicht gekommen wären.« (Schülerin, 13 Jahre)

»Die Frage, die ich mir immer stelle, ist: Ist das der Unterricht, den ich mir für meinen eigenen Sohn gewünscht hätte? Ich habe ihn in der Mittelstufe leiden sehen und bin wirklich froh, dass er jetzt sein Abi in der Tasche hat. Er war in der siebten, achten Klasse oft so frustriert und gelangweilt in der Schule.« (Lehrer)

»An meiner neuen Schule gibt es so Schließfächer. Da kann man seine Sachen drin lassen. Das finde ich super. Außerdem sehen die Klassen besser aus, weil die Lehrer hier ihre Räume alle schön einrichten. Meine alte Schule fühlte sich oft an wie ein Bahnhof.« (Schülerin, 15 Jahre)

Unterricht nimmt viel Zeit und Raum im Leben von 11- bis 16-Jährigen ein. Durch die Ausweitung der Stundentafel und durch die Einführung von Ganztagsschulen und G8 hat sich der Schultag oft bis in den Nachmittag verlängert. Keine Generation bisher hat so viel Lebenszeit in der Schule verbracht. Die Bedeutung von Lehrkräften und Schulsozialarbeitern als zentrale Bezugspersonen für Jugendliche gewinnt dadurch deutlich an Gewicht. Teilweise verbringen Jugendliche mehr Zeit mit ihnen als mit den Erwachsenen in ihrer Familie. Um den besonderen Bedürfnissen der Jugendphase gerecht zu werden, müssen schulische Lernwelten empfänglich sein für die Entwicklungsherausforderungen des Jugendalters und diesen fürsorglich begegnen.

Das an kanadischen Schulen entwickelte Konzept *responsiver Schulen* (Manitoba Education 2010) sieht Schulen daher in der Verantwortung, durch die Gestaltung von sozialen Beziehungen professionell auf die besonderen sozial-emotionalen, kognitiven und gesundheitlichen Bedürfnisse von Jugendlichen einzugehen. Ob dies an einer Schule gelingt, entscheidet mit über den schulischen Erfolg, den Schulabschluss und einen gelingenden Übergang von der Jugendphase in das Leben als junge Erwachsene (National Middle School Association, S. 32). Schulen, die responsiv auf die besonderen Lernbedürfnisse von Jugendlichen reagieren, verändern die Art und Weise, wie sie unterrichten, Leistung wahrnehmen und bewerten.

Responsiver Unterricht bietet immer auch Raum, um die Fragen der Jugendlichen an das Unterrichtsthema zu bearbeiten und nimmt dabei Vorwissen und Interessen von Jugendlichen ernst, sodass sie ihre individuellen Potentiale entfalten können. Leistungsbewertung dient primär der Förderung des Lernens und ist formativ, kriteriengeleitet und potentialorientiert.

Beim responsiven Unterrichten geht es darum, Jugendliche in die Lage zu versetzen für sich persönlich gute Entscheidungen zu treffen und nicht darum, ein bestimmtes Verhalten durch Disziplinierung zu erzwingen. Jugendliche werden durch Voice und Choice (Victoria Department of Education 2007) dazu ermutigt, eine aktive Rolle in ihrem Bildungsprozess zu übernehmen. Wenn wir Jugendliche wollen, die kognitiv aktiviert und engagiert lernen, ist das wichtiger, als um jeden Preis den Lehrstoff durchzuziehen. Verschont vor schwierigen Gesprächen werden die Jugendlichen dadurch nicht. Im Gegenteil, es geht darum ehrliche Schüler-Lehrer-Beziehung aufzubauen, in denen auf Augenhöhe auch ein kritisches Feedback das Lernen der Jugendlichen stärkt.

Responsiver Unterricht wird bewusst ausgehend von den besonderen Lern- und Entwicklungsbedürfnissen von Jugendlichen geplant. Er strebt an, dass alle Jugendlichen engagiert lernen, und bietet ihnen daher Wahlmöglichkeiten und die Gelegenheit, mit anderen Jugendlichen in Teams zu arbeiten. Die formative Leistungsrückmeldung begleitet den Prozess und dient auch dazu, Unterricht adaptiv zu gestalten, um für unterschiedliche Individuen und Gruppen jeweils möglichst passgenaue Lernziele zu setzen.

Responsiver Unterricht geht von einer natürlichen Diversität jeder Lerngruppe aus und sieht in der Vielfalt der Interessen und Begabungen einen menschlichen Reichtum, der Respekt verdient. Dieser Respekt für Vielfalt wird den Jugendlichen klar vermittelt und spiegelt sich wider in der Differenzierung von Lernaufgaben und in einer Kultur der individuellen Rückmeldung. Dabei sind die Jugendlichen in jedem Schritt des Lernprozesses aktiv beteiligt. Sie formulieren eigene Lernziele und erarbeiten selbst Erfolgskriterien, an denen sie ihr Lernen messen möchten. Die wachsende Verantwortung der Jugendlichen für den eigenen Lernprozess lässt sie zu Partnern der Lehrkräfte im Projekt werden.

Die Aufgaben der Lehrkräfte verändern sich im Prozess von der direkten Instruktion und dem Modellieren am Anfang hin zum Lerncoaching und dem formativen Feedback in späteren Unterrichtsphasen. Um positive Risiken in ihrem Lernen eingehen zu können, brauchen die Jugendlichen von den Lehrkräften sowohl Ermutigung als auch konkrete Lerngerüste (Scaffolding) und präzises formatives Feedback. Jugendliche sollen Lehrkräfte als Resonanzgeber verstehen, die sie auf ihrem Weg in die Selbständigkeit begleiten.

In einer Gemeinschaft der Lernenden lernt es sich besser, vor allem wenn auch Mitschülerinnen und Mitschüler als konstruktive Partner im Prozess der eigenen Persönlichkeitsbildung erlebt werden. Das gelingt in einer Kultur, die den Wert der Individualität jedes Einzelnen schätzt und in der Unterschiedlichkeit der Menschen eine Lernressource für die individuelle Persönlichkeitsentwicklung sieht. Individuelle Identität und Gemeinschaft stehen dabei nicht im Widerspruch, sondern bedingen einander. Eine solche Klasse hat eine klare Werteordnung, die von Lehrkräften authentisch kommuniziert und vorgelebt werden muss. Nur das wird dazu führen, dass Jugendliche sich als wertgeschätzte Mitglieder einer Lerngemeinschaft fühlen, die gemeinsam erfolgreicher ist, als es jeder für sich allein sein könnte.

Schritt für Schritt mehr Eigenverantwortung für ihr gemeinsames Lernen an die Jugendlichen zu übertragen ist dabei der Schüssel zum Engagement von Jugendlichen. Responsives Unterrichten lebt von einem Geben und Nehmen zwischen Jugendlichen und ihren Lehrerinnen und Lehrern. Gemeinsam erkunden sie im Dialog, welche der Lernziele die Jugendlichen erreicht haben, was sie bereits wissen und können. Beobachtung und Feedback der Lehrkräfte helfen den Jugendlichen, ihren Arbeitsprozess immer wieder nachzujustieren und die nächsten Schritte zu planen.

Während die Jugendlichen selbständig arbeiten, dient die Lehrkraft ihnen als Quelle von konstruktiver und persönlichkeitsstärkender Rückmeldung. Anhand von gezielten Beobachtungen und unterschiedlichen Formen des Feedbacks, auch durch »Rückmeldekonferenzen« in einem festen Rahmen im Unterricht, erhalten die Jugendlichen die Gelegenheit zur Selbsteinschätzung und erfahren durch die Rückmeldung von Peers und Lehrkräften, wo sie in ihrem Lernprozess stehen und wo Nachjustierung oder Umsteuerung erforderlich ist, um Lernziele zu erreichen.

Die Verantwortung für die Selbstregulation wird ihnen dadurch nicht entzogen, ganz im Gegenteil: Sie erfahren erst auf diese Weise, dass es um sie selbst und ihre Persönlichkeitsentwicklung geht, dass sie das Heft des Handelns in der Hand halten. Das Bewertungsmonopol der Lehrkraft wird schrittweise abgelöst durch die Fähigkeit der Jugendlichen, sich selbst einzuschätzen. Gute Feedbacksysteme haben einen enormen Einfluss auf das Engagement von Jugendlichen in ihrem Lernprozess. Im besten Fall ist konstruktives Feedback der Motor, der das selbstregulierte Lernen der Jugendlichen antreibt.

Auch für die Gestaltung von Schulzeugnissen haben die neuen Erkenntnisse zum Lernen im Jugendalter deutliche Konsequenzen: Um den Jugendlichen gerecht zu werden und sie in ihrer Motivation zum Lernen zu bestärken, reichen Ziffernnoten nicht aus. Für eine neue Kultur des Lernens im Jugendalter, die dem Forschungsstand entspricht, wird es erforderlich sein, Zeugnisse stärker formativ auszurichten. Konkrete Informationen zu bereits erreichten Lernzielen sollten hier einhergehen mit Beobachtungen zur Lernentwicklung und zum Lernverhalten. Der summative Gehalt der Zeugnisse verliert, der formative gewinnt deutlich an Bedeutung. Es geht darum, das Engagement zum Lernen durch konstruktive Rückmeldung aufrechtzuerhalten und weiter zu stärken.

Gerechtigkeit spielt für Jugendliche eine große Rolle. Nur wenn Rückmeldungen als fair wahrgenommen werden, befördern sie das Engagement der Schülerinnen und Schüler.

Responsiv zu unterrichten bedeutet auch, dass Jugendliche ihr Lernen selbst dokumentieren dürfen. Sie übernehmen Verantwortung, wenn sie Nachweise und Dokumente zu ihrem Lernprozess in einer Mappe oder einem elektronischen Portfolio sammeln und ihre Lernschritte und Lernerfolge in schülergeleiteten Konferenzen zum Beispiel ihren Eltern präsentieren können. Leistungsbewertung ist also nicht etwas, was die Lehrkräfte den Jugendlichen »antun«, sondern vielmehr »ein kooperativer und dialogischer Prozess, in dem Schüler und Lehrer Informationen über das Lernen austauschen und sich über den weiteren Verlauf des Prozesses verständigen« (Manitoba Education 2010, S. 22, Übersetzung durch die Autorin).

Was zu tun ist:

- Alle Unterrichtskonzepte und -entwürfe für die Arbeit mit Jugendlichen reflektieren das Bedürfnis von Jugendlichen nach kognitiver Aktivierung und eigenständigem kompetenten Handeln.
- Stundenpläne werden so flexibilisiert, dass sinnvolle Zeitfenster für projektorientiertes Arbeiten in fachlichen oder fächerübergreifenden Zusammenhängen eröffnet werden.
- Das Potential der digitalen Medien wird in der Arbeit mit Jugendlichen so genutzt, dass die Schülerinnen und Schüler Medien nicht nur konsumieren, sondern Wissen anspruchsvoll und kreativ mit Hilfe digitaler Medien aufbereitet präsentieren.
- Unterricht für Jugendliche ist adaptiv gestaltet und bietet Freiräume für die Entwicklung von Kompetenz in Abhängigkeit von individuellen Lernvoraussetzungen, Begabungen und Interessen.
- Lehrkräfte arbeiten wöchentlich in festen Kooperationszeiten professionell zusammen, um anspruchsvolle Unterrichtsvorhaben für Jugendliche zu entwickelt. Zeitfenster für kooperative Arbeit von Lehrkräften können geschaffen werden, wenn die Jugendlichen im selben Zeitfenster eigenständig an bestimmten Projekten arbeiten.
- Leistungsbewertungen in Form von Noten und Zeugnissen werden grundsätzlich entwicklungsorientiert erteilt, sodass Jugendliche sehen, wo und wie sie sich verbessern können.
- Elterngespräche zum Ende des Schulhalbjahres werden nicht ohne die Jugendlichen durchgeführt. Sie übernehmen Verantwortung für ihr Lernen und erhalten dort die Gelegenheit, über ihre nächsten Entwicklungsschritte zu sprechen und ihren Unterstützungsbedarf durch Lehrkräfte und Eltern zu klären.

Postulat 3: Lern- und Entwicklungsprozesse von Jugendlichen lassen sich durch eine hohe Beziehungsqualität wirksam unterstützen

Sichtweisen von Jugendlichen und Lehrkräften

»Ganz viel hängt davon ab, ob wir die Jugendlichen als kompetent wahrnehmen und ihnen etwas zutrauen. Und ob wir wollen, dass sie sich selbst als kompetent wahrnehmen und dann auch selbstverantwortlich dafür einstehen.« (Lehrerin)

»Hier an der Schule gibt es jetzt feste Zeiten für Coaching: Die Schüler erhalten dann individuell Feedback von uns. Und dabei merken sie, dass wir eigentlich da sind, um ihnen zu helfen, und nicht, um sie zu bestrafen, auch wenn es dabei oft noch viel ehrlicher zugeht, als wenn ich einfach eine schlechte Bewertung unter eine Arbeit schreibe.« (Lehrerin)

»Wissen unsere Lehrer eigentlich, wie die Gehirne der Jugendlichen funktionieren? Überlasse ich es dem Zufall, ob sich im Unterricht eine positive Beziehung zwischen mir und den Schülern entwickelt? Oder plane ich meinen Unterricht so, dass das der Fall ist?« (Lehrerin)

»Ich mag es, mit meinem Lehrer schriftlich über unsere Lernplattform in den Dialog zu treten. Das ist so, als wenn wir miteinander sprechen, aber ich muss dabei eben keine Sorge haben, dass die anderen in der Klasse das alles mithören. Außerdem kann ich in Ruhe darüber nachdenken, wie ich auf das Feedback von ihm reagieren möchte.« (Schüler, 14 Jahre)

»Was mich immer total ärgert, ist, wenn die ganze Klasse bestraft wird, weil einer oder zwei Quatsch gemacht haben. Das ist total unfair.« (Schülerin, 13 Jahre)

»Jeder Schüler kann lernen. Manchmal muss man aber genau hinschauen, um zu sehen, wie. Ich versuche bei jedem meiner Schüler, herauszufinden, wo die Motivation liegt. Es gibt für Jugendliche nicht diesen einen Weg zu lernen. Das ist für jeden anders. Und am besten lernen sie, wenn sie keine Angst haben und sich nicht selbst im Weg stehen. Wenn der Groschen fällt und sie merken: Das geht hier um mich!« (Lehrerin)

Dass sich eine gute Lehrer-Schüler-Beziehung positiv auf den Lernerfolg von Jugendlichen auswirkt, gilt spätestens seit der Veröffentlichung der Hattie-Studie als erwiesen an. Mit einer Effektstärke von 0,72 haben gute Sozialbeziehungen zwischen Lehrkräften und Jugendlichen eine positive Wirkung auf den Lernerfolg (Hattie 2014, S. 278). Positive Sozialbeziehungen manifestieren sich darin, dass Lehrkräfte den Jugendlichen mit einem wohlwollenden und zugleich diagnostischen Blick sehen. Es geht darum, Jugendliche vor echte Lernherausforderungen zu stellen, ihnen aber zugleich Unterstützung anzubieten, um die Herausforderungen zu bewältigen.

Eine professionelle Lehrer-Schüler-Beziehung ist nicht mit einer Freundschaft zu verwechseln. Aus der Bindungsforschung wissen wir, dass Jugendliche, die nicht in positive Sozialbeziehungen eingebunden sind, diese am dringendsten benötigen. Professionelle Lehrkräfte achten darauf, dass gerade die auf den ersten Blick am wenigsten liebenswert erscheinenden Jugendlichen ihnen nicht durchs Netz fallen. Die Pädagogin Jane Bluestein schreibt: »Für manche Jugendliche ist die Schule die einzige Chance, in ihrer Lebenswelt eine Beziehung zu einem ihnen wohlgesonnenen und fürsorglichen Erwachsenen aufzubauen. Daher kommt es wirklich auf die Qualität der Beziehungen in der Schule an« (Bluestein 2001, S. 95, Übersetzung durch die Autorin).

Es wäre ein großer Fehler, aufgrund des üblichen Drucks der »Stoffvermittlung« auf Zeit für den Aufbau von positiven Lernbeziehungen zu verzichten. Wer Jugendliche für das Wissen seines Unterrichtsfaches begeistern möchte, tut das nicht, indem er um jeden Preis mehr Stoff vermittelt, sondern indem er die Relevanz des Wissens in der Lernbeziehung zu den Schülern lebendig werden lässt. Das Wissen bleibt dann kein fremder Gegenstand aus dem Lehrplan, sondern wird eingebunden in Prozesse des Dialogs, der Entscheidungsfindung und der Zusammenarbeit.

Interesse und Motivation für das Lernen steigen mit dem Grad, mit dem Lerninhalte Anlass geben zu bedeutungsvollen Dialogen, die das abstrakte Lernen mit der Entwicklung der Jugendlichen als Individuen und als Gruppe in Verbindung setzen. Es geht darum, dass »der Schulstoff« von den Jugendlichen als »ihr Anliegen« wahrgenommen wird. Wenn dies gelingt, so zeigt die kanadische Forschung (Manitoba Education 2010), sinkt die Zahl der Unterrichtsstörungen und anderer Formen von Renitenz und Verweigerung bei Jugendlichen deutlich.

Klassenregeln haben sich als besonders wirksam herausgestellt, wenn sie genau darauf abzielen, einen gemeinsamen Lernraum abzusichern, in dem jeder Jugendliche in seiner Unterschiedlichkeit sowohl von der Lehrkraft als auch von den Mitschülern und Mitschülerinnen so angenommen wird, wie er oder sie ist, und alle gemeinsam in ihrer Persönlichkeit gewinnen, wenn sie zusammen lernen. Diese Werteordnung ist keineswegs in einer Gruppe Jugendlicher automatisch vorhanden. Sie entwickelt sich nur, wenn Lehrkräfte sich die Zeit nehmen über den Wert des Miteinander- und Voneinander-Lernens zu sprechen und im Dialog mit den Jugendlichen auf Augenhöhe eine solche demokratische Werteordnung konstituieren.

Was zu tun ist:

- Die Beziehungsqualität zwischen Jugendlichen und Lehrkräften wird strukturell unterstützt, indem Lehrkräfte in Teams mit einer festen Bezugsgruppe an Jugendlichen arbeiten.
- Lehrkräfte für Jugendliche wechseln nicht jährlich, sondern arbeiten über mehrere Jahre mit den Jugendlichen und haben den Anspruch, sie kennenzulernen.
- Jugendliche haben Zugang zu einem festen Mentor oder einem Lerncoach, mit dem sie schulbezogene Anliegen besprechen und von dem sie Rat und Unterstützung erhalten.

Postulat 4: Jugendliche können ihre zentrale Entwicklungsaufgabe nur meistern, wenn sie sich in der Schule eine Meinung bilden und bedeutungsvolle Entscheidungen treffen dürfen

Sichtweisen von Jugendlichen und Lehrkräften
»Wenn wir beim Lernen gar keine eigenen Entscheidungen treffen dürfen, hilft es uns nicht, erwachsen zu werden. In der Welt der Erwachsenen muss man ja immer Entscheidungen treffen.« (Schülerin, 15 Jahre)

»Wir haben jetzt Zeiten, in denen die Schüler selbst überlegen, was sie an unserem Unterrichtsthema am meisten interessiert. Sie dürfen dann selbst Fragen formulieren und überlegen, woran sie arbeiten möchten. Sie können auch entscheiden, ob sie alleine arbeiten oder mit einem Partner. Wir helfen bei der Struktur: Wann muss ich was machen, damit ich mein Ziel tatsächlich erreichen kann?« (Lehrerin)

»Als wir die ganzen neuen Beamer bekommen haben, hab ich zu den Achtklässlern gesagt: Wollt ihr das machen? Ihr kennt euch doch sowieso viel besser mit diesen Sachen aus als wir.« (Schulleiter)

»Beim Herrn A (Lehrer) dürfen wir manchmal aussuchen, wo wir lernen wollen. Manche gehen dann in die Bibliothek und andere auf die Sitzbänke unter den Bäumen. Uns gefällt das, weil ja jeder da anders ist.« (Schüler, 13 Jahre)

Die Entwicklung einer eigenen stabilen Identität ist die zentrale Entwicklungsaufgabe des Jugendalters. Um sie zu meistern, brauchen Jugendliche Gelegenheiten und Räume, in denen sie ihre eigene Stimme finden und wichtige Entscheidungen bezüglich ihres Lernens treffen können (Voice und Choice).

Voice impliziert, dass Jugendliche in der Schule die Möglichkeit erhalten, ihre Sichtweisen zum Ausdruck zu bringen und sich dabei von der Lehrkraft und den Mitschülern und Mitschülerinnen ernst genommen fühlen. Choice bedeutet, dass sie in die Lage versetzt werden, bestimmte Entscheidungen in Bezug auf ihr Lernen und ihre Lebenssituation selbst zu treffen. Durch Voice und Choice werden Jugendliche zu Akteuren und Akteurinnen ihres eigenen Lernprozesses. Sie verstehen, dass es um sie geht – eine zentrale Voraussetzung, um Verantwortung für sich selbst und das eigene Lernen zu übernehmen.

Wenn die Lehrkräfte diejenigen sind, die alle Entscheidungen im Unterricht allein treffen, entsteht bei Jugendlichen die Wahrnehmung, dass Bildung ihnen »angetan« wird. Wenn wir »engagiertes« Lernen wollen, dann geht das nur, wenn Jugendliche verstehen, dass Bildung in erster Linie Selbstbildung ist: ein Prozess, in dem sie sich das Angebot, das die Schule macht, zu eigen machen und es mit persönlicher Bedeutung füllen können.

Voice und Choice zu erhöhen hat für die Persönlichkeitsentwicklung von Jugendlichen eine ganze Reihe positiver Wirkungen: Nicht nur ihre Lernleistung profitiert davon, sondern auch ihre Fähigkeit zur Selbstregulation, ihr Selbstwertgefühl sowie ihre kommunikativen und sozialen Kompetenzen. Schulen mit einem hohen Maß an Partizipation und Entscheidungsmöglichkeiten zeigen niedrigere Raten an Schuldistanz und Schulabsentismus von Jugendlichen. Die Aufgabe der Lehrkräfte wird dadurch einfacher, wie Forschung aus Australien zeigt (Victoria Department of Education 2010, S. 42): Weil das Lernengagement der Jugendlichen steigt und die Schüler-Lehrer-Beziehung enger wird, haben Lehrkräfte mehr Freude am Unterricht und seiner Vorbereitung. Die Wissenschaftler Michael Fullan und Andy Hargreaves beschreiben es so: »Jugendliche zu Partnern ihres Bildungsprozesses zu machen, bedeutet sie unmittelbar in wichtige Entscheidungen ihres Bildungsprozesses einzubeziehen« (Hargreaves/Fullan 1998, S. 15, Übersetzung durch die Autorin).

Was zu tun ist:

- Unterricht enthält neben instruktiven, auch ko-konstruktive Phasen, in denen Jugendliche ihr Lernen selbst planen, kreativ umsetzen, präsentieren und reflektieren können.
- Fragen von Jugendlichen an den jeweiligen Unterrichtsgegenstand werden ernst genommen und im Unterricht besprochen bzw. bearbeitet.
- Leistungsrückmeldung erfolgt auch in formativen, dialogischen Prozessen, in denen Jugendliche eigene Fragen und Sichtweisen zu ihrem Lernen ansprechen können.
- Statt traditioneller »Elternsprechtage« gibt es Zeitfenster, in denen Jugendliche mit ihren Lehrkräften alleine oder mit Lehrkräften und Eltern über ihren Lernfortschritt und mögliche Schwierigkeiten sprechen können.

Postulat 5: Jugendliche brauchen für die Entwicklung einer eigenen Identität echte Aufgaben im Gemeinwesen und Vorbilder, auch jenseits von Lehrkräften und Eltern

Sichtweisen von Jugendlichen und Lehrkräften

»Wir hatten hier für drei Monate so einen ›Artist-in-Residence‹ an der Schule, der mit uns Videokunst gemacht hat. Ich fand den interessant, weil der irgendwie so sein eigenes Ding macht.« (Schülerin, 14 Jahre)

»Das war erst ganz komisch für mich zu merken, ich bin verantwortlich. Ich muss einstehen für das, was ich hier tue. Lernen ist nicht so ein passives Ding, wo du da sitzt, sondern ich muss das selber machen, wenn es für mich laufen soll.« (Schülerin, 16 Jahre)

»Gute Lehrer sind witzig, aber nicht so witzig, dass man sie nicht ernst nimmt und das Chaos ausbricht. Gute Lehrer sind nicht so streng, aber so streng, dass der Unterricht dann auch sofort wieder läuft, nachdem es mal kurz unruhig wurde.« (Schüler, 12 Jahre)

»Es gibt Lehrer, die schaffen es, selbst langweilige Themen echt interessant zu machen. Die erzählen etwas und man will immer weiter zuhören, auch wenn man erst dachte: Boah, langweilig. Wenn man die was fragt, dann atmen die einmal tief durch und dann erklären sie es nochmal. Leider sind das nur die wenigsten.« (Schüler, 14 Jahre)

»An der X-Schule, da können die Schüler auch so echte Sachen machen, Möbel aus Holz bauen und richtig coole Gerichte kochen. Das gibt's hier am Gymnasium gar nicht. Ich finde das voll schade.« (Schüler, 13 Jahre)

Bildung sollte nicht hinter verschlossenen Türen stattfinden. Jugendliche wollen der Welt begegnen und sich aktiv mit ihr auseinandersetzen. Wenn sie die Gelegenheit erhalten, durch forschendes Lernen, durch gemeinwesenorientierte, soziale, kulturelle oder ökologische Projekte, Berufspraktika oder Schüleraustauschprogramme mit der Welt außerhalb der Schule in Interaktion zu treten, verstehen sie, wozu das schulische Lernen eigentlich gut ist.

Jugendliche profitieren in mehrfacher Hinsicht davon, wenn sie über den Kontakt zu den eigenen Eltern und Lehrkräften hinaus mit Menschen aus anderen sozialen Lebenswelten, anderen Berufen und anderen Kulturkreisen nicht nur in oberflächlichen Kontakt treten, sondern zusammen lernen und zusammen arbeiten. Die Bedeutung von Vorbildern für die Entwicklung einer eigenen Identität von Jugendlichen ist nicht zu unterschätzen: Erwachsene, die einem Jugendlichen in einem Lernprozess begegnen, können zu einem Vorbild werden und den massiven Einfluss von Vorbildern aus der Medien- und Konsumwelt deutlich relativieren.

Daher sollten die Türen von Schulen für Jugendliche immer offen sein für Erwachsene, die als Gastredner, als (Mit-)Gestalter und Impulsgeber bei Projekten oder als kritische Freunde in Lernprozessen ihre authentische Lebenserfahrung, Kompetenz und Expertise in die Schule hineintragen können. Umgekehrt ist es gerade im Jugendalter von höchster Bedeutung, den Raum der Schule in die Lebenswelt hinein zu erweitern. Wenn die Schule Heranwachsende darauf vorbereiten soll, auf eigenen Beinen in der Welt draußen zu bestehen, dann sollte sie diese Erfahrung nicht auf die Zeit nach dem Schulabschluss verschieben, sondern vielmehr die Lebenswelt als Lernraum begreifen, die Jugendlichen vielfältige Möglichkeiten der Resonanz und damit der Persönlichkeitsentwicklung bietet.

Was zu tun ist:

- Schulen pflegen systematische Kontakte zu außerschulischen Partnern und Organisationen, um den Lernraum für Jugendliche zu erweitern.
- Schulen begreifen Eltern und andere Erwachsene im Umfeld der Schule als Experten für vielfältige Fragen und binden diese ein, um Unterricht und Schulleben durch authentische Expertisen zu bereichern.
- Schulen sehen Jugendliche als kompetente Personen, die davon profitieren, ihr Wissen, ihr Können und ihre Energie in gemeinnützige Projekte zur Gestaltung des Schullebens und in die Lösung von Problemen im Gemeinwesen einzubringen.

Es ist an der Zeit den Zusammenhang zwischen der Jugendphase als der zentralen Transformationsphase im menschlichen Leben und der Schule als Ort, an dem Jugendliche in dieser bedeutsamen Phase ihrer Identitätsentwicklung viele tausend Stunden verbringen, neu zu denken.

»Mit dem, was wir heute alles über die Adoleszenz wissen, haben wir nicht länger die moralische Autorität, so weiterzumachen, wie wir es bisher getan haben«, schreibt der englische ehemalige Lehrer, langjährige Schulleiter und Präsident der 21st Century Learning Initiative John Abbott (2010, S. 253, Übersetzung durch die Autorin). Die Schule des 21. Jahrhunderts ist es Jugendlichen schuldig, ihr Potential als aktive Gestalter (und nicht passive Konsumenten des Wissens) ernst zu nehmen. Es geht jetzt darum, Struktur und Freiheit, Instruktion und Ko-Konstruktion in Lernprozessen für Jugendliche neu auszuloten. Schule muss ein Ort werden, an dem Jugendliche das Leben erforschen und in Projekten gestalten. So können sie in der unübersichtlichen, offenen, ebenso risiko- wie chancenreichen Welt des 21. Jahrhunderts ganz im Sinne von Pindars antikem Leitbild werden, wer sie sind.

Anhang: Schulbeispiele

Fallbeispiel: »Pulsare« an der Evangelischen Schule Berlin Zentrum (ESBZ)

Das Bildungsprojekt: Neue Oberstufe – Welche Besonderheiten gibt es in der Oberstufe der ESBZ?

Die Evangelische Schule Berlin Zentrum kann man als Pionierschule für die Umsetzung neuer pädagogischer Konzepte für die Jugendphase betrachten. ‚Neue Oberstufe', so wird das Bildungsprojekt genannt, welches sich momentan in einer von der Alanus Hochschule begleiteten experimentellen Evaluations- und Etablierungsphase befindet und schrittweise auf eine Systemtransformation der Schulkultur der Oberstufe hinarbeitet.

Wirft man einen Blick auf die Homepage der Neuen Oberstufe, so stößt man zunächst auf Begriffe wie »Pulsare« oder »Lernexpeditionen«. Dabei handelt es sich um neue Lernformate, die das große Lernpotential der Jugendlichen und jungen Erwachsenen aktivieren sollen. Ziel der neuen Formate ist es, den Jugendlichen gleichermaßen eine vertiefte Allgemeinbildung, eine stärkende Persönlichkeitsentfaltung und ein demokratischer Handlungsraum zu ermöglichen. Das Wissen soll nicht als theoretisches Konstrukt in den Köpfen der Schüler verbleiben. Im Gegenteil: Die Lernkultur an der ESBZ fördert durch die verwendeten Lernformate ganz besonders, dass Wissen zu aktivem Handeln befähigt.

Wie alles begann

Mit dem Start der klassischen Kursoberstufe 2012 stellten die Schüler und Lehrer an der ESBZ sehr bald fest, dass das Lernen im 90-Minuten-Takt in isolierten Fächern ungewöhnlich viel Lernfrustration bringt. Bedingt wird dies durch oftmals nicht ersichtliche Sinnhaftigkeit des Lernstoffes und die ausbleibende Möglichkeit zur Selbstwirksamkeitserfahrung für die Schüler. Dies führte zu einer Suche nach einem impulsgebenden, pädagogischen Konzept, das seit 2013 von Schülern, Lehrern, Eltern und außerschulischen Partnern entwickelt wird. Eines der Kernelemente dieses Konzepts sind die sogenannten Pulsare. Der aus der Astronomie entlehnte Begriff (Pulsar = schnell rotierender Neutronenstern) spielt darauf an, dass durch die Pulsare mit ihrer Strahlkraft viel Energie, Lernlust und Motivation bei den Schülern freigesetzt werden kann.

Aber was genau ist eigentlich ein Pulsar?

Pulsare sind als jahrgangsübergreifende Themen- oder Projektwochen zu verstehen. Doch sie sind auch noch mehr als das: Pulsare folgen einem besonderen strukturellen und didaktischen Aufbau, der anspruchsvolles Lernen an gesellschaftlichen Fragestellungen anvisiert. Pulsare ermöglichen eine vertiefte, mehrperspektivische Auseinandersetzung mit einem Thema und vermitteln zugleich abiturrelevante Wissensstrukturen. Die Themen der Pulsare basieren auf den curricularen Vorgaben der Rahmenlehrpläne und gehen oftmals darüber hinaus. Sie sind so vielfältig wie die Interessen im Kollegium und in der Schülerschaft. Je drei bis fünf Lehrer unterschiedlicher Fächer finden sich in einem Pulsar-Team zusammen und wählen im Austausch mit den Schülern ein spannendes Thema für die Woche. Sie gestalten vorbereitend für ihr Pulsar, also ihr Wochenprojekt, eine Lernumgebung mit vielfältigen Impulsen und Fachinformationen, die die Schüler zu anspruchsvollem und selbständigen Arbeiten einladen. Zu einem Pulsar gehört, dass die Schüler am Ende ein Produkt oder einen Handlungsvorschlag oder auch die Idee eines Prototyps realisieren.

An der ESBZ wurden beispielsweise schon folgende Pulsare angeboten:

Thema	Fächerverbund
Grenzenloses Wachstum: Analyse, Evolution, Wirtschaftspolitik	Mathematik, Wirtschaft, Biologie
Wie frei ist der Mensch? Sartres existentialistischer Freiheitsbegriff anhand seines Werkes »Die Fliegen«	Deutsch, Geschichte, Philosophie, Darstellendes Spiel
Wer ist der Islamische Staat? Konfliktherd Syrien	Geschichte, Politik, Musik, Religion
Struwwelpeter on stage Dramazirkus	Sport, Darstellendes Spiel, Deutsch
Auf der Flucht Ausdruck der Exilliteratur	Deutsch, Englisch, Geografie

Pulsare konkret – Wie funktioniert die Umsetzung in der Schule?

Vergleichbar mit der Instruktionsphase des Deep-Learning-Ansatzes wird auch im Pulsar zu Beginn der Woche der Grundstein für die neue Thematik gelegt. In ungefähr zwei Tagen (Montag und Dienstag) werden die Lernenden an das Thema der Woche herangeführt. Die Lehrenden haben dabei die Aufgabe, das Wochenthema zu kontextualisieren, mehrperspektivisch zu beleuchten und damit ein breites Wissensfundament, welches dem fachlichen Niveau der gymnasialen Oberstufe entspricht, anzulegen.

In enger Zusammenarbeit kontextualisiert das interdisziplinäre Lehrendenteam die verschiedenen Perspektiven auf das Thema. Dabei geben die Lehrkräfte Impulse für Vertiefungsmöglichkeiten innerhalb des Themas, denen die Jugendlichen in den anschließenden Tagen folgen können. Didaktisch kann diese Einführungsphase auf vielfältige Art und Weise geschehen. Impulsvorträge, ein Labor- oder Museumsbesuch, Filme, Unterrichtsgespräche, Gruppenpuzzle, die Lektüre von Fachliteratur, Stationenlernen oder auch Experteninterviews sind häufig genutzte Möglichkeiten.

Darauf folgt die Vertiefungsphase: Die Lernenden entscheiden sich nach persönlichem Interesse für eine individuelle Vertiefung im Themenbereich und erarbeiten sich eine adäquate Forschungsfrage. Die Lernenden haben in der Vertiefungsphase Wahlfreiheit in der Gestaltung des Lernweges, der Arbeitsmaterialien und der Art des Kompetenznachweises. Es besteht also die Möglichkeit zu Voice und Choice. Die Lernumgebung lädt die Lernenden zum teamorientierten Arbeiten ein und macht ihnen unterschiedliche Angebote, um sich in Begleitung der Lehrkräfte selbständig die verschiedenen Kompetenzfelder zu erarbeiten. So steht den Schülerinnen und Schülern in den Tagen ein Angebotsgeflecht aus binnendifferenzierten Lernmaterialien und Fachinputs, außerschulischen Lernorten, Diskussionen, selbstgesteuerten Vertiefungsgruppen, Lernberatungen, Lernwegempfehlungen, Zwischenreflexionen und einer Anleitung zur Prozess- und Ergebnisdokumentation zur Verfügung.

Im Format der Kleingruppe kann das geforderte kollaborative und ko-kreative Arbeiten stattfinden. Die Lernenden können das Thema gemeinsam aus unterschiedlichen Blickwinkeln betrachten und sich in ihrer individuell unterschiedlichen Herangehensweise ergänzen. Erfahrungsgemäß fällt es den Schülerinnen und Schülern in Kleingruppen zudem leichter ihr Vorgehen oder Ergebnis kritisch zu analysieren und zu hinterfragen. Im Arbeitsverlauf können Kommunikations- und Führungsstrategien eingeübt werden. Dies geschieht insbesondere dadurch, dass die Gruppen bunt gemischt nach Jahrgängen und Kompetenzen gebildet werden, die Schüler ihren eigenen Arbeitsrhythmus festlegen dürfen und auch außerschulische Lernorte nutzen können.

Welche Rollen haben Lehrkräfte in der Gestaltung und Begleitung der Pulsare? Wie verläuft ein Pulsar?

Die Lehrerrolle unterscheidet sich in der Vertiefungsphase stark vom klassischen Lehrerbild. Die Lehrenden bereiten die Lernumgebungen für das wissenschaftliche Arbeiten vor, beraten die Jugendlichen beim selbstgesteuerten und eigenverantwortlichen Lernen, begleiten sie im Anwenden verschiedener Dokumentations- und Reflexionspraktiken und geben differenziertes Feedback. Sie strukturieren den Tagesrhythmus und geben der Projektphase somit einen sicheren Rahmen.

Der Tagesbeginn wird durch einen Kurzeinstieg durch die Lehrenden geleitet, damit alle aktiviert und fokussiert beim Thema ankommen. Da die Gruppen jahrgangsübergreifend gemischt sind, findet zudem eine Binnendifferenzierung statt: ein Schüler der Klasse 11 muss ein weniger hohes Anspruchsniveau erreichen als ein Schüler der Jahrgangsstufe 13. Die Kunst scheint es zu sein, als Lehrperson eine differenzierte Führung nach Maß anzubieten. Bei Gruppen, die mehr Unterstützung benötigen, werden auch mehr Strukturierungshilfen oder Möglichkeiten der Komplexitätsreduktion zur Verfügung gestellt. Damit die Mehrperspektivität auch zwischen den Gruppen erhalten bleibt und Ideen zwischen den Gruppen ausgetauscht werden können, gibt es kurze Zwischenstandsberichte. Zum Luftholen und Energietanken lockern sich die Pulsargruppen nach Bedarf mit Energizer Spielen auf. Zum Tagesabschluss kommen die Arbeitsgruppen wieder zusammen und beschließen in der gemeinsamen Runde den Tag.

Bis spätestens zur Mitte der Woche müssen die Schüler sich entscheiden, ob ihr Arbeitsprozess und ihre Leistung benotet werden sollen und wenn ja, für welches Fach, damit sich der Schüler mit dem Lehrer über die Kompetenzanforderungen verständigen kann. Am Freitagnachmittag, dem letzten Tag der Pulsarwoche, folgt die Zusammenführung der Arbeiten aus den Kleingruppen. Das Mosaik an individuellen Projekten und Vertiefungen wird zusammengesetzt und die verschiedenen Perspektiven auf das Thema werden neu miteinander verbunden.

Beim Pulsar »Wie frei ist der Mensch?« gestalteten die Schüler bspw. eine beeindruckende Performance, in der die Arbeitsgruppen ihre Ergebnisse dramaturgisch vorstellten. Mit dabei waren unter anderem eine Analyse der politischen Aktualität des Werkes »Die Fliegen«, einer Entlarvung der politischen Gesichter, die sich hinter den von Sartre gewählten Göttern befinden könnten. Es gab einen selbstgeschriebenen Akt, den eine Schülerin dem Drama voranstellte, und einen Poetry-Slam zum Thema »Existentialistische Freiheit«.

Die Schülergruppen wählen ihren Talenten entsprechend die unterschiedlichsten Präsentationsformen und Visualisierungsmethoden. Der Kreativität der Lernenden sollen hier keine Grenzen gesetzt sein. Weitere mögliche Präsentationsformen sind zum Beispiel die Gestaltung eines Fachpodiums, eines philosophischen Cafés, eines Lyrikbandes, eine künstlerische Darstellung (bildlich, tänzerisch, musisch, darstellend), einer Vortragsreihe, einer Ausstellung, einer wissenschaftlichen Abhandlung, eines Essays, einer Rede, eines Kurzfilms oder eines Posters.

Wichtig ist zum Abschluss die Sichtbarkeit der Endprodukte, um in der Zusammenführung die Komplexität des Themas verständlich und nachvollziehbar zu machen. Die Ergebnisse und Erkenntnisse können so abschließend im Unterrichtsgespräch zueinander in Relation gesetzt, sinnvoll verknüpft und verstanden werden. Es wird ein Bogen geschlagen von der hohen Komplexität in der Instruktionsphase über die individuelle, vertiefende Bearbeitung einer Forschungsfrage bis hin zur höchsten Komplexitätsstufe, die das Thema in Gänze und aus verschiedensten Facetten beleuchtet.

Derzeit erlaubt das Bildungssystem Berlins die Durchführung von sechs Pulsaren pro Schuljahr. Im Zuge eines schrittweisen Überganges vom klassischen Kurssystem zur neuen Oberstufe führt die EBSZ derzeit zwei Pulsare pro Schulhalbjahr durch.

Quellen

http://www.neue-oberstufe.berlin/pulsar/
https://www.youtube.com/watch?v=QTfjToBDFTw&feature=youtu.be
https://www.youtube.com/watch?v=DyO3pvJFINs&feature=youtu.be
Experteninterview mit Barbara Stockmeier, der Projektleiterin des Bildungsprojekts Neue Oberstufe.

Fallbeispiel: Millennium School San Francisco

Schulphilosophie der Millennium School in San Francisco

Auch in der Millennium School in San Francisco werden neue pädagogische Konzepte angewandt. Die Schule wirbt damit, eine Vision von Unterricht zu haben, der mehr an seine Schüler vermittelt als reines Wissen. Die Millennium School hat sich zum Ziel gesetzt, für Lernende ein Ort zu sein, an dem sie Fähigkeiten entfalten und entwickeln können, die sie zu einer glücklichen und zielgerichteten Lebensführung befähigen. Der Unterricht soll dem aktuellsten Stand von Entwicklungspsychologie, Pädagogik und Neurowissenschaft entsprechen. Zentraler Bestandteil der Schulphilosophie ist es, dass die Lernkultur der Schule aus Projekten besteht, die mit der realen Lebenswelt der Lernenden verknüpft ist. Wenn zum Beispiel die historische Dürre in Kalifornien behandelt wird, hinterfragen die Schüler ihren eigenen Umgang mit der Ressource Wasser. Ähnlich wie in Berlin wird auch in diesem Lernformat in Kleingruppen an vertiefenden Inhalten gearbeitet. Im Projektverlauf befassen sich die Kleingruppen mit zahlreichen Facetten der Problematik: Zum Beispiel gehen einige Lernende der Frage auf den Grund, warum in Kalifornien überhaupt so viel Wasser verbraucht wird. Andere erforschen die klimatischen Bedingungen, welche die Dürre auslösten. Wieder andere interviewen Farmer, die im Berufsleben mit der Dürre umgehen müssen und vergleichen deren Perspektiven mit Stadtbewohnern San Franciscos. Auf diese Phasen der Problematisierung und multiperspektivischen Vertiefung folgt eine Phase der Entwicklung eines kreativen oder auch innovativen Lösungsansatzes. Die Lernenden sollen wissenschaftlich fundierte Empfehlungen zum nachhaltigen Umgang mit der Ressource Wasser verschriftlichen.

Die Schule achtet darauf, eine möglichst heterogene Schülerschaft aufzunehmen und Lernformen anzubieten, die von der Unterschiedlichkeit der Lernenden profitieren. Dies zeigt sich nicht zuletzt ganz konkret in finanziellen Förderprogrammen zur Aufbringung der Schulkosten für 60% der an der Schule vertretenen Familien. Kinder aus allen Gesellschaftsschichten, die sich nicht nur in unterschiedlichen Ethnien und Sprachhintergründen zeigen, sind herzlich willkommen und bereichern explizit das Lerngeschehen.

Besondere Lernformate an der Millennium School San Francisco – die drei Kernmethoden in der Kurzübersicht

Sokratische Seminare:
In Gruppendiskussionen nach der sokratischen Methode mit jeweils zwölf Jugendlichen sollen die Lernenden über relevante wissenschaftliche Themen diskutieren und dabei erlernen, wie man authentisch und intellektuell debattiert.

Projekt basiertes Lernen:
Jugendliche bearbeiten in Kleingruppen ein Projekt, welches für die reale Welt relevant ist und präsentieren ihre Lernergebnisse in kreativen Formen.

Persönliche Quests:
Die Möglichkeit ein selbst gewähltes Thema, welches den Talenten und Interessen der Jugendlichen entspricht, zu bearbeiten, soll die Lernenden herausfordern und motivieren, ein hochwertiges Projekt zu organisieren, das ihnen persönlich am Herzen liegt. Dies soll den Lernenden dabei helfen ein effektives Zeitmanagement für sich zu entwickeln und selbst Verantwortung für den Projekterfolg zu übernehmen. Zum Projektabschluss erstellen die Jugendlichen eine Dokumentation zur Vorgehensweise im Projekt und sie präsentieren auf kreative Weise ihre Lernergebnisse. Beispiele für persönliche Quests sind:

- Ein Kurzzeitpraktikum in einer Firma oder bei einer NGO, in dessen Rahmen eine bestimmte Fragestellung bearbeitet wird,
- gesellschaftliches Engagement, zum Beispiel in Form eines gemeinnützigen Projekts,
- die Planung und Organisation einer Reise/Exkursion, in deren Rahmen eine bestimmte Fragestellung »erforscht« wird oder
- die Entwicklung eines Produktes (z. B. Film, Musik-CD, Design-Produkt, Ausstellung etc.).

Die Bearbeitung erfolgt jeweils entweder allein oder in Zweierteams.

Drei Säulen der neuen Pädagogik in San Francisco

Die in der Lernkultur verankerten drei Säulen bieten den Lernenden die Möglichkeit zum interdisziplinären Lernen. Ähnlich wie beim Thema Dürre in Kalifornien kann auch das Thema Erdbeben interdisziplinär betrachtet werden. Aus der Perspektive der Geographie wird beispielsweise erforscht, warum und wo es zu Erdbeben kommen kann. Aus historischer Perspektive werden Biographien von Menschen, die tatsächlich ein Erdbeben miterlebt haben, beleuchtet. Dadurch soll Empathie entstehen und Insiderwissen erfahrbar gemacht werden. Im Anschluss wird dies durch eine naturwissenschaftliche Perspektive ergänzt. Die Lernenden sollen ihre mathematischen und physikalischen Fertigkeiten nutzen, um stabile, erdbebensicherere Gebäude zu konzipieren. Zudem sollten die im Unterricht behandelten Themen durch Aktualität und Lebensweltbezug einen spürbaren Mehrwert für die Jugendlichen der Middle School bereithalten. So wird im Unterricht der Milennium School das Deep Learning realisiert.

Wie funktioniert das zeitlich?

Um dieses Bildungsangebot realisieren zu können, entschied sich die Millennium School für eine neue zeitliche Struktur des Schuljahres. Das Schuljahr ist in fünf Zeitblöcke (Terms) im Jahr aufgeteilt, jeder davon dauert sechs Wochen. Innerhalb eines Terms belegt ein Jugendlicher nur drei Kurse, sodass für jeden Kurs genug Zeit für interdisziplinäres und projektorientiertes Arbeiten zur Verfügung steht. Auf diese Art und Weise können in jedem Term drei Themen tiefgreifend bearbeitet werden. Über das Schuljahr hinweg wird der Bildungsplan aller Fächer abgedeckt. Zwischen den Terms gibt es jeweils eine einwöchige Projektphase für die gesamte Schule, die sogenannte »intersession«. In dieser Zeit können die Schülerinnen und Schüler persönliche Quests bearbeiten oder die ganze Schule kann eine Projektwoche zu einem Leitthema veranstalten und sich so zum Beispiel eine Woche lang in das »Antike Griechenland« verwandeln, wo die Jugendlichen in unterschiedlichen Lernformaten tief in Kultur und Lebenswandel der Antike eintauchen können, bevor sie zum Ende der Woche ihre Ergebnisse präsentieren.

Zudem beginnt die Schule am Vormittag grundsätzlich erst um 8:45 Uhr, um den neurowissenschaftlichen Erkenntnissen zum circadianen Rhythmus in der Jugendphase gerecht zu werden.

Ausleben und Aufleben von Leidenschaften im Unterrichtsgeschehen

Anders als an anderen Schulen besteht der Unterricht an der Millenium School weniger aus dem reinen Studieren von Fachbüchern. Das Curriculum fußt auf drei Adjektiven, die als grundlegend für die Motivation von Schülern betrachtet werden:

- Persönlich: Der Unterricht spricht jeden individuell an und fordert die Schüler einzeln heraus.
- Sozial: Die Lernformen bieten die Möglichkeit mit Peers zu lernen und Wissen miteinander zu verknüpfen.
- Relevant: Der Lernstoff ist mit dem realen Leben verknüpft, was sich in den Einsatzmöglichkeiten des Gelernten im Alltag zeigt.

Es ist explizit erwünscht, dass Erwachsene als Vorbilder die Schüler durch ihr authentisches Verhalten und ihr leidenschaftliches Interesse für Themen begeistern. Davon verspricht sich die Schule sehr viel mehr als vom stupiden Einhalten des Lehrplans. Experten von außen können von Lehrpersonen eingeladen werden, um ihr Fachwissen und ihre Begeisterung für bestimmte Themengebiete zur Verfügung zu stellen.

Assessment an der Millennium School – Wie wird bewertet?

Die folgenden Grundprinzipien zur Gestaltung von Leistungsbeurteilungen spiegeln den Forschungsstand zum wirksamen Lernen in der Jugendphase wider:

- Die Leistungsbeurteilung soll präzise und konstruktiv sein und den Jugendlichen in der Zukunft weiterbringen.
- Die Leistungsbeurteilung sollte die intrinsische Motivation der Lernenden unterstützen.
- Die Leistungsbeurteilung sollte nachvollziehbar, Kriterien gestützt und transparent sein, sowie widerspiegeln, dass der Lehrende den Lernenden gut kennt.

Quellen

http://www.millenniumschool.org/why-our-philosophy/
https://www.youtube.com/watch?v=ILPLWx2dxQo

Fallbeispiel: Rolleston College

Rolleston College ist eine staatliche Sekundarschule für die Klassen 9 bis 13 in einem neuen Stadtteil der rasch wachsenden Stadt Rolleston auf der Südinsel von Neuseeland.

Das inklusive Schulkonzept bezieht sich auf die Gestaltung der Zukunft und folgt dem Leitbild: »Transforming Lives, Communities and Futures«. Mit ihrem zukunftsorientierten Schulkonzept möchte die Schule Jugendliche explizit darin unterstützen, Wissen, Fertigkeiten und Haltungen zu entwickeln, die sie in die Lage versetzen, die Zukunft aktiv mitzugestalten. Motto der Schule ist das Maori-Leitbild »He käkano i ruia mai i Rangiatea«. Es bedeutet: »Der Samen wird nicht verloren gehen« und symbolisiert den Anspruch der Schule, die Talente der Schülerinnen und Schüler auf mehrfache Weise zu fördern und zu entwickeln.

Das neue Schulgebäude verbindet auf innovative Weise Räume in der traditionellen Größe eines Klassenzimmers, die allerdings durch ihre halboffenen Glaswände Transparenz schaffen, offenere »flexible learning spaces«, die für die Arbeit mit Großgruppen, Präsentationen und andere Aufführungen genutzt werden, und kleine Teamarbeitsräume, in denen sowohl Lehrkräfte als auch Schüler kooperativ arbeiten können.

Der Unterricht beginnt jeden Tag um 8:50 Uhr und endet um 15:00 Uhr. Jeder Tag setzt sich aus drei Unterrichtsblöcken von je 100 Minuten zusammen, dazwischen gibt es Pausen.

Die folgenden drei Unterrichtsbausteine wechseln sich ab:

AKO ist das Maori-Wort für Lernen. Da Neuseeland bilingual ist, spielen Maori-Begriffe an den Schulen eine große Rolle. Auf diese Weise wird sichergestellt, dass die reiche Kultur der Maori angemessen weitervermittelt wird. In den 100 Minuten AKO pro Tag arbeiten die Schülerinnen und Schüler in flexiblen Gruppen auf ihrem jeweiligen Niveau an mathematischen und sprachlichen Aufgaben. Sie treffen in der AKO-Zeit auch regelmäßig ihren persönlichen Lerntutor, der durch diagnostische Tests und Gespräche klärt, wo die Schüler in ihrer Lernentwicklung stehen und auf welchem Niveau sie arbeiten sollten. Der Lerntutor hilft den Schülern, jeweils individuell angemessene Entwicklungsziele für sich zu setzen.

In jedem der vier zehnwöchigen Terms bearbeiten die Schüler in AKO außerdem ein selbst gewähltes Thema, ihren sogenannten »Quest«. Sie suchen Informationen zu einer Frage oder einem Thema, das sie besonders interessiert, und bereiten diese so auf, dass sie sie anderen Schülern präsentieren können. Dabei kommt eine Vielzahl von Präsentationsformaten zum Tragen.

Neben AKO gibt es zwei weitere Unterrichtsblöcke: CONNECT und SELECT.

CONNECT: Das »connected learning« ist ein multidisziplinärer Ansatz, um vernetztes Wissen und komplexe Kompetenzen zu entwickeln. Für »connect« wählen die Schüler in jedem Term eine interdisziplinäre Fragestellung aus vier Themen aus, die die Lehrkräfte auf der Grundlage des neuseeländischen Curriculums vorbereitet haben.

Beispiele für Themen sind: »You are what you eat« (Biologie, Chemie, Mathematik, Englisch, Sozialkunde/Geschichte) oder »Techjobs: how math and science change the world« (Physik, Mathematik, Wirtschaft, Geschichte, Englisch), »Document: understanding current events through documentary movies« (viele Fächer, hier drehen die Schüler selbst Dokumentarfilme). Connect entspricht dem Prinzip von Deep Learning, wie es in diesem Buch vorgestellt wird. Die Lehrkräfte führen erst substantiell in das Thema ein, vermitteln Wissen und erklären Schlüsselkonzepte, danach arbeiten die Schüler alleine und in Kleingruppen an Projekten, die auf die interdisziplinäre Fragestellung bezogen sind. Fächer wie Englisch, Mathematik, die Naturwissenschaften und Geschichte/Sozialwissenschaften kommen in den interdisziplinären Fragen und den Projektarbeiten zur vertieften Anwendung.

SELECT: In jedem Term wählen die Jugendlichen jeweils zwei zusätzliche Fächer oder Aktivitäten aus einem breiten Angebot, das sowohl Fremdsprachen und vertiefte experimentelle Naturwissenschaften als auch handwerkliche, musische oder künstlerische Aktivitäten umfasst. Diese werden in dem Unterrichtsblock »Select« dann jeweils auch für 100 Minuten unterrichtet. Insgesamt können die Schüler acht Select-Kurse im Schuljahr belegen. Im Rahmen von Select ist die differentielle Förderung von Schülerinnen und Schülern mit besonderem Unterstützungsbedarf oder besonderen Talenten besonders gut möglich.

Das Haus-System

Um an der Schule mit 600 Schülerinnen und Schülern den sozialen Zusammenhalt zu stärken, nutzt die Schule – wie übrigens viele Schulen in Neuseeland – ein Haus-System. Da solche Systeme in der deutschen Pädagogik kaum zur Anwendung kommen, kennen wir die Idee nur aus den Harry-Potter-Romanen, wo die Schüler auch Häusern zugeteilt sind. Am Rolleston College gibt es vier Häuser, die die Maori-Namen für die vier Jahreszeiten und die Namen von Farben tragen: Raumati Yellow, Ngahuru Red, Hōtoke Blue, und Koanga Green.

Jedes Haus hat einen Bereich in der Schule als »Zuhause« und dieser Bereich nutzt die jeweilige Farbe als Gestaltungselement (z. B. der Wandfarbe). In ihren Häusern findet jeweils auch AKO statt, dort haben die Schüler ihren persönlichen Lerntutor. Dieser Lerntutor ist Teil eines festen Lehrerteams, das die 150 Schüler des Hauses jeweils sehr gut kennt. Die Hausgruppen sind altersgemischt und umfassen jeweils Lernende aus allen fünf Klassenstufen der Schule.

Die Häuser, die jeweils aus 150 Jugendlichen und einem Team von acht Lehrkräften bestehen, sollen den Lernenden ein Heimatgefühl und eine Identität in der Schule geben. Innerhalb der Häuser gibt es Feste und Aktivitäten, ehrenamtliche Projekte im Gemeinwesen und Aufgaben, die die Häuser jeweils für die Schule übernehmen. Um den Leistungsgedanken zu fördern, treten die Häuser auch regelmäßig in unterschiedlichen fachlichen und sportlichen Wettkämpfen gegeneinander an.

Wissen und Digitalisierung

Die Schule basiert auf der Idee, dass es in unserer Lebenswelt, in der Wissen so leicht zugänglich ist, auf die Fähigkeit zur analytischen und kreativen Arbeit mit diesem Wissen ankommt. Die Möglichkeiten der Digitalisierung werden auf vielfältige Weise genutzt. Alle Schülerinnen und Schüler bringen entweder eigene Laptops mit oder können über das Programm des neuseeländischen Staates Laptops für umgerechnet 250 Euro erwerben, die dann auch in kleinen Raten bezahlt werden können. Die Geräte benötigen keine große Speicherkapazität, da alle Daten in einer Cloud gespeichert werden. Ihr Lernen dokumentieren die Schülerinnen und Schüler auf unterschiedliche Weise (Texte, graphische Darstellungen, Filme etc.) in einer professionellen Lernplattform, die auch flexible Vernetzungs- und Kommunikationsprozesse zwischen Lehrkräften und Schülern ermöglicht. Die Jugendlichen sind selbst dafür verantwortlich, ihre Lernprozesse und Lernergebnisse anhand klarer Richtlinien zu dokumentieren und zu reflektieren, und werden dabei von ihrem Lerntutor unterstützt.

Leistungen werden anhand einer einheitlichen Taxonomie, der SOLO-Taxonomie bewertet. Die Schüler erhalten regelmäßig formative Rückmeldung, wie sich ihre Leistung zu den Kompetenzstandards des neuseeländischen Bildungsplans verhält und Hinweise auf nächste Schritte im Lernprozess. SOLO steht für »Structure of Observed Learning Outcomes« und basiert auf der Idee, die gesamte Evidenz, anhand derer sich das Lernen individueller Jugendlicher zeigt, zu nutzen, um ihnen eine differenzierte Rückmeldung zu ihrem Lernstand und den zu erreichenden Zielen zu geben.

Quelle

http://www.rollestoncollege.nz

Anhang: Projektbeispiele

Projekt: Globale Interdependenzen

Im Rahmen eines interdisziplinären Projekts an der kanadischen Strathmore High School befassten sich Jugendliche mit den Verflechtungen bzw. den Interdependenzen der Weltwirtschaft. Das Projekt wurde fächerübergreifend im Englisch- und Sozialkundeunterricht durchgeführt. Auch für deutsche Schulen wäre ein solches Projekt denkbar, da sich die Unterrichtseinheit im Rahmen der deutschen Bildungspläne umsetzen ließe, beispielsweise im Kompetenzbereich »Globales Regieren«, der im baden-württembergischen Bildungsplan 2016 für die Klassen 11 und 12 vorgesehen ist.

Konzept

Zu Beginn des Projekts legten die Lehrkräfte drei Schlüsselkonzepte als Lernziele fest. Im Beispiel des Unterrichtsprojekts zum Thema Globale Verflechtungen handelt es sich um diese:

- Wirtschaftswachstum und ökonomische Entwicklung haben zu einem Anstieg der weltweiten Verflechtungen geführt.
- Als verantwortungsvoller Weltbürger sollte man sich dieser Zusammenhänge und Abhängigkeiten, wie auch des Einflusses der Verflechtungen auf die Lebenssituation der Menschen verschiedener Nationalitäten bewusst machen.
- Da die Weltgemeinschaft aus kulturell unterschiedlichen Ländern besteht, geht es um eine multiperspektivische Betrachtungsweise globaler Konflikte und Problemfelder.

Ziel und konkrete Umsetzung

Daraus lässt sich als zentrales Ziel des Unterrichtsprojektes die Betrachtung unterschiedlicher Perspektiven und das Verstehen der gegenseitigen Beeinflussung der verschiedenen Länder in einem komplexen Netzwerk internationaler Beziehungen und deren Einfluss auch die Bürger eines Landes festlegen.

Um dieses vertiefte Verstehen zu erreichen, nutzten die Lehrkräfte eine lebensnahe Simulation. Innerhalb der Schulklasse wurde ein Modell der United Nations gegründet. Die Aufgabe der Jugendlichen war es:

- Sich für ein Mitgliedsland der UN zu entscheiden, dessen Perspektive sie gerne übernehmen möchten (Möglichkeit zu Voice und Choice).
- Die politische Position des Landes bei einer simulierten Generalversammlung der Vereinten Nationen zu vertreten.
  - Dabei sollte zuerst eine passende Eröffnungsrede formuliert werden.
  - Zudem sollten fünf Themenbereiche, über die die in der Generalversammlung debattiert werden sollte, vorbereitet werden.
  - Die Schüler recherchierten also für die folgenden Themenbereiche diskussionsrelevante Positionen: Umwelt, Industrialisierung und Urbanisierung, Fairer Han-

del, Situation der Frau, Entwicklungshilfe und Schuldenerlass, Sicherheit und Frieden.
- Ein Namensschild für die Diskussion mit zum Land passendem Symbol anfertigen, wie es für einen Repräsentanten in der Generalversammlung üblich ist. Zusätzlich sollte eine Kleiderordnung mit landestypischen Accessoires, die für die Delegierten der vereinten Nationen angemessen wäre, von den Schülern eingehalten werden.

Die Aufgaben und Anforderungen wurden von den Lehrkräften sehr genau formuliert. Beispielsweise erhielten die Schüler als Hilfsmittel zur Vorbereitung ihrer Rede eine Reihe von W-Fragen, die den Inhalt der Eröffnungsrede eingrenzen sollten, wie auch eine Hinweis-Sammlung zum generellen Aufbau politischer Reden. Bei der Vorbereitung der Debatte war die Vorgehensweise ähnlich. Die Schüler erhielten beispielsweise den Vorschlag ihre Argumente zu kategorisieren und vorbereitet durch eine Liste mit Argumenten in die Debatte zu gehen.

Rückmeldungen zum Projekt

Der herausforderndste Teil der Arbeit war nach Angaben der Schüler die Recherche zur Vorbereitung auf die Debatte. Die Problematik verlässliche, multiperspektivische Informationsquellen zu finden, die für die Schüler verständlich sind, wurde auch schon im Vorfeld des Projekts von den Lehrkräften erkannt. Entsprechend organisierten die beiden Lehrkräfte hochwertige Printmedien, Dokumentationen und seriöse Webquellen.

Leistungsbewertung und Evaluation

Die Leistungsanforderung an die Schülerinnen und Schüler war aus folgenden Bereichen zusammengesetzt: Kostüm und Namenskarte, Eröffnungsrede, Beteiligung bei der Diskussion und Verteidigung des eigenen Standpunktes. In diesen Bereichen konnten die Schüler unterschiedliche Maximalpunktzahlen erreichen. Mithilfe dieses Systems wurde ein transparentes Assessment erreicht.

Am Ende des Projekts wurden die Erfahrungen der Schüler mithilfe eines Fragebogens evaluiert. Alle Schüler meldeten zurück, dass sie ein tiefergehendes Verständnis der diskutierten Themen erlangt haben. Viele notierten auch, dass sie in ähnlichen, zukünftigen Projekten spezifischere Beispiele und Argumente zum Unterstreichen ihrer Thesen herausfinden wollen bzw. entsprechende Gegenentwürfe zu den erwarteten Positionen der anderen Länder vorbereiten würden.

Nach Angaben der Lehrkräfte wurden auch deren Erwartungen übertroffen, besonders in den Bereichen des kritischen Denkens und kreativen Problemlösens, welches die Schüler bei der Debatte zeigten.

Ein Schulbuch zum Mittelalter gestalten

An der Stanley Park High-School (Vereinigtes Königreich) wurde das folgende forschungsbasierte Unterrichtsprojekt zum Thema Mittelalter durchgeführt, das die Fächer Geschichte, Englisch und Kunst umfasste:
Aufgabe des Projekts war es, dass die Jugendlichen ein Geschichtsbuch zum Mittelalter gestalten. Sie durften hierzu verschiedene Themen auswählen und hatten dabei folgende Gestaltungsvorgaben:

- Zielgruppe des Buches sollen Schüler zwischen 10 und 13 sein.
- Eltern sind die potenziellen Käufer des Produkts, weswegen deren Geschmack ebenfalls berücksichtigt werden sollte.

Umsetzung des Projektes

Die Schüler wurden in einer Instruktionsphase zur Geschichte des Mittelalters thematisch und im Hinblick auf die Recherchearbeit ausführlich auf das Projekt vorbereitet.

Im Arbeitsprozess legten die Schüler Kriterien fest, welche Elemente eine Buchseite unbedingt bzw. keineswegs benötige. Das Projekt wurde ebenfalls in Teilschritte gegliedert, wobei Lehrkräfte die inhaltliche und gestalterische Arbeit der Schüler unterstützen. Die summative Bewertung des Endprodukts wurde durch formatives Feedback erweitert. Die Schüler selbst unterstützen sich gegenseitig als Lektoren und überarbeiteten drei weitere Schülerarbeiten im simulierten »Peer Review«-Verfahren. Dazu wurde ein von Schülern und Lehrkräften gemeinsam entwickelter Bewertungsbogen genutzt.

Vorstellung der Projekterfolge

Um dem Projekt einen zusätzlichen Mehrwert zu geben, sollten die Schüler zum Projektabschluss eine Buchpräsentation organisieren. Wie bei einer Buchpremiere konnten die Schüler bei der Organisation in Rollen wie Tontechniker oder Eventregisseur schlüpfen. Sie sorgten am Premierenabend auch für eine musikalische Untermalung. Die geladenen Gäste konnten das Buch der Jugendlichen zum Mittelalter käuflich erwerben.

Projekt: Wie baut man ein Katapult?

»Arbeiten wie ein Ingenieur«, dieses Unterrichtsziel verfolgte die kanadische Lehrerin Nicole Cey (Kitscoty School) neben den folgenden Zielen in dem von ihr geplanten und durchgeführten Katapultbauprojekt.

Projektziele

- Die Schüler arbeiten zusammen und führen gemeinsam einen Konstruktionsprozess durch.
- Die Schüler bauen einen Katapult-Prototyp, dabei bringt jedes Gruppenmitglied eigene Ideen und Vorschläge in den Prozess ein.
- Die Schüler erkennen während der Projektentwicklung Probleme an ihrem Produkt und korrigieren diese.
- Die Schüler beschreiben die verschiedenen beobachtbaren Kräfte, deren Übertragung, wie auch die Energieübertragung und erklären diese.

Konkrete Durchführung

Die Schüler hatten im Projektverlauf die Aufgabe ein Katapult zu erbauen, welches einen Tennisball 5m weit schießen kann. Um dieses Endprodukt Schritt für Schritt herzustellen und mit den relevanten Bildungszielen zu verknüpfen, erfolgte eine schriftliche Projektdokumentation. Das dabei verwendete Dokumentationsheft wurde zuvor von der Lehrkraft mit verschiedenen Aufgaben und Platz für Skizzen, Fotos, Reflexionen, Inputs etc. erstellt. Der Konstruktionsprozess wurde zudem durch Inputs zu Mechanik, Konstruktion, Hebelwirkungen etc. zur Vorbereitung an passenden Stellen im Projektverlauf begleitet und im Dokumentationsheft protokolliert.

Um zusätzlich wie ein Maschinenbauingenieur zu arbeiten, konnten die Schüler, nachdem sie ihr Katapult erbaut hatten, eine Bauanleitung bzw. einen Bauplan mit dem Programm »SketchUp« anfertigen. Dieses schülergerechte Programm erlaubt es, bei Verwendung der simpleren Funktionen, sehr professionelle 3D Pläne von den Katapulten zu erstellen.

Vorstellung der Projekterfolge

Die Präsentationsphase des Projekts wurde als klasseninterner Wettbewerb ausgetragen. Die Schülergruppen traten mit ihren selbst erbauten Katapulten im »Weitschießen« und im Wettbewerb um das am präzisesten schießende Katapult an. Zur Leistungsbewertung wurden sowohl das Dokumentationsheft als auch das Schülerverhalten während des Projektverlaufes und zusätzliche schriftliche Reflexions- und Wissensfragen am Ende des Projekts verwendet.

Projekt: Chemie der Umwelt

An der Earnest Morrow School in Kanada fand innerhalb einer 8-tägigen Projektphase ein forschungsbasiertes Projekt statt, welches den Schülern Arbeitsprozesse eines Umweltchemikers näherbringen sollte.

Struktur

Das Projekt findet in Gruppenarbeit statt. Innerhalb der Gruppe darf sich jeder Schüler eine besondere Rolle aussuchen (natürlich nimmt er dennoch auch die anderen Rollen ein):

1. Rechercheleiter
2. Wissenschaftler
3. Dokumentationsmanager
4. Projektmanager

Durch die Rollenzuteilung werden Verantwortungsgefühl, Struktur und die Notwendigkeit für Zusammenarbeit geschaffen.

Aufgabe

- Die Schüler arbeiteten wie Wissenschaftler an der Überprüfung einer Forschungshypothese. Eine Schülergruppe versuchte beispielsweise herauszufinden, welche Verunreinigungen bzw. Umweltverschmutzungen die Wasser- und Bodenproben negativ beeinflussen, sodass Leben nicht mehr möglich ist. Die Schüler kreierten unterstützt durch die Lehrkraft eigene Experimentdesigns.
- Die Schüler erstellten Hochrechnungen ihrer zentralen Erkenntnisse.
- Die Schüler erstellten eine Präsentation ihrer Resultate (z. B. mit dem Programm Prezi). Ergebnisse wurden in Form von Diagrammen dargestellt. Sie reflektierten auch die methodischen Fehler ihrer Arbeit.

Assessment

Formativ: Besprechung (Schülergruppe – Lehrer) des Forschungsprozesses mithilfe eines von Klasse und Lehrperson gemeinsam festgelegten Bewertungsbogens (mehrere Feedbackloops im Prozess), Schülergruppen geben sich gegenseitig Feedback.

Projekt: Die Zahl Pi erforschen

Im Mathematikunterricht lassen sich einige mathematischen Konstanten, wie zum Beispiel die Kreiszahl Pi, ebenfalls durch forschungsbasierte Unterrichtssettings vermitteln. Die Unterrichtskonzeption zur Kreiszahl Pi kann problemlos in den Mathematikunterricht integriert werden, da sie nicht projektbasiert, aber dennoch handlungsbasiert und motivierend ist. Dies benötigt wenig Material und Zeit.

Kurzübersicht

Benötigtes Material

- Eine größere Schachtel (z. B. Pappkarton)
- Mehrere, kleinere Becher, die in der größeren Schachtel aufgestellt werden
- Bohnen (getrocknet)

Lernziele und Konzeption

- Die Schüler sollen in kleinen Gruppen das Prinzip der Kreisfläche entdecken.
- Die Schüler sollen die Verhältnisse von Kreisflächen und Methoden der Wahrscheinlichkeitsrechnung dazu nutzen, um experimentell einige Schätzwerte für Pi zu ermitteln.
- Die Schüler sollen ihr Verständnis von Pi erweitern und das Mysterium um diese Zahl kennen lernen.
- Die Schüler sollen im Rahmen des Projekts Daten sammeln und auswerten.

Um die Schüler nach und nach an das Mysterium der Zahl Pi heranzuführen, werden aufeinander aufbauende Aufgaben, sowie ein experimentelles Vorgehen genutzt. Die Methode wird auch Monte Carlo Methode genannt und ist ein stochastisches Verfahren, welches tatsächlich für mathematische Simulationen verwendet wird. Die Konstruktionsphase dieses Unterrichtsentwurfes verknüpft auf ansprechende Weise einen Lebensweltbezug der Schüler mit einer Möglichkeit analytisch unlösbare Probleme numerisch zu lösen.

Beispielaufgaben

Findet heraus, was jeder Schüler in deiner Gruppe annimmt, was passieren würde, wenn man die Bohnen zufällig in die vorbereitete Box werfen würde.

- Wie viele Bohnen werden wohl in den Bechern landen? Notiert eure Hypothesen!
- Warum vermutet ihr, dass diese Menge in den Bechern landen wird?
- Führt folgendes Experiment mehrmals durch: Lasst jedes Gruppenmitglied einmal die Bohnen in die Box werfen (Variiert den Abstand der Person zur Box)
- Zählt dann in jedem Durchgang die Anzahl der Bohnen, welche in den Bechern gelandet sind.
- Wie viele Bohnen sind in der großen Schachtel (aber nicht in den Bechern) gelandet?
- Wie viele Bohnen sind insgesamt in der großen Schachtel und in den Bechern gelandet?
- Notiert eure Ergebnisse
- Wie groß ist das Verhältnis der Fläche der Becheröffnungen zur Fläche der gesamten großen Schachtel?
- Was könnte dieses Verhältnis mit dem Anteil der in den Bechern gelandeten Bohnen zu tun haben?
- Welche Einheit habt ihr gewählt, um die Flächen auszumessen?

Projekt: Meine privaten Finanzen planen

Ein weiteres, an der Strathmore Highschool (Kanada) durchgeführtes Projekt sollte den Schülern Einblick in private Finanzplanung geben. Im Projektverlauf ging man folgendermaßen vor:

Szenario

Die Schüler sollen sich in die Rolle eines Finanzplaners hineinversetzen und einen Jahresplan und einen Zehnjahresplan für einen Klienten, dessen Profil jedem Schüler vorgelegt wird, erstellen. Die Schüler sollen dabei sicherstellen, dass die finanziellen Ziele des Klienten erreicht werden.

Aufgabe

Um die Aufgabe erfolgreich zu meistern, mussten die Schüler verschiedene Teilaufgaben lösen. Sie sollten beispielsweise das Nettoeinkommen der Familie errechnen, ein monatliches Budget für Ausgaben kalkulieren, das Tilgen von Schulden in die längerfristige Finanzplanung miteinkalkulieren, verschiedene Ertragsmöglichkeiten wie zum Beispiel den Handel mit Aktien in die Planung integrieren (Gewinn- und Verlustszenarien errechnen). Im Gesamtprozess wurde auf eine korrekte Nutzung der Fachbegriffe, wie auch auf eine gute grafische Präsentation der Planungsergebnisse geachtet (die errechneten Daten sollten der Klientin auch visuell, als Diagramm vorgeführt werden können).

Leistungsbewertung

Evaluiert wurde: Mathematisches Verständnis, Kommunikation, Einsatz von Technik.

Lernziele

- Mithilfe von Tabellenkalkulationsprogrammen/Taschenrechnern Diagramme bzw. Schaubilder erstellen.
- Nutzung des TVM Solver, um finanzielle Probleme zu lösen.
- Das Nettogehalt herauszufinden, wenn nur das Bruttogehalt gegeben ist.
- Durch Recherche Zinsen für Hypotheken, geleaste Fahrzeuge und andere Investitionen herausfinden.

Quelle

http://galileo.org/cbe/

Literatur

Abbott, J. (2010): Overschooled but Undereducated: How the crisis in education is jeopardizing our adolescents. London: Bloomsbury Academic.
Alberta (2004): Focus on Inquiry: A teacher's guide to implementing inquiry-based learning. Edmonton: Alberta Learning.
American Psychological Association (2002): Developing Adolescents: A reference for professionals. Washington, DC: American Psychological Association.
Anderson, L.W./Krathwohl, D. R. (Hrsg.) (2001): A Taxonomy for Learning, Teaching and Assessing: A Revision of Bloom's Taxonomy of Educational Objectives. New York: Longman.
Anthony, J. (1969): The reaction of adults to adolescents and their behaviour. In: G. Caplan/ S. Lebovici (Hrsg.): Adolescence: Psychosocial perspectives. New York, NY: Basic Books, S. 54–78.
Association for Middle Level Education (2010): This We Believe: Keys to the education of young adolescents. Westerville, OH: Association for Middle Level Education.
Association for Middle Level Education (2011): The status of programs and practices in America's schools: The results from two national studies. Westerville, OH: Association for Middle Level Education.
Balfanz, R. (2009): Putting middle grades students on the graduation path: A policy and practice brief. Westerville, OH: National Middle School Association.
Barratt, R. (1998): Shaping Middle Schooling in Australia: A Report of the National Middle Schooling Project. Canberra, ACT: Australian Curriculum Studies Association.
Barron, B./Darling-Hammond, L. (2010): Prospects and Challenges for Inquiry-based Approaches to Learning. In: Dumont, H., Istance, D., Benavides, F. (Hrsg.): The Nature of Learning. Using Research to Inspire Practice. Paris: OECD, S. 199–225.
Beck, U., Vossenkuhl, W., Ziegler, U. E. (1995): Eigenes Leben. Ausflüge in die unbekannte Gesellschaft, in der wir leben. München: C.H.Beck.
Benson, P., Scales, P., Hamilton, S., & Sesma, A. (2006): Positive Youth Development: Theory, Research, and Applications. In R. M. Lerner & W. Damon (Hrsg.), Handbook of Child Psychology, Volume 1, Theoretical models of human development (6. Ausgabe). Hoboken, NJ: Wiley, S. 895–933.
Bishop, P. (2008): Middle years teacher credentialing in Aotearoa/New Zealand. Wellington, NZ: New Zealand Fellowships in Public Policy.
Black, P., Harrison, C., Lee, C., & Wiliam, D. (2001): Theory and Practice of Formative Assessment. Vortrag, Annual Meeting of the American Educational Research Association, Seattle.
Bluestein, J. (2001): Creating Emotionally Safe Schools: A Guide for Educators and Parents. Deerfield Beach, FL: Health Communications.
Bodmer, N. M. (2013): Psychologie der Jugendsexualität: Theorie, Fakten, Interventionen. Bern: Huber Verlag.
Boekaerts, M. (2010): The Crucial Role of Motivation and Emotion in Classroom Learning. In: Dumont, H., Istance, D., Benavides, F. (Hrsg.): The Nature of Learning. Using Research to Inspire Practice. Paris: OECD, S. 91–111.
Boergers J., Gable C. J., Owens J. A. (2014): Later school start time is associated with improved sleep and daytime functioning in adolescents. In: J Dev Behav Pediatr, 35(1), S. 11–7.
Borjian, A./Padilla, A. (2010): »Voices from Mexico: How American Teachers Can Meet the Needs of Mexican Immigrant Students«. In: The Urban Review. Vol. 42, No. 4, S. 316–328.
Bransford, J., Brown A., & Cocking, R. (2000): How People Learn: Brain, mind experience, and school. Washington, DC: National Academy Press.
Brunstein, J. C./Heckhausen, H. (2010): Leistungsmotivation. In J. Heckhausen & H. Heckhausen (Hrsg.): Motivation und Handeln. Berlin: Springer, S. 145–192.

Carskadon, M. (1999): When worlds collide: Adolescent need for sleep versus societal demands. Arlington, VA: Phi Delta Kappa Educational Foundation.
Centre for Collaborative Education (2003): Turning points: At the turning point, the young adolescent learner. Boston, MA: Centre for Collaborative Education.
Chow, B. (2010): The Quest for Deep Learning. In: Education Week, 30(6), S. 1–3.
Cole, M., John-Steiner, V., Scribner, S. & Souberman, E. (Hrsg.) (1978): L. S. Vygotsky – Mind in society: The development of higher processes. Cambridge: Harvard University Press.
Collins, A., Brown, J.S., & Newman, S.E. (1989): Cognitive Apprenticeship: Teaching the crafts of reading, writing, and mathematics. In L. B. Resnick (Hrsg.): Knowing, Learning, and Instruction: Essays in Honor of Robert Glaser. Hillsdale, NJ: Lawrence Erlbaum Associates, S. 453–494.
Cooper, D. (2011): Redefining Fair: How to Plan, Assess, and Grade for Excellence in Mixed-Ability Classrooms. Bloomington, IN: Solution Tree Press.
Corno, L./Randi, J. (2005): Teaching and learner variation. In: British Journal of Educational Psychology, 2(3), S. 47–69.
Corno, L. (2008): On teaching adaptively. In: Educational Psychologist, 43(3), S. 161–173.
Cropley, A. J. (1998). Kreativität und Kreativitätsförderung. In: D.H. Rost (Hrsg.): Handwörterbuch der Pädagogischen Psychologie. Weinheim: Psychologie Verlags Union, S. 272 - 277.
Czikszentmihalyi, M. (2008): Flow. Stuttgart: Klett-Cotta.
Damour, L. (2017): »No, Your Teen Doesn't Hate You. It's Just Summer«. In: New York Times, 21.6.2017. Im Internet: https://www.nytimes.com/2017/06/21/well/family/no-your-teen-doesnt-hate-you-its-just-summer.html?_r=0. (Abruf 4.7.2017).
Deci, E. L./Ryan, R. M. (1993): Die Selbstbestimmungstheorie der Motivation und ihre Bedeutung für die Pädagogik. In: Zeitschrift für Pädagogik 39, 2, S. 223–238.
Deci, E. L./Ryan, R. M. (2000): The 'what' and 'why' of goal pursuits: Human needs and the self-determination of behaviour. In: Psychological Inquiry 11, S. 227–268.
Dede, C. (2011): Comparing Frameworks for 21st Century Skills. In: Bellanca, J. A. (Hrsg.): 21st century skills: Rethinking how students learn. Bloomington, IN: Solution Tree Press. S. 51–77.
Dement, W. (2000): The Promise of Sleep. New York, NY: Dell.
Deutscher Schulpreis. Im Internet: www.schulpreis.bosch-stiftung.de/content/language1/html/index.asp (Abruf 28.5.2016).
Dickhäuser, O. (2006): Fähigkeitsselbstkonzepte: Entstehung, Auswirkung, Förderung. In: Zeitschrift für pädagogische Psychologie 20, 1–2, S. 5–8.
Dresel, M./Lämmle, L. (Hrsg.) (2011): Motivation, Selbstregulation und Leistungsexzellenz. Berlin: LIT Verlag.
Duckworth, A. (2016): Grit: The Power of Passion and Perseverance. New York: Scribner.
DuFour, R., Eaker, R., DuFour, R. (2005): On Common Ground: The Power of Professional Learning Communities. Bloomington, IN: National Education Service.
Dumont, H., Istance, D., Benavides, F. (Hrsg.) (2010): The Nature of Learning. Using Research to Inspire Practice. Paris: OECD.
Dunleavy, J., Willms, J. D., Milton, P., & Friesen, S. (2012): The Relationship between Student Engagement and Academic Outcomes. What did you do in School Today? Research Series Report Number One. Toronto, ON: Canadian Education Association.
Dweck, C. S. (1999): Self-theories: Their role in motivation, personality and development. Philadelphia: Psychology Press.
Dweck, C. S. (2006): Mindset: The New Psychology of Success. New York: Random House.
Farrington et al. (2012): Teaching Adolescents to Become Learners: The Role of Noncognitive Factors in Shaping School Performance. Im Internet: www.consortium.uchicago.edu/publications/teachIngadolescents-become-learners-role-noncognitive-factors-shaping-school (Abruf 20. Juni 2016).
Fegter, S. (2012): Die Krise der Jungen in Bildung und Erziehung. Diskursive Konstruktion von Geschlecht und Männlichkeit. Wiesbaden: Springer VS.

Flavell, J. H./Wellman, H. M. (1977): Metamemory. In: Kail, R. V./Hagen J. W. (Hrsg.): Perspectives on the development of memory and cognition. Hillsdale, N. J.: Laurence Erlbaum Associates, S. 3–33.
Frenzel, A.C./Stephens, E. J. (2011): Emotionen. In: Götz, T. (Hrsg.): Emotion, Motivation und selbstreguliertes Lernen. Paderborn: UTB, S. 16–77.
Friedman, R. (2014): Why teenagers act crazy. The New York Times Sunday Review, 28.6.2014.
Friesen, S. (2009): What did you do in school today? Teaching Effectiveness. A Framework and Rubric. Canadian Education Association. Im Internet: www.galileo.org/cea-2009-wdydist-teaching.pdf (Abruf 3.6.2016).
Fryer R. (2011): Financial Incentives and Student Achievement: Evidence from Randomized Trials. In: Quarterly Journal of Economics 126, H. 4, S. 1755–1798.
Fthenakis, W. E. (2009): Ko-Konstruktion: Lernen durch Zusammenarbeit. In: Kinderzeit, 3(2009), S. 8–31.
Galileo Educational Network (2017). Im Internet: http://galileo.org/ (Abruf: 24.8.2016).
George, P. S. (2009): Renewing the middle school: The early success of middle school education. In: Middle School Journal, 41(1), S. 4–9.
George, P. S./Alexander, W. M. (2003). The exemplary middle school. Belmont, CA: Wadsworth/Thomson Learning.
Gladwell, M. (2010): Überflieger: Warum manche Menschen erfolgreich sind und andere nicht. Aus dem Engl. von Jürgen Neubauer. München/Zürich: Piper.
Gonring, P./Ramsey, B. (2016): Building the Deep Learning Field. Im Internet: http://www.hewlett.org/building-deeper-learning-field-grant-grant/ (Abruf 6.9.2016)
Götz, T. (Hrsg.) (2011): Emotion, Motivation und selbstreguliertes Lernen. Paderborn: UTB.
Grose-Fifer et al. (2013): Attentional capture by emotional faces in adolescence. In: Advances in Cognitive Psychology. 9(2): S. 81–91.
Grossman, P. L. (1990): The Making of a Teacher. New York: Teachers College Press.
Haigh, G. (2004). A Golden Age that could disappear. Times Education Supplement. Im Internet: http://www.middleschools.org.uk/news.php?NewsId=3 (Abruf 18.9.2016)
Hall, G.S. (1904): Adolescence: its psychology and its relations to physiology, anthropology, sociology, sex, crime, religion and education. New York: D. Appleton & Co.
Hannover, B. (1996): »Lernen Mädchen anders?« In: Matzner, M./Wyrobnik, I. (Hrsg.): Handbuch Mädchen-Pädagogik. Weinheim: Beltz, S. 95–107.
Hargreaves, A./Fullan, M. (1998): What's Worth Fighting for Out There. Williston, VT: Teachers College Press.
Harlen, W./James, M. (1997): Assessment and learning: differences and relationships between formative and summative assessment. In: Assessment in Education: Principles, Policy & Practice, 4(3), S. 365–379.
Hasselhorn, M./Grube, D. (2003): Das Arbeitsgedächtnis: Funktionsweise, Entwicklung und Bedeutung für kognitive Leistungsstörungen. Sprache – Stimme - Gehör, 27(01), S. 31–37.
Hatfield, E., Cacioppo, J. T., Rapson, R. L. (1993): »Emotional contagion«. In: Current Directions in Psychological Sciences 2, S. 96–99.
Hattie, J. (2012): Visible learning for teachers: Maximizing impact on learning. New York: Routledge.
Hattie, J. (2013): Lernen sichtbar machen. Überarbeitete deutschsprachige Ausgabe von »Visible learning «, von W. Beywl und K. Zierer. Baltmannsweiler: Schneider Verlag Hohengehren.
Hattie, J. (2014): Lernen sichtbar machen für Lehrpersonen. Hohengehren: Schneider Verlag.
Helle, L., Tynjälä, P., & Olkinuora, E. (2006): Project-based learning in post-secondary education: Theory, practice and rubber sling shots. Higher Education, 51(2), S. 287–314.
Herpell, W. (2015): Noch immer hunderttausende Schulabbrecher in Deutschland – Lehrer beklagen fehlende Mittel. In: News4teachers. Das Bildungsmagazin (4.8.2015). Im Internet: www.news4teachers.de/2015/08/noch-immer-scheitern-hunderttausende-jugendliche-in-der-schule-lehrer-beklagenfehlende-mittel/ (Abruf 3.6.2016).

Hewlett Foundation (2013): Deep learning Competencies. Im Internet: http://www.hewlett.org/wp-content/uploads/2016/08/Deeper_Learning_Defined__April_2013.pdf (Abruf 28.10.2016).
Hewlett Foundation (2017). Im Internet: http://www.hewlett.org/ (Abruf: 28.10.2016)
Hobday, V. (2012): Voice for Choice. In P. Jones, T. Whitehurst & J. Egerton (Hrsg.): Creating Meaningful Inquiry in Inclusive Classrooms: Practitioners' Stories of Research. New York: Routledge, S. 68–83.
Hopf, H. (2014): Die Psychoanalyse des Jungen. Stuttgart: Klett-Cotta.
Immordino-Yang, M. H. (2015): Emotions, Learning, and the Brain: Exploring the Educational Implications of Affective Neuroscience. New York/London: W. W. Norton & Company.
Institute for Inquiry (2017): What is Inquiry? Im Internet: https://www.exploratorium.edu/sites/default/files/pdfs/ifi/What-is-Inquiry.pdf (Abruf 19.11.2016).
Jakob, S. (Hrsg.) (2017): Engagierte Jugendliche in der Gesellschaft. Leverkusen: Budrich.
Jardine, D., Clifford, P., & Friesen, S. (2008): Back to the basics of teaching and learning: Thinking the world together. New York, NY: Routledge.
Johnston, C. (2001): Fostering Deep Learning. Melbourne: University of Melbourne.
Jones, V. /Jo, J. H. (2004): Ubiquitous learning environment: An adaptive teaching system using ubiquitous technology. In: Beyond the comfort zone: In: Proceedings of the 21st ASCILITE Conference, Vol. 468, S. 474.
Kasak, D. (2004): What of the future? In: S. Thompson (Hrsg.): Reforming Middle Level Education: Considerations for Policymakers. Charlotte, NC: Information Age Publishing, S. 231–246.
Kaupinnen (2107): Interview im Deutschlandfunk am 23.3.2017. Im Internet: http://www.deutschlandradiokultur. de/schulreform-in-finnland-weg-vom-traditionellen.979.de.html?dram%3Aarticle_id=382082). (Abruf 26.5.2017)
Kegan, R. (2003): »Hidden Curriculum of Adult Life: An Adult Development Perspective« Stockholm Lecture Series in Educology: Adult Development in Post-Industrial Society and Working Life. Stockholm: University of Stockholm.
Kirwan, C. (2016): Improving learning transfer: A guide to getting more out of what you put into your training. Boca Raton, FL: CRC Press.
Klieme et al. (2010): PISA 2009. Bilanz nach einem Jahrzehnt. Münster: Waxmann.
Klopsch, B., Sliwka, A., Schmidt, M.-S. (2013): Wir schreiben Bücher. Ganzheitliche Literacy-Förderung. Weinheim: Beltz.
Konrad, K., Firk, C., Uhlhaas, P.J. (2013): Brain Development during Adolescence. Neuroscientific Insights into this Developmental Period. In: Deutsches Ärzteblatt International 110, H. 25, S. 425–431.
Krüger, M./Neuber N. (Hrsg.) (2015): Männliche Selbstvergewisserung im Sport. Beiträge zur geschlechtssensiblen Förderung von Jungen (Bildung und Sport. Schriftenreihe des Centrums für Bildungsforschung im Sport (CeBis), Bd. 6). Wiesbaden: Springer VS.
Lahey, J. (2016): To Help Students Learn, Engage the Emotions. In: New York Times, 4.5.2016.
Lange, C. (1996): »Mädchengesundheit« In: Matzner, M./Wyrobnik, I. (Hrsg.): Handbuch Mädchen-Pädagogik. Weinheim: Beltz, S. 300–317.
Larmer, J. (2016): Gold Standard PBL: Student Voice & Choice. Im Internet: https://www.bie.org/blog/gold_standard_pbl_student_voice_choice (Abruf 14.10.2016)
Lehrerfortbildung Baden-Württemberg. (2017): Einführung Formatives Assessment. Im Internet: https://lehrerfortbildung-bw.de/u_matnatech/bio/gym/bp2004/fb7/1_hetero/3_assessment/0_vor/ (Abruf 14.8.2016).
Lerner, R. M. (2004): Liberty: Thriving and Civic Engagement among American Youth. Thousand Oaks, CA: Sage.
Lerner, R. M. (2005): Promoting Positive Youth Development: Theoretical and Empirical Bases. Washington D.C.: National Research Council.

Lerner, R. M./Steinberg, L. (Hrsg.) (2004): Handbook of Adolescent Psychology. Hoboken, NJ: John Wiley & Sons Inc.
Levy, F. /Murnane, R.J. (2005): The New Division of Labor: How Computers Are Creating the Next Job Market. Princeton: Princeton University Press.
Lohaus, A., Vierhaus, M., Maass, A. (2010): Entwicklungspsychologie des Kindes- und Jugendalters. Berlin: Springer Verlag.
Lounsbury, J. H. (1992): Perspectives on the middle school movement. In: J. L. Irvin (Hrsg.): Transforming middle level education: Perspectives and possibilities. Needham Heights, MA: Allyn and Bacon, S. 3–15.
Manitoba Education (2010): Engaging Middle Years Students in Learning: Transforming Middle Years Education in Manitoba. Winnipeg, MB: Manitoba Education School Programs Division.
McNeely, C./Blanchard, J. (2009): The Teen Years Explained. Baltimore, MD: Johns Hopkins Bloomberg School of Public Health.
Mehta, J./Fine, S. (2015): The Why, What, Where, and How of Deep Learning in American Secondary Schools. Students at the Center. Deep Learning Research Series. Boston, MA: Jobs for the Future.
Merkle, T./Wippermann, C. (2008): Eltern unter Druck. Selbstverständnisse, Befindlichkeiten und Bedürfnisse von Eltern in verschiedenen Lebenswelten. Stuttgart: Lucius & Lucius.
Meyer, P. (2011): The Middle School Mess. In: Education Next, 11(1), S. 40–47.
Ministry of Education Singapore (2013): Science Syllabus. Lower Secondary. Academic Course. Im Internet: https://www.moe.gov.sg/docs/default-source/document/education/syllabuses/sciences/files/science-lower-secondary-2013.pdf (Abruf 12.5.2017)
Mitra, D.L./Gross, S.J. (2009): »Increasing Student Voice in High School Reform: Building Partnerships, Improving Outcomes«. In: Educational Management Administration & Leadership. Vol. 37, No. 4., S. 522-543.
Mitra, D.L. (2009): »Student Voice and Student Roles in Education Policy Reform«. In: D. Plank, G. Sykes, & B. Schneider (Hrsg.): AERA Handbook on Education Policy Research. London, UK: Routledge, S. 819–830.
Möller, K. (2015): Jungen und Gewalt. Grundlagen zur Einschätzung von Chancen und Grenzen geschlechtsreflektierender
Gewaltprävention durch Sport. In: Krüger, M./Neuber N. (Hrsg.): Männliche Selbstvergewisserung im Sport. Beiträge zur geschlechtssensiblen Förderung von Jungen. Wiesbaden: Springer VS, S. 97–116.
Morrison, K. A. (2008): Democratic Classrooms: Promises and Challenges of Student Voice and Choice. In: Educational Horizons, Vol. 87, 1, S. 50–60.
National Institute of Mental Health (2011): The Teen Brain: Still under Construction. Bethesda, MD: Scientific Writing, Press and Dissemination Branch.
National Middle School Association (1982): This We Believe: Keys to Educating Young Adolescents Position Paper. Westerville, OH: National Middle School Association.
National Middle School Association (1995): This We Believe: Developmentally Responsive Middle Level Schools. Westerville, OH: National Middle School Association.
National Middle School Association (2003): This We Believe: Successful Schools for Young Adolescents. Westerville, OH: National Middle School Association.
National Middle School Association (2006): Success in the Middle: A Policymaker's Guide to Achieving Quality Middle Level Education. Westerville, OH: National Middle School Association.
Neill, A.S. (1969): Theorie und Praxis der antiautoritären Erziehung. Das Beispiel Summerhill. Reinbek: Rowohlt.
New South Wales Department of Education and Training (2004): Excellence and Innovation. Sydney, AU: New South Wales Public Education Council.

New South Wales Department of Education and Training (2006): Our Middle Years Learners: Engaged, Resilient, Successful. Sydney, AU: New South Wales Public Education Council.

New South Wales Center for Education Statistics and Evaluation (2016). Tell them from me. Im Internet: www.surveys.cese.nsw.gov.au/ (Abruf 3.6.2016).

O'Sullivan, S. (2005): Making the most of the Middle Years: A report on the community consultation for the principles and policy framework for the middle years of education. Northern Territory, AU: Northern Territory Department of Education.

Pedaste, M. et al. (2015): Phases of Inquiry-based learning: Definitions and the Inquiry Cycle. In: Educational Research Review, 14, S. 47–61.

Pedró, F. (2006): The New Millenium Learners: Challenging our Views on ICT and Learning. Im Internet: www.oecd.org/edu/ceri/38358359.pdf (Abruf 26.5.2016).

Pellegrino, J. W./Hilton, M. L. (2012): Education for Life and Work: Developing Transferrable Knowledge and Skill in the 21st Century. Washington, D.C.: The National Academies Press.

Perrone, V. (1998): Why Do We Need a Pedagogy of Understanding? In: Wiske, M.S. (Hrsg.): Teaching for Understanding. San Francisco, CA: Jossey Bass, S. 13–38.

Phenomenal Education (2017): What is phenomenon-based-learning? Im Internet: http://www.phenomenaleducation. info/phenomenon-based-learning.html (Abruf: 4.2.2016).

Pink, D. (2009): Drive: The surprising truth about what motivates us. New York: Riverhead Books.

Protsch, P. (2011): Zugang zu Ausbildung. Eine historisch vergleichende Perspektive auf den segmentierten Ausbildungsmarkt in (West-)Deutschland. WZB Discussion Paper. Im Internet: www.bibliothek.wzb.eu/pdf/2011/i11-502.pdf (Abruf 1.6.2016).

Ramsden, P. (2003): Learning to Teach in Higher Education. New York: Routledge.

Ramsden, S. et al. (2011): Verbal and nonverbal intelligence changes in the teenage brain. In: Nature 479, S. 113–116.

Ravitz, J. et al. (2012): Using project based learning to teach 21st century skills: Findings from a statewide initiative. Im Internet: http://www.bie.org/research/study/PBL_21CS_WV (Abruf 12.10.2016).

Real Projects (2017): Learning through real projects. Im Internet: http://www.real-projects.org/about-real-projects/learningthrough-real-projects/ (Abruf: 28.4.2017).

Rheinberg, F. (2014): Bezugsnorm. In: Wirtz, M. A. (Hrsg.): Dorsch – Lexikon der Psychologie. Im Internet: https://portal.hogrefe.com/dorsch/bezugsnorm/ (Abruf 12.5.2017).

Reiner, A. (2016): Teaching Men to be Emotionally Honest. In: New York Times, 4.4.2016.

Richartz, A. (2014): Raufen und Toben – Was Spielkämpfen ist und wozu es dient. In: Blomberg, C. /Neuber, N. (Hrsg.): Männliche Selbstvergewisserung im Sport. Beiträge zur geschlechtssensiblen Förderung von Jungen. Wiesbaden: Springer VS, S. 165–184.

Rohrmann, T. (2014): Jungen und Bewegung in den ersten Lebensjahren. In: Blomberg, C. /Neuber, N. (Hrsg.): Männliche Selbstvergewisserung im Sport. Beiträge zur geschlechtssensiblen Förderung von Jungen. Wiesbaden: Springer VS, S. 43–59.

Rosenfield et al. (2000): Current Age of Onset of Puberty. In: Pediatrics. 106 (3), S. 622–623.

Rossmann, P. (2012): Entwicklungspsychologie des Kindes- und Jugendalters. Bern: Huber.

Roth, J., Brooks-Gunn, J., Murray, L., & Foster, W. (1998): Promoting Healthy Adolescents: Synthesis of Youth Development Program Evaluations. In: Journal of Research on Adolescence, 8, S. 423–459.

Rumble, P./Aspland, T. (2009): In Search of the Middle School Teacher: What differentiates the middle school teacher from other teachers. Konferenzpräsentation am 3.10.2009 in Canberra: Australian Curriculum Studies Association Conference.

Salyers, F./McKee, C. (2003): The Young Adolescent Learner. Im Internet: www.learner.org/workshops/middlewriting/images/pdf/W1ReadAdLearn.pdf (Abruf 3.6.2016).

Scales, P. (1996): Boxed in and bored: How middle schools continue to fail young adolescents and what good middle schools do right. Minneapolis, MN: Search Institute.

Scales, P./Taccogna, J. (2001): Developmental Assets for Success in School and Life. In: The Education Digest, vol. 66, 6, S. 34–39.

Schiefele, U., Krapp, A. & Schreyer, I. (1993): Metaanalyse des Zusammenhangs von Interesse und schulischer Leistung. In: Zeitschrift für Entwicklungspsychologie und Pädagogische Psychologie, 25(2), S. 120–148.

Schneider, M. /Stern, E. (2010): The Cognitive Perspective on Learning: Ten Cornerstone Findings. In: Dumont, H. et al. (Hrsg.): The Nature of Learning: Using Research to Inspire Practice. Paris: OECD, S. 69–90.

Schwab, F. (2004): Evolution und Emotion. Evolutionäre Perspektiven in der Emotionsforschung und der angewandten Psychologie. Stuttgart: Kohlhammer.

Seiffge-Krenke, I. (2015): Jungen und Freundschaft. In: Blomberg, C. /Neuber, N. (Hrsg.): Männliche Selbstvergewisserung im Sport. Heidelberg: Springer VS, S. 61–76.

Siegler, R., DeLoache J., Eisenberg, N. (2011): Entwicklungspsychologie im Kindes- und Jugendalter. Heidelberg: Spektrum Akademischer Verlag.

Spork, P. (2014): Wake up! Aufbruch in eine ausgeschlafene Gesellschaft. München: Hanser.

Steinberg, L. (2014): Age of Opportunity: Lessons from the New Science of Adolescence. Boston, MA: Houghton, Mifflin, Harcourt.

Sternberg, R. (2011): Teenagers' IQ scores can rise or fall sharply during adolescence. In: The Guardian, 19.10.2011. Im Internet: www.theguardian.com/science/2011/oct/19/teenagers-iq-scores-adolescence (Abruf 3.6.2016).

Stickgold, R./Walker, M. (2005): Memory consolidation and reconsolidation: What is the role of sleep? In: Trends in Neuroscience, 28(8), S. 408–15.

Stier, B./Weissenrieder, N. (2006): Jugendmedizin: Gesundheit und Gesellschaft. Heidelberg: Springer Medizin Verlag.

Strahan, D., L'Esperance, M., & Van Hoose, J. (2009): Promoting Harmony: Young Adolescent Development and Classroom Practices. Westerville, OH: Association for Middle Level Education.

Sylwester, R. (2006): The Tween Brain: Midway between Infant Dependency and Adult Autonomy. In: BrainConnection. Im Internet: http://brainconnection.brainhq.com/2006/04/08/the-tween-brain-midway-between-infant-dependency-and-adult-autonomy-part-2/ (Abruf 2.4.2017).

TALIS (2013): Fostering Learning Communities among Teachers. Teaching in Focus. Paris: OECD. Im Internet: www.oecd.org/education/.../TiF%20(2013)--N°4%20(eng)--v2.pdf (Abruf: 27.4.2017).

Thummer, E. (1972): Die zweite pythische Ode Pindars. In: Rheinisches Museum für Philologie. Neue Folge 115, H. 4, S. 293–307.

Toshalis, E./Nakkula, M. J. (2012): Motivation, Engagement and Student Voice. In: The Education Digest, 78(1), S. 29–35.

Tough, P. (2016): Helping Children Succeed: What works and why. London: Random House.

Trautwein, U./Lüdtke, O. (2010): Referenzgruppeneffekte. In: Bos, W., Klieme, E., Köller, O. (Hrsg.): Schulische Lerngelegenheiten und Kompetenzentwicklung. Münster: Waxmann, S. 11–30.

Victoria Department of Education (2007): Student Voice: A Historical Perspective and New Directions. Office of Learning and Teaching: Victoria Department of Education. Im Internet: www.eduweb.vic.gov.au/edulibrary/public/publ/research/publ/Student_Voice_report.pdf (Abruf 2.7.2017).

Vohs, K.D./Baumeister, R.F. (Hrsg.) (2010): Handbook of Self-Regulation: Research, Theory and Applications. New York: Guilford.

Wahlstrom, K. (2002): Accommodating the sleep patterns of adolescents within current educational structures: An uncharted path. In: Carskadon, M. (Hrsg.): Adolescent Sleep Patterns: Biological, social, and psychological influences. Cambridge: Cambridge University Press, S. 172–197.

Wahlstrom, K. et al. (2014): Examining the Impact of Later High School Start Times on the Health and Academic Performance of High School Students: A Multi-Site Study. Im Internet: http://hdl.handle.net/11299/162769 (Abruf 2.5.2016).

Wang, M./Holcombe, R. (2010): Adolescents' perceptions of school environment, engagement and academic achievement in middle school. American Educational Research Journal, 47(3), S. 633–662.

Weinert, F. E. (2001): Vergleichende Leistungsmessung in Schulen – Eine umstrittene Selbstverständlichkeit. In: Weinert, F. E. (Hrsg.): Leistungsmessungen in Schulen. Weinheim u. Basel: Beltz, S. 17–31.

Wieckert, F. (2013): UNICEF-Studie: Deutsche Kinder sind unglücklich. In Internet: www.uni.de/redaktion/unicef-studie (Abruf 26.5.2016).

Willms, J. D., Friesen, S., & Milton, P. (2009): What did you do in school today? Transforming classrooms through social, academic, and intellectual engagement: First National Report. Toronto, ON: Canadian Education Association.

Wormeli, R. (2011): Movin' up to the Middle. In: Educational Leadership, 68(7), S. 48–53.

Wormeli, R. (2012): 4 Fundamentals of Middle Level Teaching. Im Internet: http://www.middleweb.com/1450/rick-wormeli-the-fundamentals/ (Abruf 12.2.2017).

Yee, B. (2015): Leading, Teaching and Learning in the Middle – An international case study narrative examining the leadership dimensions, instructional practices and contextual philosophies that have transformed teaching and learning in the middle years. Ph.D. Dissertation, University of Heidelberg.

Yee, B., Sliwka, A. & Rautiainen, M. (2018): Engaging Adolescent Learners. International Perspectives on Curriculum, Pedagogy and Practice. London: Palgrave Macmillan.

Yong, E. (2011): Teenagers' IQ scores can rise or fall sharply during adolescence. In: The Guardian, 19.10.2011. Im Internet: www.theguardian.com/science/2011/oct/19/teenagers-iq-scoresadolescence (Abruf 2.2.2017).